TREINAMENTO DE FORÇA

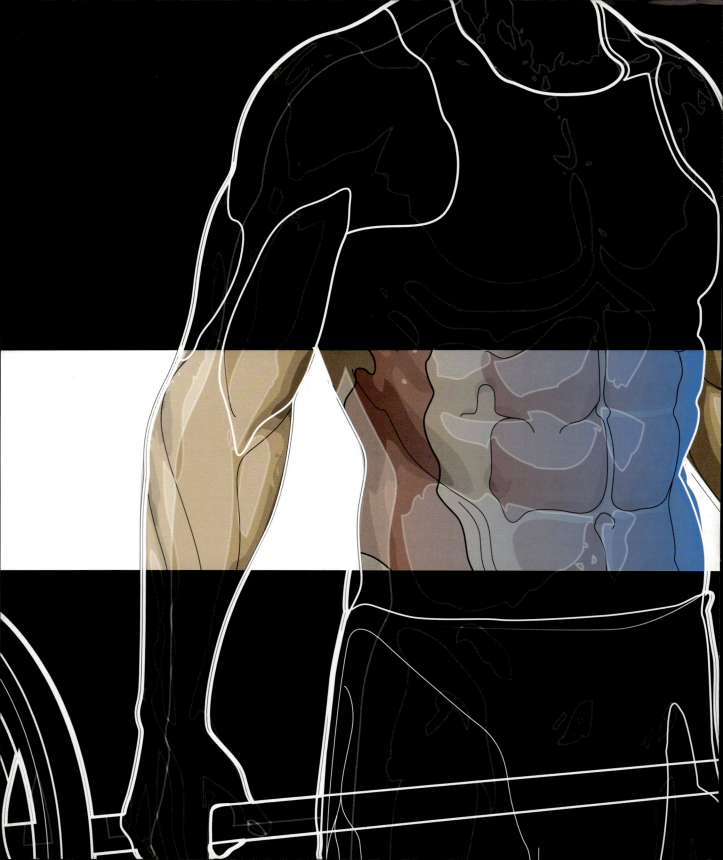

TREINAMENTO DE FORÇA

Guia completo passo a passo para um corpo mais forte e definido

Len Williams
Derek Groves
Glen Thurgood

Manole

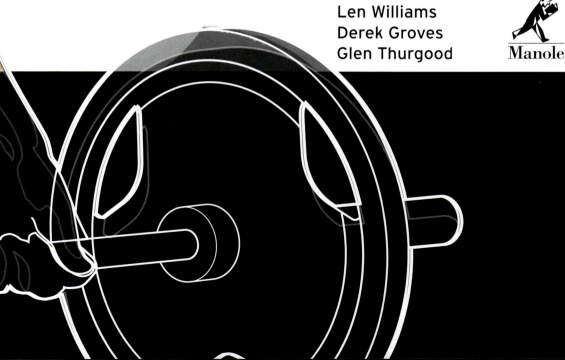

SUMÁRIO

Título do original em inglês: *Strength training.*
Copyright © 2009 Dorling Kindersley Limited.
Todos os direitos reservados.

Tradução: Paulo Laino Cândido
    Professor Adjunto da Disciplina de Anatomia
    da Universidade de Santo Amaro (Unisa)
    Mestrado em Ciências Morfofuncionais pela
    Universidade de São Paulo (USP)

Dados Internacionais de Catalogação na Publicação (CIP)
(Câmara Brasileira do Livro, SP, Brasil)

Willians, Len
    Treinamento de força / Len Willians, Derek Groves,
    Glen Thurgood; [tradução Paulo Laino Cândido]. –
    Barueri, SP: Manole, 2010.

    Título original: *Strength training.*
    ISBN 978-85-204-3094-1

    1. Aptidão física – Aspectos fisiológicos 2. Educação
    física 3. Musculação I. Groves, Derek. II. Thurgood,
    Glen. III. Título

10-01771   CDD-613.7

Índices para catálogo sistemático:
1. Força: Treinamento: Educação física 613.7
2. Treinamento de força: Educação física 613.7

Todos os direitos reservados.
Nenhuma parte deste livro poderá ser reproduzida,
por qualquer processo, sem a permissão expressa
dos editores.
É proibida a reprodução por xerox.

A Editora Manole é filiada à ABDR – Associação
Brasileira de Direitos Reprográficos.

1ª edição brasileira – 2010

Editora Manole Ltda.
Av. Ceci, 672 – Tamboré
06460-120 – Barueri – SP – Brasil
Tel. (11) 4196-6000 – Fax (11) 4196-6021
www.manole.com.br
info@manole.com.br

Impresso na China
Printed in China

INTRODUÇÃO	6
GALERIA DE EXERCÍCIO	8
MAPA ANATÔMICO	12

1 PRINCÍPIOS

ENTENDENDO SEUS OBJETIVOS	16
FISIOLOGIA DO TREINAMENTO	18
PSICOLOGIA DO TREINAMENTO	20
NUTRIÇÃO: CONCEITOS BÁSICOS	24
NUTRIÇÃO E GORDURA: PERGUNTAS FREQUENTES	30
PLANEJANDO SEU TREINAMENTO	32
TREINAMENTO ESPECÍFICO PARA UM ESPORTE	40
AQUECIMENTO, ESFRIAMENTO	46

2 EXERCÍCIOS DE MOBILIDADE

EXTENSÃO E FLEXÃO DO PESCOÇO	50
ROTAÇÃO DO PESCOÇO	51
FLEXÃO LATERAL DO PESCOÇO	51
CIRCUNDUÇÃO DO BRAÇO	52
MOVIMENTO CIRCULAR DO OMBRO	52
CIRCUNDUÇÃO DO PUNHO	53
CIRCUNDUÇÃO DO QUADRIL	54
ROTAÇÃO DO TRONCO	54
FLEXÃO LATERAL DO TRONCO	55
PASSO DE FRANKENSTEIN	56
ANDAR CARPADO	56
FLEXÃO E ROTAÇÃO LATERAL DA COXA NO QUADRIL	57
ALONGAMENTO DO QUADRÍCEPS	57
AGACHAMENTO	58
FLEXÃO DA COXA (COM O JOELHO ESTENDIDO)	58
ABDUÇÃO DO MEMBRO INFERIOR	59
AVANÇO	60
AVANÇO COM ROTAÇÃO	60
AVANÇO COM BARRA ACIMA DA CABEÇA	61

3 MEMBROS INFERIORES

AGACHAMENTO COM BARRA	64
AGACHAMENTO COM BARRA NA FRENTE	66
AGACHAMENTO *HACK* COM BARRA	67
AFUNDO COM HALTERES	68
AFUNDO COM BARRA ACIMA DA CABEÇA	69
AFUNDO COM BARRA (PÉ APOIADO NO BANCO)	70
AFUNDO COM HALTERES (PÉ APOIADO NO BANCO)	71
AVANÇO COM BARRA	72
AVANÇO COM BARRA ACIMA DA CABEÇA	73
AVANÇO À FRENTE	74
AVANÇO LATERAL	75
SUBIDA NO BANCO COM BARRA	76
LEG PRESS INCLINADO	78
FLEXÃO DOS JOELHOS (SENTADO)	80
EXTENSÃO DOS JOELHOS (SENTADO)	80
ABDUÇÃO DAS COXAS NO APARELHO (SENTADO)	82
ABDUÇÃO DAS COXAS NO APARELHO (SENTADO)	82
FLEXÃO PLANTAR (EM PÉ)	84
LEVANTAMENTO TERRA COM JOELHOS ESTENDIDOS - *STIFF*	85
LEVANTAMENTO TERRA	86
LEVANTAMENTO TERRA ROMANO	88

4 DORSO

TRAÇÃO NA BARRA FIXA COM AUXÍLIO	92
PUXADA PELA FRENTE	93
TRAÇÃO NA BARRA FIXA	94
REMADA SENTADA COM CABO	96
REMADA EM PÉ COM CABO	98
REMADA UNILATERAL	98
REMADA INCLINADA COM BARRA	100
PULL-OVER COM BARRA	102
FLEXÃO DO TRONCO COM BARRA	104
EXTENSÃO LOMBAR	104
REMADA PRONADA	106
PUXADA COM OS MEMBROS SUPERIORES ESTENDIDOS COM POLIA ALTA	106

5 TÓRAX

SUPINO PLANO COM BARRA	110
SUPINO PLANO COM HALTERES	110
SUPINO INCLINADO COM BARRA	112
SUPINO INCLINADO COM HALTERES	113
CRUXIFIXO INCLINADO COM HALTERES	114
CROSS-OVER	116
SUPINO RETO NO APARELHO	118
CRUCIFIXO NO APARELHO	118
FLEXÃO NO SOLO	120
FLEXÃO NO SOLO SOBRE APOIOS	121

6 OMBROS

DESENVOLVIMENTO PELA FRENTE COM BARRA (EM PÉ)	124
DESENVOLVIMENTO SENTADO COM HALTERES	125
REMADA EM PÉ	126
ELEVAÇÃO DOS OMBROS COM HALTERES	128
ELEVAÇÃO DOS OMBROS COM FLEXÃO PLANTAR	129
ELEVAÇÃO PARA FRENTE COM HALTERES	130
ELEVAÇÃO LATERAL COM HALTERES	131
ELEVAÇÃO LATERAL (TRONCO INCLINADO PARA FRENTE)	132
ROTAÇÃO COM BRAÇO ABDUZIDO	134
ROTAÇÃO LATERAL COM HALTERE	134
ROTAÇÃO MEDIAL	136
ROTAÇÃO LATERAL	136

7 MEMBROS SUPERIORES

MERGULHO ENTRE BANCOS	140
MERGULHO ENTRE BARRAS PARALELAS	141
EXTENSÃO VERTICAL DO ANTEBRAÇO COM HALTERE	142
EXTENSÃO DOS ANTEBRAÇOS COM BARRA (SENTADO)	143
EXTENSÃO DOS ANTEBRAÇOS COM BARRA (DEITADO)	144
EXTENSÃO UNILATERAL DO ANTEBRAÇO COM HALTERE (TRONCO INCLINADO PARA FRENTE)	144
SUPINO (MÃOS APROXIMADAS)	146
TRÍCEPS COM POLIA ALTA	148
TRÍCEPS COM POLIA ALTA (DE COSTAS PARA O APARELHO)	148
ROSCA DIRETA	150
ROSCA MARTELO	150
ROSCA ALTERNADA NO BANCO INCLINADO	152
ROSCA CONCENTRADA	152

ROSCA SCOTT	154
ROSCA COM POLIA BAIXA	154
ROSCA DIRETA (PEGADA PRONADA)	156
ROSCA COM POLIA BAIXA (PEGADA PRONADA)	156
EXTENSÃO DO PUNHO	158
FLEXÃO DO PUNHO	158

8 CORE E ABDOME

ABDOMINAL SUPRA (CRUNCH)	162
SIT-UP	163
ABDOMINAL INFRA (CRUNCH INVERTIDO)	164
ABDOMINAL OBLÍQUO	165
ABDOMINAL 90-90	166
ABDOMINAL SUPRA COM BOLA	166
ABDOMINAL OBLÍQUO COM BOLA	168
FLEXÃO NO SOLO COM BOLA	169
CANIVETE COM BOLA	170
EXTENSÃO LOMBAR COM BOLA	171
FLEXÃO LATERAL	172
FLEXÃO LATERAL NA CADEIRA ROMANA	172
PRANCHA EM PRONAÇÃO	174
PNCHA LATERAL	175
FLEXÃO DE JOELHOS COM OS MEBROS INFERIORES ELEVADOS	176
LEVANTAMENTO TERRA UNILATERAL COM KETTLEBELL	176
MACHADADA	178

9 LEVANTAMENTOS DINÂMICOS

METIDA AO PEITO	182
ARRANQUE	184
METIDA AO PEITO COM A BARRA SUSPENSA	186
ARRANQUE COM A BARRA SUSPENSA	188
METIDA AO PEITO E AGACHAMENTO À FRENTE	190
AGACHAMENTO COM BARRA NA FRENTE (PESADO)	192
AGACHAMENTO PROFUNDO	194
ARREMESSO (2ª FASE)	196
ARRANQUE COM AGACHAMENTO	198
ARRANQUE COM OS PÉS AFASTADOS	200
DESENVOLVIMENTO EM PÉ	202
PUXADA VERTICAL COM KETTLEBELL	204
SALTO E AGACHAMENTO COM BARRA	205

10 ALONGAMENTOS

ALONGAMENTO DOS BÍCEPS	208
ALONGAMENTO DO OMBRO	208
ALONGAMENTO DA PARTE SUPERIOR DO DORSO	208
ALONGAMENTO DO ERETOR	208
ALONGAMENTO DO LATÍSSIMO	209
ALONGAMENTO DOS PEITORAIS	209
ALONGAMENTO DO TIT – 1	209
ALONGAMENTO DO TIT – 2	209
ALONGAMENTO DO QUADRÍCEPS COM 3 PONTOS	210
ALONGAMENTO DOS MÚSCULOS DO JARRETE – 1	210
ALONGAMENTO DOS MÚSCULOS DO JARRETE – 2	210
ALONGAMENTO DOS MÚSCULOS DO JARRETE – 3	211
ALONGAMENTO DO QUADRÍCEPS – 1	211
ALONGAMENTO DO QUADRÍCEPS – 2	211
ALONGAMENTO DOS ADUTORES – 1	212
ALONGAMENTO DOS ADUTORES – 2	212
ALONGAMENTO DOS MÚSCULOS DO JARRETE	212
ALONGAMENTO DA SURA (PANTURRILHA)	213
ALONGAMENTO CARPADO	213
ALONGAMENTO COM AVANÇO	213

11 PROGRAMAS

INTRODUÇÃO	216
MATRIZ DE FUNCIONALIDADE DOS EXERCÍCIOS	218
RESISTÊNCIA MUSCULAR	222
DEFINIÇÃO CORPORAL	224
FISICULTURISMO	230
FORÇA MÁXIMA	234
FORÇA DO CORE	236
EXERCÍCIOS ESPECÍFICOS PARA UM ESPORTE	238
MATRIZ ESPECÍFICA PARA UM ESPORTE	246

GLOSSÁRIO	248
ÍNDICE	250
AGRADECIMENTOS	256
SOBRE A BWLA	256
INFORMAÇÕES DE SEGURANÇA	256

INTRODUÇÃO

O treinamento de força é uma atividade cada vez mais popular entre homens e mulheres de todas as idades e oferece amplos benefícios de saúde – de músculos mais desenvolvidos até ossos mais fortes e um aumento da autoconfiança. No entanto, com tantas informações contraditórias disponíveis, como você pode ter certeza de que está obtendo o melhor de seu treinamento?

Este guia atraentemente ilustrado, preciso e abrangente, escrito em colaboração com a BWLA (British Weight Lifter's Association) por treinadores profissionais especialistas em treinamento de força e com mais de trinta anos de experiência, contém tudo o que você precisa saber para obter o melhor de seu programa de treinamento, seja com o objetivo de desenvolver sua força, melhorar sua forma física ou até mesmo treinar para adquirir benefícios específicos em um determinado esporte ou atividade.

O primeiro capítulo fornece todos os fundamentos sobre o funcionamento do treinamento de força e as melhores maneiras de você alcançar seus objetivos, quer você seja um praticante experiente ou um novato.

A principal seção do livro abrange em detalhe mais de 125 exercícios que trabalham sistematicamente o corpo inteiro e, para os mais experientes, oferece um capítulo sobre levantamentos dinâmicos. Os exercícios são apresentados por meio de ilustrações anatômicas detalhadas, que mostram exatamente quais músculos estão sendo trabalhados, e através de figuras que demonstram de forma clara a progressão de cada movimento. Você aprenderá a realizar o

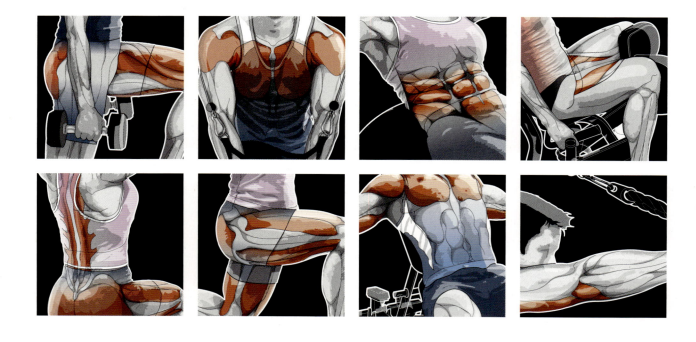

INTRODUÇÃO 7

exercício com técnica perfeita e terá acesso a vários elementos úteis como variações ou dicas sobre como evitar erros comuns, a fim de garantir a sua segurança e melhorar ao máximo a eficácia de seu treinamento. Além disso, se você souber como é cada exercício, mas não como ele é chamado, poderá localizá-lo de imediato utilizando a Galeria de Exercícios nas páginas 8 a 11.

A seção final do livro traz uma abordagem prática, simples e direta sobre programas de treinamento e inclui uma variedade de exemplos baseados em metas, especialmente selecionados para satisfazer às suas necessidades, quaisquer que sejam seus objetivos ou experiência, além de informações úteis sobre exercícios-chave para esportes específicos, de modo a auxiliá-lo a adaptar seu treinamento para atender a uma atividade particular.

Claro, de fácil utilização e repleto de recomendações extremamente úteis, *Treinamento de força* é um recurso fundamental para qualquer pessoa que esteja envolvida no treinamento de força.

ATENÇÃO
Qualquer esporte ou atividade física envolve algum risco de lesão, por isso leia as informações sobre segurança na página 256 antes de iniciar qualquer exercício ou programa demonstrado neste livro.

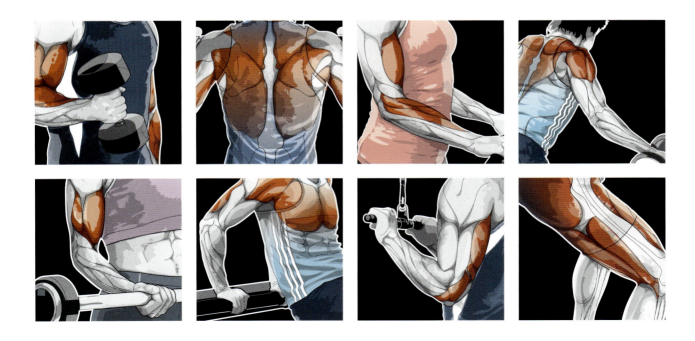

8 TREINAMENTO DE FORÇA

GALERIA DE EXERCÍCIOS

MEMBROS INFERIORES

Agachamento com barra p. 64 | Agachamento com barra na frente p. 66 | Agachamento *Hack* com barra p. 67 | Afundo com halteres p. 68 | Afundo com barra acima da cabeça p. 69 | Afundo com barra (pé apoiado no banco) p. 70

Flexão dos joelhos (sentado) p. 80 | Extensão dos joelhos (sentado) p. 80 | Abdução das coxas no aparelho (sentado) p. 82 | Adução das coxas no aparelho (sentado) p. 82 | Flexão plantar (em pé) p. 84 | Levantamento terra com joelhos estendidos – *Stiff* p. 85 | Levantamento terra p. 86

Remada unilateral p. 98 | Remada inclinada com barra p. 100 | *Pull-over* com barra p. 102 | Flexão do tronco com barra p. 104 | Extensão lombar p. 104 | Remada pronada p. 106 | Puxada com os membros superiores estendidos com polia alta p. 106

Supino reto no aparelho p. 118 | Crucifixo no aparelho p. 118 | Flexão no solo p. 120 | Flexão no solo sobre apoios p. 121

OMBROS

Desenvolvimento pela frente com barra (em pé) p. 124 | Desenvolvimento sentado com halteres p. 125

GALERIA DE EXERCÍCIOS   9

| Afundo com halteres (pé apoiado no banco) p. 71 | Avanço com barra p. 72 | Avanço com barra acima da cabeça p. 73 | Avanço à frente p. 74 | Avanço lateral p. 75 | Subida no banco com barra p. 76 | *Leg press* inclinado p. 78 |

DORSO

| Levantamento terra romano p. 88 | | Tração na barra fixa com auxílio p. 92 | Puxada pela frente p. 93 | Tração na barra fixa p. 94 | Remada sentada com cabo p. 96 | Remada em pé com cabo p. 98 |

TÓRAX

 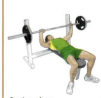   

| Supino plano com barra p. 110 | Supino plano com halteres p. 110 | Supino inclinado com barra p. 112 | Supino inclinado com halteres p. 113 | Crucifixo inclinado com halteres p. 114 | *Cross-over* p. 116 |

| Remada em pé p. 126 | Elevação dos ombros com halteres p. 128 | Elevação dos ombros com flexão plantar p. 129 | Elevação para frente com halteres p. 130 | Elevação lateral com halteres p. 131 | Elevação lateral (tronco inclinado para frente) p. 132 | Rotação com braço abduzido p. 134 |

10 TREINAMENTO DE FORÇA

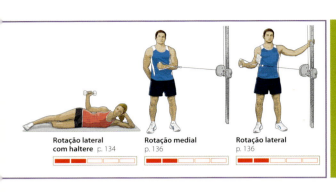

Rotação lateral com haltere p. 134

Rotação medial p. 136

Rotação lateral p. 136

MEMBROS SUPERIORES

Mergulho entre bancos p. 140

Mergulho entre barras paralelas p. 141

Extensão vertical do antebraço com haltere p. 142

Rosca martelo p. 150

Rosca alternada no banco inclinado p. 152

Rosca concentrada p. 152

Rosca *Scott* p. 154

Rosca com polia baixa p. 154

Rosca direta (pegada pronada) p. 156

Rosca com polia baixa (pegada pronada) p. 156

Abdominal 90/90 p. 166

Abdominal supra com bola p. 166

Abdominal oblíquo com bola p. 168

Flexão no solo com bola p. 169

Canivete com bola p. 170

Extensão lombar com bola p. 171

Flexão lateral p. 172

LEVANTAMENTOS DINÂMICOS

Metida ao peito p. 182

Arranque p. 184

Metida ao peito com a barra suspensa p. 186

Arranque com a barra suspensa p. 188

Metida ao peito e agachamento à frente p. 190

Agachamento com barra na frente (pesado) p. 192

GALERIA DE EXERCÍCIOS 11

Extensão dos antebraços com barra (sentado) p. 143 | Extensão dos antebraços com barra (deitado) p. 144 | Extensão unilateral do antebraço com haltere (tronco inclinado para frente) p. 144 | Supino (mãos aproximadas) p. 146 | Tríceps com polia alta p. 148 | Tríceps com polia alta (de costas para o aparelho) p. 148 | Rosca direta p. 150

Extensão do punho p. 158 | Flexão do punho p. 158 | **CORE E ABDOME** | Abdominal supra (*crunch*) p. 162 | *Sit-up* p. 163 | Abdominal infra (*crunch* invertido) p. 164 | Abdominal oblíquo p. 165

Flexão lateral na cadeira romana p. 172 | Prancha em pronação p. 174 | Prancha lateral p. 175 | Flexão de joelhos com os membros inferiores elevados p. 176 | Levantamento terra unilateral com *kettlebell* p. 176 | Machadada p. 178

Agachamento profundo p. 194 | Arremesso (2ª fase) p. 196 | Arranque com agachamento p. 198 | Arranque com os pés afastados p. 200 | Desenvolvimento em pé p. 202 | Puxada vertical com *kettlebell* p. 204 | Salto e agachamento com barra p. 205

MAPA ANATÔMICO

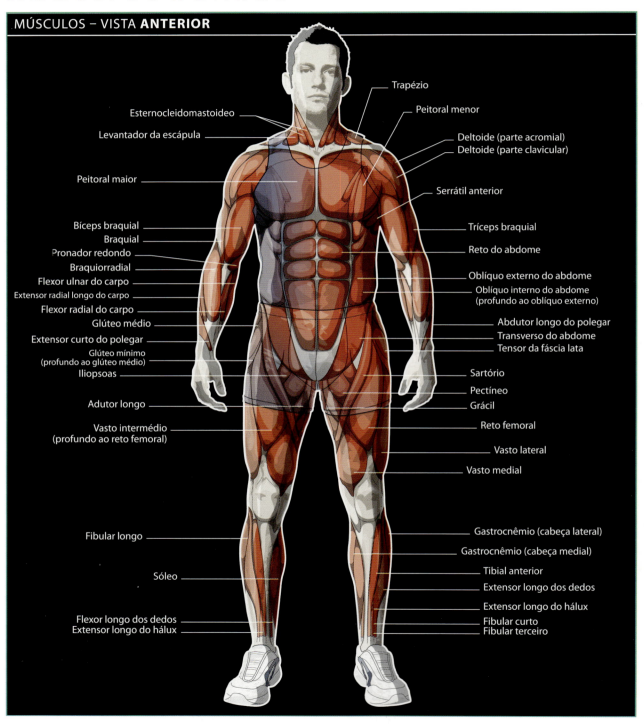

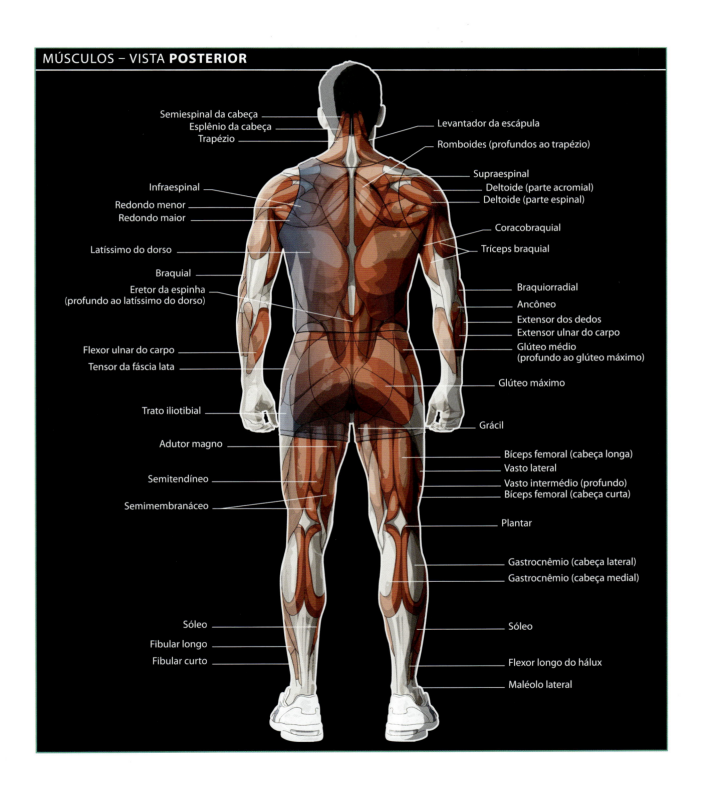

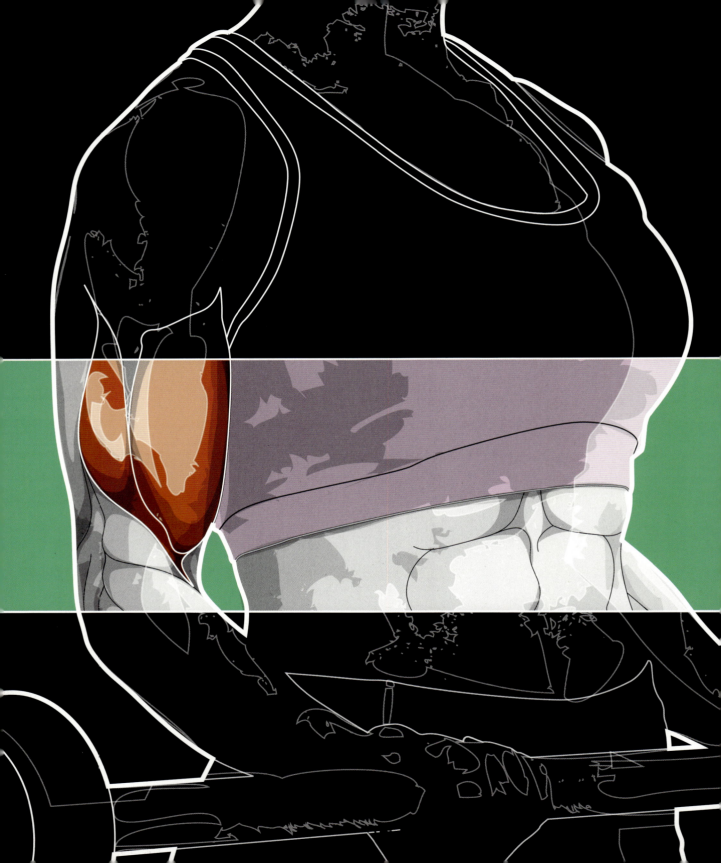

1

PRINCÍPIOS

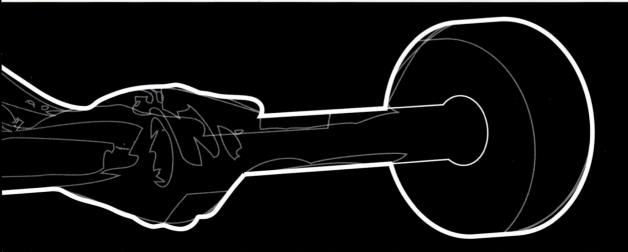

ENTENDENDO SEUS OBJETIVOS

Algumas pessoas adquiriram este livro porque desejam obter maior potência e força física, talvez para aumentar a autoconfiança, facilitar as tarefas cotidianas, prevenir lesões ou melhorar a postura. Pode ser que você não esteja satisfeito com sua aparência e deseje um corpo com músculos mais definidos – uma noção enganosa de parecer mais "forte". Sua meta, inicialmente, pode ser melhorar o desempenho em um esporte específico, ou talvez você esteja fascinado pelos desafios dos esportes de força – o halterofilismo e o levantamento básico.

O progresso em busca desses objetivos pode ser facilitado – em maior ou menor grau – pelo treinamento de força. Mas há outros benefícios também, intencionais ou não. Esse tipo de treinamento ajuda a aumentar a densidade óssea e a neutralizar efeitos deletérios como os da osteoporose; aumenta o metabolismo basal (quantidade de energia que o corpo utiliza em repouso) e, com isso, ajuda a manter o peso sob controle; e aumenta a massa muscular, contrapondo-se assim à perda muscular que começa após os trinta anos de idade.

Fisiculturismo e treinamento de força
O esporte – ou arte – do fisiculturismo difere do treinamento de força, pois seu objetivo principal é maximizar a massa muscular (causar hipertrofia) enquanto reduz a gordura corporal, modelando o corpo. Qualquer ganho de força ou potência é mera consequência dessa atividade cosmética.

O lado positivo é que o fisiculturismo tem inspirado muitas pessoas a se interessarem pelo treinamento de força e a pensarem em melhorar sua condição física. Sem dúvida, esse esporte proporciona alguns visuais impressionantes, sobretudo nos níveis competitivos mais altos. Contudo, para cada pessoa que fica fascinada com a possibilidade de ter bíceps enormes e um abdome definido, há outras tantas que acham tal aparência repulsiva, e seu principal objetivo é apenas manter o corpo saudável e em condições ideais para a vida cotidiana.

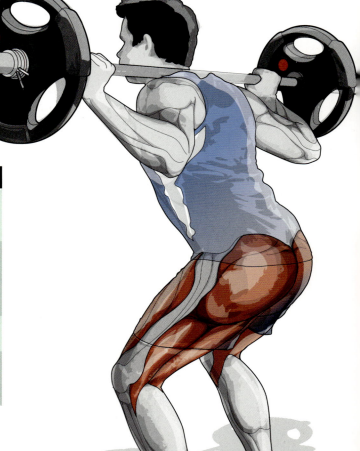

O QUE É TREINAMENTO DE FORÇA?

O termo "treinamento de força" muitas vezes é utilizado como alternativa a "treinamento de resistência" e "treinamento com pesos", mas eles não são sinônimos.

Treinamento de resistência é qualquer forma de exercício que promova contração muscular contra resistência externa. Os pesos são apenas uma ferramenta: você pode utilizar bandas elásticas, o peso de seu próprio corpo, cabos, fluidos, água, um parceiro ou até mesmo uma plataforma vibratória para oferecer resistência.

Treinamento de força é qualquer forma de treinamento de resistência preocupado com o aumento da força muscular.

Treinamento com pesos é qualquer forma de treinamento de resistência em que os pesos são usados para oferecer resistência e estimular sua força.

Treinamento para o esporte da vida

Você pode não querer ser fisiculturista, halterofilista ou praticar levantamento básico. Em vez disso, seu desejo pode ser só melhorar discretamente seu aspecto físico, aumentar um pouco sua massa muscular e reduzir seus níveis de gordura corporal. Talvez você queira ser capaz de lidar melhor com as exigências da vida cotidiana e continuar a fazê-lo de modo eficaz durante a velhice. O treinamento de resistência pode ajudá-lo a atingir qualquer um desses objetivos.

Treinamento para os esportes

Atualmente, não há dúvida de que os atletas precisam realizar treinamentos de força e potência para melhorar seu desempenho no esporte. O condicionamento específico para um esporte pode conter elementos do treinamento de força geral (incluindo aqueles de cunho fisioterapêutico), do halterofilismo, do levantamento básico e até mesmo do fisiculturismo (no caso de esportes em que o ganho de peso corporal e massa muscular pode ser benéfico). O treinamento para esportes será discutido mais adiante, nas páginas 40 a 45.

Esportes de força

Outro aspecto do treinamento de força é a participação nos dois esportes de força: o halterofilismo e o levantamento básico. Em ambos, o objetivo é levantar o máximo de peso possível, em cada estilo de levantamento, para uma repetição.

O **halterofilismo** ou **levantamento de peso olímpico** compreende dois levantamentos: o arranque (*snatch*) e o arremesso (*clean and jerk*). No arranque, o objetivo é levantar o máximo de peso possível acima da cabeça e o mais depressa possível, em um único movimento; no arremesso são utilizados dois movimentos. Ambos são muito técnicos e executados de maneira potente e explosiva. O halterofilismo é um esporte olímpico, e os halterofilistas são possivelmente os atletas mais potentes nos jogos olímpicos. As habilidades demandadas por um halterofilista incluem técnica, potência, velocidade, força, flexibilidade e coragem. Embora o halterofilismo seja um esporte, as técnicas de arremesso e arranque são muito usadas no condicionamento e no treinamento de força de esportes específicos, assim como no treinamento de força geral, devido à sua capacidade inigualável de desenvolver a potência do indivíduo.

NÃO SOMOS TODOS **IGUAIS**

Para ter sucesso em qualquer programa de treinamento, você deve ter uma noção precisa do que quer obter, por onde vai começar e quem você é. É provável que as respostas de duas pessoas para o mesmo programa de treinamento sejam muito diferentes dependendo dos seguintes fatores:

Idade cronológica: é a idade em anos.

Idade biológica: é a idade relacionada à maturidade física – especialmente importante para iniciantes pré-adolescentes e adolescentes.

Idade de treinamento: é a idade relativa aos anos de experiência em treinamento com pesos e esportes em geral.

Maturidade emocional: é a capacidade de concentrar-se no treinamento e lidar com o fato de os resultados às vezes serem ilusórios.

Sexo: homens e mulheres respondem de modo diferente ao treinamento de força em termos fisiológicos e psicológicos.

Capacidade física: é afetada pela hereditariedade (ver abaixo) e histórico de treinamento (grau de experiência e aptidão desenvolvidas).

Hereditariedade: algumas pessoas têm força inata ou aumentam a substância óssea e a massa muscular mais rápido que outras; o predomínio de fibras musculares de contração rápida ou lenta (ver p. 19) e alguns aspectos da personalidade também são determinados geneticamente.

Estilo de vida: é o grau em que os programas de treinamento podem ser adaptados à vida fora da academia.

A determinação em busca de metas é vital para que você desenvolva um programa de treinamento de resistência eficaz que, em longo prazo, o deixará satisfeito com suas conquistas.

O **levantamento básico** compreende o supino, o agachamento e o levantamento terra. Ironicamente, ele requer uma grande quantidade de força absoluta, mas pouca potência explosiva porque os levantamentos são realizados com cargas muito pesadas que só podem ser movidas muito devagar. Os competidores de elite do levantamento básico são provavelmente os atletas mais fortes do mundo.

FISIOLOGIA DO TREINAMENTO

Seu corpo é uma máquina impressionante que se adapta, de modo progressivo, à quantidade e ao tipo de trabalho que você exige dele, tanto física como mentalmente. Por exemplo, se você habitualmente levanta cargas pesadas, seu corpo responderá aumentando a densidade óssea; e se executa exercícios periódicos que fazem seus músculos se contraírem contra uma resistência externa, você desenvolverá potência e força muscular. O princípio básico do treinamento de força é promover essas modificações por meio de repetições de exercícios específicos em uma progressão de atividades planejada.

Para entender como o treinamento de força provoca essas mudanças em seus músculos e outros tecidos de seu corpo, precisamos ter em mente alguns aspectos básicos da biologia humana.

P | Como seus músculos trabalham?
R | Seu corpo tem três tipos diferentes de músculo: o cardíaco, que compõe grande parte do coração; o liso, que reveste órgãos como o estômago, a bexiga urinária e os vasos sanguíneos; e o esquelético, que se liga aos ossos através dos tendões e é a força por trás de quase todos os seus movimentos. Dos três, apenas o músculo esquelético está sob controle voluntário e, como tal, é "treinável."

O músculo esquelético é constituído de células (ou fibras) musculares agrupadas e envolvidas por tecido conectivo. Cada fibra muscular contém muitos filamentos de proteína capazes de "deslizar" quimicamente um contra o outro quando é enviado um sinal do sistema nervoso. Esse deslizamento encurta o músculo, causando sua contração.

Os músculos são capazes apenas de puxar, não de empurrar, e, por isso, estão dispostos em pares antagônicos. Por exemplo, quando você contrai o bíceps braquial e relaxa o tríceps braquial, seu membro superior se dobra (flete); fazendo o oposto, ele é retificado (estende-se). Os componentes dos pares antagônicos são em geral chamados de músculos extensores (que retificam o membro) e flexores (que o dobram).

PRINCÍPIOS 19

> **❝ O treinamento de força atua sobrecarregando os músculos, depois permitindo que o tecido muscular se adapte, para então sobrecarregá-los outra vez. ❞**

P | Como funciona o treinamento de força?

R | O treinamento de força atua sobrecarregando os músculos, ou grupos de músculos, depois permitindo que o tecido muscular se adapte, para então sobrecarregá-los outra vez. No nível celular, isso funciona porque a sobrecarga causa lesões microscópicas nas células musculares. O dano é rapidamente reparado pelo corpo, e os músculos afetados se regeneram e crescem mais fortes. Depois que você treina, a testosterona, o fator de crescimento semelhante à insulina, o hormônio do crescimento, proteínas e outros nutrientes chegam depressa a seus músculos para ajudá-los a se reparar e torná-los mais fortes.

P | Como o corpo responde ao treinamento?

R | O corpo responde ao treinamento de várias maneiras. A primeira delas é tipicamente a adaptação do sistema nervoso central – que os fisiologistas denominam adaptação neural. Basicamente, você adquire maior eficiência e coordenação quando executa um determinado movimento. Os ganhos em força que ocorrem durante esse processo de aprendizagem de uma habilidade podem ser rápidos e significativos, mas tendem a diminuir depois de um período relativamente curto.

Conforme você continua treinando, seus músculos crescem em volume porque há aumento de cada fibra muscular ou da bolsa fluida que as cerca, ou de ambos. Mas não há produção de novas fibras musculares. Também ocorrem mudanças no tipo de fibra em seus músculos (ver quadro ao lado). A maioria de seus músculos contém fibras dos tipos 1 e 2, mas a proporção entre eles é em parte determinada pela genética. O treinamento pode promover a mudança de um tipo de fibra para o outro, ou pelo menos alterar o modo como algumas fibras musculares trabalham. As alterações musculares são acompanhadas por flutuações nos níveis enzimáticos e hormonais e na maneira como o corpo armazena o combustível necessário para a ação muscular.

Não são apenas os músculos esqueléticos que mudam em resposta ao treinamento. O coração também fica maior, bate mais devagar e bombeia mais sangue a cada batimento. O tempo que o coração leva para voltar à frequência normal depois do exercício diminui; e aumentam o volume de plasma sanguíneo e a eficiência da perfusão capilar nos tecidos com sangue rico em oxigênio.

Outra adaptação fundamental causada pelo treinamento é psicológica. Você aprende a treinar e a prestar atenção em seu corpo (ver na próxima página). Isso vem com a experiência, mas um bom treinador pode orientá-lo.

FIBRAS MUSCULARES

As fibras musculares esqueléticas não são todas iguais. Os fisiologistas distinguem dois tipos principais – as do tipo 1, ou fibras de contração lenta, e as do tipo 2, ou fibras de contração rápida.

Fibras do tipo 1
- São responsáveis por atividades de baixa intensidade e longa duração, pois são eficientes ao usar o oxigênio para "queimar" as reservas energéticas do corpo para contrações repetidas durante longos períodos (atividade aeróbica).
- Demoram a sofrer fadiga e atuam em atividades que requerem resistência.

Fibras do tipo 2
- Produzem salvas de contrações potentes em alta frequência.
- São apropriadas para atividades de alta intensidade e curta duração no treinamento de força ou levantamento básico.
- Trabalham sem necessidade de oxigênio (atividade anaeróbica) e sofrem fadiga rapidamente.
- Podem ser classificadas em fibras 2a, 2b e 2x.
- A fibra 2a é uma fibra muscular de contração rápida com propriedades de resistência e pode ser treinada para atuar como fibra do tipo 1 ou fibra 2b.
- A fibra 2b é a típica fibra de contração rápida – explosiva, potente e forte.
- A fibra 2x é neutra e pode se desenvolver em fibra do tipo 1 ou fibra 2a.

A maior parte dos nossos músculos contém os dois tipos de fibra, mas algumas pessoas possuem predomínio genético de fibras do tipo 2, o que lhes proporciona uma aptidão natural para atividades explosivas de alta intensidade, como halterofilismo ou corridas de velocidade de curta distância. Em outros indivíduos, porém, prevalecem as fibras de contração lenta (tipo 1); é o caso, por exemplo, da maioria dos corredores de longa distância e ciclistas.

PSICOLOGIA DO TREINAMENTO

Para tirar o máximo proveito de seu precioso tempo de treinamento, é importante entender como seu corpo responde às demandas físicas. Você também precisa compreender como adquire novas habilidades e responde mentalmente aos desafios do treinamento, tanto para conseguir desempenho máximo como para diversão. É aí que entra a psicologia do treinamento.

APRENDENDO PADRÕES DE MOVIMENTO

Pesquisas sugerem que iniciantes no treinamento passam por uma série de estágios ao aprender novos padrões de movimento.

Incompetência inconsciente
Você ainda não sabe o que não sabe e não tem consciência de suas deficiências. Você pode até mesmo negar a relevância de uma determinada habilidade ou achar que "sabe das coisas". Você precisa entender quão úteis são as novas habilidades que está aprendendo.

Incompetência consciente
Você consegue perceber quais são as habilidades que precisa adquirir e reconhece que ainda não é capaz de aplicá-las. Esse estágio de aprendizado é perigoso porque suas frustrações podem levá-lo a selecionar estratégias precipitadamente e sem a atenção necessária.

Competência consciente
Você entende e pode realizar os movimentos necessários para um treinamento eficaz, mas precisa ainda manter-se consciente do que está fazendo e pensar bastante nos movimentos e posições que deve adotar. Essa não é uma grande preocupação no treinamento recreativo, mas é de extrema importância ao realizar os movimentos sob pressão ou em uma competição.

Competência inconsciente

Você está hábil, maduro e perito em uma grande variedade de técnicas, que podem ser adaptadas em resposta às necessidades. Você é capaz de "escutar" seu corpo, percebendo o que é apropriado a um determinado dia de treinamento e respondendo com a escolha correta dos padrões de movimento.

O progresso por esses estágios de desenvolvimento requer muitas horas de prática, paciência, altos níveis de motivação e o uso de técnicas como a visualização.

Motivação positiva

Para ter sucesso em seus objetivos de treinamento, você tem que QUERER treinar, e aqueles atraídos por esportes competitivos precisam QUERER competir. Sem a motivação adequada, é improvável que você atinja o volume e a intensidade de treinamento (ver p. 32) necessários para alcançar metas difíceis. Ir constantemente à academia pode se tornar uma tarefa enfadonha, e o que o motiva a começar um programa de exercícios pode não ser o que o motiva a persistir diante das adversidades.

Os psicólogos identificam dois tipos de motivação. A motivação extrínseca é aquela cujos fatores determinantes vêm de fora, por exemplo, os incentivos de um treinador, a opinião de um grupo de amigos ou colegas de treino, ou prêmios como troféus e certificados. Na motivação intrínseca, os fatores determinantes vêm de dentro, por exemplo, a satisfação pessoal de dominar uma habilidade, poder passar de exercícios realizados em aparelhos para exercícios com pesos livres e a satisfação de se sentir mais dono de sua vida e aumentar sua autoestima. A motivação extrínseca só o levará até aqui; já a motivação intrínseca é que o manterá lutando contra as adversidades, como lesões ou períodos de pouco progresso.

Sua motivação precisa ser positiva e alimentar o desejo de ter sucesso e não o medo de fracassar ao progredir. Por essa razão, você tem que estabelecer metas realistas para si, o que exige uma avaliação honesta dos objetivos em relação ao seu potencial.

Não esqueça que o treinamento também deve ser divertido e se adaptar às suas características pessoais. É nesse ponto que um bom treinador ou instrutor pode fazer a diferença entre você continuar com o programa ou perder o ânimo.

Extremamente motivado?

Em um treinamento e em uma competição, a motivação pode ser uma força tanto destrutiva como construtiva. Resumidamente, é possível que o desejo por alguma coisa seja excessivo demais. Psicólogos demonstraram a existência de níveis crescentes de motivação que o ajudam a atingir o desempenho máximo, mas, quando se tornam demasiadamente intensos, você passa a se esforçar demais e as habilidades adquiridas com dificuldade podem falhar, levando você a esquecer suas táticas.

PRINCÍPIOS 21

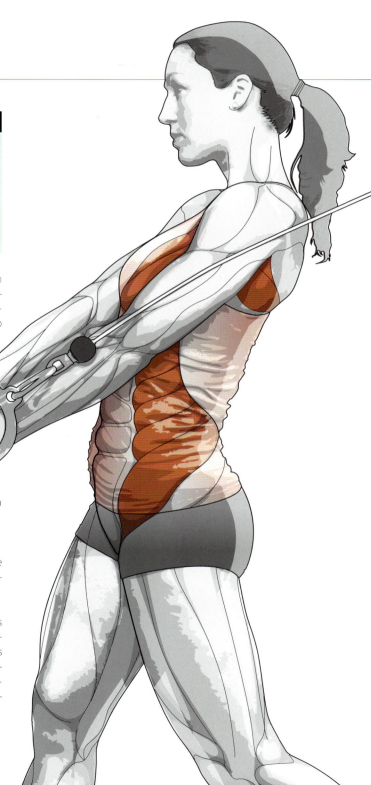

USANDO A **VISUALIZAÇÃO**

A visualização é uma técnica desenvolvida por psicólogos na qual o atleta cria imagens mentais das ações que ele executa, por exemplo, visualiza uma corrida perfeita para um salto em distância ou o lançamento ideal de um dardo. Durante esse processo mental, o cérebro do atleta direciona os músculos necessários ao movimento para que eles trabalhem do modo desejado, estabelecendo um padrão neural idêntico àquele criado pela execução real dos movimentos.

Em esportes de alto nível, nos quais a capacidade de desempenho sob a mais intensa pressão pode ser determinante para o sucesso ou o fracasso, você precisa encontrar o nível mais adequado – e não necessariamente o mais alto – de motivação para ter sucesso. Essa é a arte do treinador.

Mesmo se você não competir em alto nível, motivação demais ainda pode ser um problema. Você pode ficar tentado a abreviar ou até mesmo eliminar partes cruciais do treinamento, como o descanso e a recuperação e começará a sentir sintomas de sobretreinamento (ver p. 34). Você nunca deve esquecer que mais treinamento não é necessariamente melhor, da mesma forma que a prática não garante a perfeição. A prática inadequada prejudica o desempenho, e o sobretreinamento pode resultar em dano físico e psicológico.

Não desejar o suficiente

Assim como é possível querer demais alguma coisa, também pode acontecer – em geral mais provavelmente – de a vontade não ser suficiente para motivar o gasto de tempo e esforço para obtê-la.

Muitas pessoas desistem do treinamento de força porque falta a elas motivação para treinar arduamente a fim de poder competir com sucesso ou alcançar seus objetivos. Esse problema se torna ainda mais crítico quando o ritmo de progresso, que pode ter sido rápido e motivante no princípio, começa a diminuir. O desenvolvimento pode parecer completamente estagnado. A automotivação e o estabelecimento de metas reais são as chaves para evitar tais dificuldades.

METAS INTELIGENTES (SMARTER) SÃO:

ESPECÍFICAS	MENSURÁVEIS	AJUSTÁVEIS	REALISTAS	TEMPORAIS	ESTIMULANTES	REGISTRADAS
Identificar exatamente o que você quer obter: força, potência, maior musculatura ou perda de gordura?	Como você vai medir seu progresso? Perda de peso por semana? Mudanças no IMC? Ou a capacidade de realizar mais repetições com pesos maiores?	Você consegue se adaptar a situações adversas? Por exemplo, o que você faria se não pudesse ficar tanto tempo na academia quanto havia planejado?	Suas metas são realmente factíveis? Não espere obter um físico modelado em quatro semanas.	Tente estabelecer metas de curto prazo e utilizá-las como marcos na jornada para atingir suas metas de longo prazo.	Há muito mais probabilidade de você aderir a um programa se ele for estimulante. O treinamento deve ser divertido, mas sem prejudicar o trabalho sério.	Mantenha um registro dos pesos que você levantou e do tempo gasto na academia. Isso pode ser muito motivante.

Estabelecendo metas construtivas

Muitos livros já foram publicados salientando o papel que o estabelecimento de metas desempenha na motivação para quase todos os tipos de atividade humana – do controle da dieta ao gerenciamento empresarial. O treinamento de força não é exceção, e as regras gerais para o estabelecimento de metas inteligentes [SMARTER ou SMART] (ver acima) se aplicam ao seu trabalho na academia.

Obtendo boa orientação

Muitos iniciantes no treinamento de força, ao entrar em uma academia e observar outros praticantes executando uma maratona de duas horas de treinamentos desgastantes, chegam à conclusão que o tempo na academia e a quantidade de exercícios executados são cruciais para a evolução. A verdade é que muitas pessoas que você vê nas academias não são bons exemplos. Sempre leve em conta a natureza do trabalho realizado, não só o volume e a intensidade, e avalie se condiz com suas metas. Os exemplos de programas neste livro (ver Cap. 10) fornecem uma boa ideia de como manipular as variáveis de treinamento para alcançar diversos objetivos.

OBTENDO **CONSELHOS**

Uma grande fonte de confusão para o iniciante é a informação publicada em algumas revistas de condicionamento físico e musculação. Os programas que elas apresentam podem ser muito avançados e insatisfatórios para um iniciante, e, ao tentar segui-los, você fica sujeito ao fracasso e até mesmo a lesões. Seja realista em suas metas, seu potencial físico e seu estilo de vida e procure o conselho de um treinador qualificado e imparcial.

> **" Você precisa encontrar o nível de motivação mais adequado – não necessariamente o mais alto – para ter sucesso em suas metas. "**

Motivação pelo treinador

Seu treinador ou instrutor também deve estar motivado – esteja ou não sendo pago. Ele deve se identificar com você e entender suas particularidades e os fatores que o estimulam; deve também trabalhar com você para estabelecer em comum acordo objetivos viáveis. Se você treina sobretudo para agradar seu treinador (ou, pior, para evitar a ira dele) ou para justificar o dinheiro pago na academia, é muito improvável que você atinja seu potencial.

O poder da parceria

Treinar com outras pessoas – especialmente um parceiro de confiança – é um grande fator motivador. Ter um parceiro introduz elementos saudáveis de competição, inspiração e rivalidade em seu treinamento. Seu parceiro de treino pode ser fisicamente mais avantajado que você, mas você pode ser mais concentrado; de preferência, escolha um parceiro cujas forças se equiparem às suas.

PRINCÍPIOS 23

UTILIZANDO UM **PARCEIRO DE TREINO**

Escolha cuidadosamente seu parceiro e reavalie a compatibilidade entre vocês depois de cada fase do treinamento. As coisas podem dar errado se o seu parceiro adquirir hábitos de treinamento inadequados ou aceitar maus conselhos sobre o treino. Tipos físicos radicalmente diferentes também podem ser um fator limitante para o sucesso do treinamento em parceria – mesmo que as metas dos dois sejam semelhantes. Exercícios adequados a um tipo físico alto e magro com ossos longos podem ser contraproducentes para um tipo baixo e atarracado, e vice-versa.

Fatores da personalidade

Sua personalidade tem forte efeito sobre o que o motivará no treinamento. O modo como os diferentes fatores da personalidade atuam simultaneamente nas situações de treinamento é complicado e influenciado pela genética e pela experiência, e suas complexidades estão além do escopo deste livro. No entanto, é conveniente reconhecer dois grandes tipos de personalidade e como eles podem responder aos desafios do treinamento.

Extrovertidos

- Têm personalidade expansiva, sociável e confiante.
- Não gastam muito tempo planejando ou refletindo antecipadamente sobre o treinamento.
- Podem ter lapsos de atenção e ser facilmente distraídos quando não são recompensados imediatamente com o sucesso.

Se você se encaixa nessa descrição, pode responder melhor a motivadores extrínsecos e a abordagens diretas no treinamento.

Introvertidos

- Tendem a ter personalidade quieta e reflexiva.
- Evitam participar de grupos ou chamar atenção para si.
- Podem apresentar grande força mental tanto no treinamento como em competições.
- Observam por um período relativamente longo onde estão e aonde querem chegar.

Se você se encaixa nessa descrição, provavelmente responderá melhor a motivadores intrínsecos e a abordagens indiretas no treinamento.

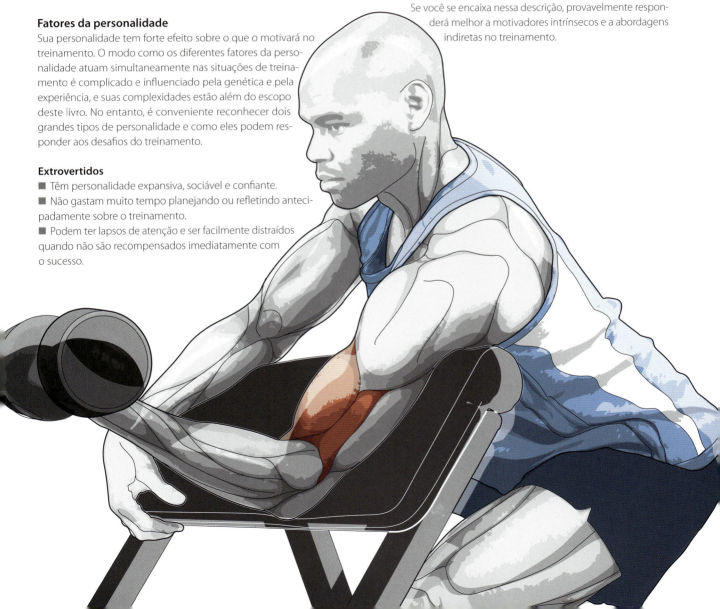

NUTRIÇÃO: CONCEITOS BÁSICOS

Comer bem e se manter hidratado são tão importantes para o seu plano de treinamento quanto realizar os exercícios com intensidade e volume adequados. O objetivo de um programa de nutrição para treinamento de força é desenvolver e manter o corpo com massa muscular magra apropriada, a qual contém as reservas de força, potência e resistência para satisfazer às demandas da vida diária, do treinamento e das competições. O corpo humano é uma máquina complexa, mas as pesquisas nos fornecem boa compreensão da função desempenhada pelos vários elementos da nutrição na manutenção da saúde, do condicionamento físico e no ganho e na perda de peso.

Alimentos, calorias e peso corporal

O peso do corpo é composto principalmente de esqueleto, órgãos, músculos, gordura e água que ele contém. O desenvolvimento muscular (ainda que não o número de fibras musculares), a gordura do corpo, a densidade óssea e a quantidade de água podem ser modificados com treinamento e dieta.

Os fatos básicos da perda e ganho de peso são simples. Você ganha peso quando ingere mais calorias do que queima; e perde quando ingere menos calorias do que precisa como fonte energética para as funções corporais básicas e o regime de exercícios.

Alguns alimentos contêm muitas calorias para um determinado peso (são energéticos, ver quadro abaixo), enquanto outros, como as fibras alimentares (ver p. 30), os minerais e as vitaminas, contêm pouca ou nenhuma caloria, mas ainda assim são componentes necessários em sua dieta.

PROPORÇÕES DOS **PRINCIPAIS NUTRIENTES**

Carboidratos

Os carboidratos são nossa principal fonte de energia. Outrora, os nutricionistas separavam os carboidratos em simples – encontrados no açúcar refinado, biscoitos, frutas e sucos de fruta – e complexos – encontrados no pão, macarrão, batata, arroz e alimentos com grãos integrais. O conselho era comer mais carboidratos complexos e menos simples, pois os carboidratos complexos demoram mais para ser digeridos e absorvidos e, portanto, causam poucas oscilações nos níveis de açúcar do sangue.

No entanto, a relação entre a ingestão de carboidratos e o efeito sobre o açúcar do sangue tem se mostrado um pouco mais complexa. Hoje em dia é mais comum classificar os alimentos levando em conta o alto ou baixo índice glicêmico (IG). O IG é a medida do efeito que um determinado carboidrato tem sobre os níveis de açúcar no sangue. Alimentos com baixo IG liberam sua energia mais lentamente (impedindo a "sobrecarga de açúcar") e acredita-se que apresentem outros benefícios à saúde (ver p. 30–31).

Gordura

A gordura da dieta é uma rica fonte de energia e também um nutriente essencial. Ela permite que o corpo absorva algumas vitaminas e é importante para o crescimento e o desenvolvimento adequados e para a saúde. A gordura proporciona ao alimento grande parte do seu sabor e ajuda você a se sentir saciado.

Nem todas as gorduras são iguais e a maioria dos alimentos contém uma combinação de vários tipos de gordura. As gorduras insaturadas, encontradas em peixes oleosos, alguns vegetais e óleos de castanhas, são mais benéficas que as gorduras saturadas, presentes na carne e em outros produtos animais como a manteiga e a banha de porco. A gordura saturada em grandes quantidades está associada ao desenvolvimento de doença coronária e deve ser limitada ao mínimo em uma dieta saudável. A ingestão de grande quantidade de qualquer tipo de gordura acarretará um aumento de peso.

DENSIDADE **ENERGÉTICA**

Carboidrato	4 calorias por grama
Proteína	4 calorias por grama
Gordura	9 calorias por grama
Água, vitaminas e minerais	Nenhum valor calórico

PRINCÍPIOS 25

Proteínas
As proteínas são elementos fundamentais para o corpo humano, e essenciais para o crescimento e a regeneração dos músculos e outros tecidos do corpo. Todos nós precisamos de proteínas; mas os atletas de competição podem precisar de um pouco mais que as pessoas sedentárias, porque treinamentos intensos exigem do corpo uma capacidade de autorreparação. As proteínas são constituídas de unidades químicas denominadas aminoácidos e alimentos como peixe, carne e ovos são fontes completas de aminoácidos essenciais. Frutas, legumes e nozes contêm proteínas, mas não fornecem todos os aminoácidos necessários para um atleta em treinamento. Por esse motivo, atletas vegetarianos e veganos devem consultar um nutricionista antes de iniciar um treinamento de alto nível.

As proteínas precisam ser ingeridas com regularidade, pois não são prontamente armazenadas pelo corpo. No entanto, a quantidade necessária todos os dias – mesmo para um atleta de competição – fica dentro dos limites de uma dieta saudável "normal".

Vitaminas
Vitaminas são compostos biologicamente ativos utilizados nos processos químicos responsáveis pelo funcionamento do corpo humano. Elas são necessárias apenas em pequenas quantidades e se dividem em dois tipos – as solúveis em gordura e as solúveis em água (que precisam ser ingeridas regularmente).

Minerais
Minerais como potássio, sódio, cálcio, zinco e ferro estão envolvidos em muitos processos bioquímicos que mantêm a vida e estimulam o crescimento. A deficiência de minerais é rara em uma alimentação balanceada.

Água
A água é crucial para a manutenção da saúde. O corpo humano é composto de grande quantidade de água, meio no qual ocorre a maior parte da química do corpo. A desidratação é um problema potencialmente grave e, em casos extremos, pode levar à morte.

PROPORÇÕES DOS PRINCIPAIS NUTRIENTES NA DIETA

Não há uma proporção padrão "correta" de ingestão diária de nutrientes. A quantidade diária necessária depende de suas características individuais e estilo de vida. No entanto, os números a seguir servem como pontos de referência úteis:

- 60% carboidrato
- 25% gordura
- 15% proteína

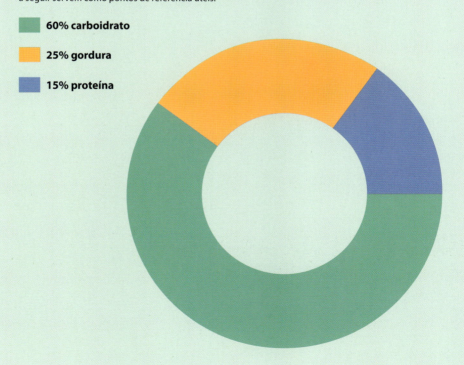

Sua necessidade energética

Sua Necessidade Básica de Energia (NBE) é a quantidade de energia que seu corpo precisa para manter seus processos vitais básicos, como respiração e circulação, em repouso. Além da NBE, você precisa de energia para manter seu estilo de vida e os padrões pessoais de atividade. A natureza dessa atividade é importante. Se você fizer muito trabalho físico, sua necessidade de energia será diferente da de uma pessoa que trabalha o dia todo sentada. Você pode calcular sua necessidade energética diária aproximada utilizando a tabela abaixo.

CALCULANDO A **NECESSIDADE ENERGÉTICA**

Identifique sua faixa etária e coloque sua massa (em kg) na equação apropriada para obter sua NBE. Em seguida, multiplique o resultado pelo fator associado a seu estilo de vida – sedentário, moderadamente ativo ou muito ativo. O resultado final obtido é o nível de ingestão calórica que lhe permitirá manter seu peso corporal atual.

SEXO			
Masculino	10–17 anos	$(17{,}5 \times$ massa em kg)	$+ 651$
	18–29 anos	$(15{,}3 \times$ massa em kg)	$+ 679$
	30–59 anos	$(11{,}6 \times$ massa em kg)	$+ 879$
Feminino	10–17 anos	$(12{,}2 \times$ massa em kg)	$+ 746$
	18–29 anos	$(14{,}7 \times$ massa em kg)	$+ 496$
	30–59 anos	$(8{,}7 \times$ massa em kg)	$+ 829$
Sedentário		multiplicar por 1,5	
Moderadamente ativo		multiplicar por 1,6	
Muito ativo		multiplicar por 1,7	

Se ingerir mais calorias que sua necessidade diária de energia (incluindo os exercícios que você realiza), você ganhará peso. Todavia, se ingerir menos calorias que sua necessidade diária de energia (incluindo o treinamento), você perderá peso.

P | Como faço para perder peso e ganhar massa muscular?

R | O objetivo comum da maioria dos programas de treinamento de força é a redução da gordura corporal (que envolve perda de peso) combinada com ganho de massa muscular (que envolve ganho de peso). O treinamento de força ou um programa de nutrição isoladamente não apresentam o efeito desejado, mas combinados atingem a meta. Planejar seu programa de treinamento sem considerar a dieta tornará seu progresso mais lento ou até mesmo fará você adoecer.

P | Como faço para ganhar peso em massa muscular?

R | Para desenvolver músculo magro, você precisará combinar seu regime de exercícios com calorias extras em sua dieta. Cientistas calculam que um excesso de 300 calorias por dia proverá energia suficiente para o desenvolvimento muscular. Independentemente da quantidade de exercícios e de alimento ingerida, você não deve esperar aumentar muito sua massa muscular em um curto período – existem limites genéticos para o crescimento muscular. O máximo de massa muscular magra que se pode ganhar por ano é algo entre 3,5 e 8 kg.

Pouco se ganha consumindo grandes quantidades de proteínas ou suplementos de proteína para promover o desenvolvimento muscular porque, dependendo do seu peso e constituição, seu corpo pode absorver apenas 25 a 30 g de proteína por vez. Assim, se você beber um *shake* que contenha 40 g de proteína, o excesso simplesmente será excretado na urina, enquanto as calorias extras na bebida ficarão armazenadas como gordura. Mantenha, portanto, uma alimentação bem balanceada, com refeições pequenas e frequentes (cada 3 a 4 horas) e boas fontes naturais de proteínas como grãos integrais, feijões e outras leguminosas, carne magra, peixe, ovos e laticínios com baixo teor de gordura. Essa dieta fornecerá toda a proteína de que você precisa para o desenvolvimento muscular.

P | Como faço para controlar a gordura?

R | A gordura é produzida pelo corpo quando você ingere mais calorias do que necessita para sua subsistência e para seu nível de atividade física. Existem evidências científicas de que somos geneticamente programados para permanecer dentro de uma faixa de mais ou menos 12 kg do nosso peso ideal. Se o seu peso cai abaixo de 12 kg do ideal, surge o desejo de comer; mas se o seu peso aumenta 12 kg acima do seu peso ideal, o alimento se torna cada vez menos atraente.

Seu corpo não gosta de mudanças. Ele é programado para o que os fisiologistas denominam "homeostasia", mantendo as condições internas em um nível estável. Isso ajuda o corpo a se autoproteger e manter-se em equilíbrio. Assim, por exemplo, se a temperatura corporal está baixa, você treme para gerar calor no corpo e, se está muito quente, você transpira para esfriar-se. Você não escolhe fazer essas coisas; elas acontecem automaticamente sob o controle do seu sistema nervoso central.

A homeostasia também se aplica ao peso corporal; quanto mais drásticas forem as mudanças que você tentar impor, mais seu corpo lutará contra elas. Portanto, quando você tenta perder muito peso em pouco tempo, seu corpo responde "diminuindo a velocidade"; sua taxa metabólica basal (TMB), a quantidade de energia que você utiliza em repouso, diminui.

PRINCÍPIOS 27

> " Planejar seu programa de treinamento sem considerar a dieta, tornará seu progresso mais lento ou até mesmo fará você adoecer. "

QUAL É O NÍVEL ADEQUADO DE **GORDURA CORPORAL?**

Pessoas comuns
Em geral, considera-se que os homens devem ter menos de 18% de gordura em seu peso corporal e as mulheres 23% ou menos. Uma certa quantidade de gordura corporal é essencial para uma vida saudável. Há evidências suficientes de que menos de 5% de gordura corporal compromete seu sistema imune, tornando-o suscetível a enfermidades e infecções.

Menos que 23% de gordura **Menos que 18% de gordura**

Atletas
Atletas em regime de treinamento, sobretudo os de elite, apresentam menos gordura corporal; cerca de 8 a 10% nos homens e 10 a 12% nas mulheres. Alto nível de gordura em termos relativos é séria desvantagem para a maioria dos atletas, em especial nas modalidades em que "bater o peso" em certa categoria de peso é uma prioridade.

10–12% de gordura **8–10% de gordura**

Perigoso
Possuir mais gordura que as pessoas comuns não é tão perigoso para a saúde, a menos que você acumule 35 (homens) ou 40% (mulheres) do peso corporal em gordura. Esses níveis caracterizam a obesidade e têm efeito prejudicial à saúde. Um nível muito baixo de gordura corporal também pode ser perigoso, pois a gordura é uma importante reserva energética para a atividade aeróbica.

40% de gordura **35% de gordura**

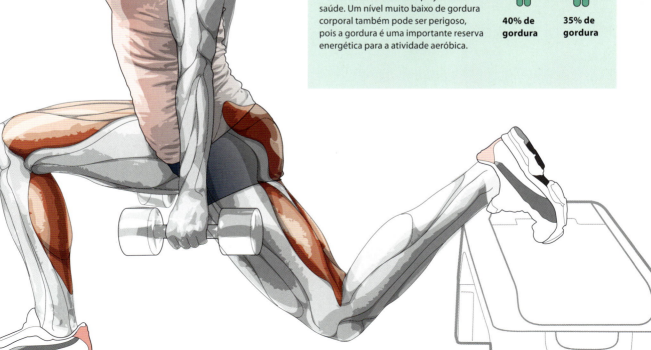

TREINAMENTO DE FORÇA

Isso reduz seu desempenho no treinamento e dificulta a perda de peso com o tempo. A ciência também nos mostra que nas perdas de peso acima de 1 kg por semana, a maior porcentagem de perda é de tecido muscular magro e não de gordura. Ou seja, a gordura inútil fica retida em detrimento do músculo. Portanto, você deve limitar a perda de peso a menos de 1 kg por semana para permanecer saudável e capaz de treinar em alta intensidade.

Há vários métodos para avaliar seu nível de gordura corporal. Você deve estar familiarizado com o termo IMC (Índice de Massa Corporal), que é uma relação entre altura e peso muitas vezes usada para determinar obesidade. O IMC pode ser calculado pela seguinte equação:

$$IMC = \frac{peso\ (em\ kg)}{altura^2\ (em\ m^2)}$$

O problema é que o IMC não distingue entre o peso do músculo e o da gordura. Na verdade, a maioria dos fisiculturistas e praticantes de musculação é considerada obesa levando em conta apenas o IMC. Assim, apesar de ser uma medida útil para o público geral, o IMC precisa ser interpretado com cuidado por qualquer pessoa com massa muscular significativa.

Um índice mais útil é a porcentagem real de gordura corporal, que pode ser medida de várias maneiras, incluindo impedância bioelétrica, compassos de dobras cutâneas, pesagem hidrostática etc. Muitos clubes e academias realizam essa avaliação da gordura corporal.

P | **Que tipo de exercício me ajudará a perder gordura?**

R | Realizar exercícios regularmente o fará queimar calorias; quanto mais ativo você for, mais calorias queimará. A quantia de calorias queimadas depende da intensidade e qualidade do exercício: para perder 1 kg de gordura, você precisa gastar aproximadamente 8 mil calorias, mas muito se discute sobre qual tipo de exercício é mais eficaz para a queima de gordura. É verdade que ao realizar um exercício cardiovascular em baixa intensidade – de 68 a 79% da frequência cardíaca máxima – uma maior porcentagem de energia é gerada pelo metabolismo da gordura. Por outro lado, durante uma atividade anaeróbica em alta intensidade, apesar de uma menor porcentagem de energia ser derivada do metabolismo da gordura, a energia total consumida (de gordura e outras

fontes) pode ser muito maior. Portanto, mesmo que o metabolismo de gordura constitua uma porcentagem menor do todo, o todo pode ser tão grande a ponto de tornar o metabolismo de gordura (contribuição em termos reais) muito maior. Alguns argumentam que exercitar os sistemas de queima de gordura com atividades ocasionais de baixa intensidade pode trazer benefícios, pois isso "treina" o corpo de modo que ele se torne uma máquina de queimar gordura mais eficaz.

O ganho muscular pelo treinamento de resistência é outro modo de perder gordura. Quando o volume muscular aumenta, a taxa metabólica acompanha: o músculo é um tecido vivo e constitui a fornalha do seu corpo. Quanto mais massa muscular você tiver, mais calorias vai queimar para mantê-la. Ter mais massa muscular significa queimar muito mais calorias sempre, seja em repouso ou em atividade. Portanto, você não deve desprezar o treinamento de força como uma atividade para queimar caloria.

SUA ESTRATÉGIA DE **PERDA DE PESO**

Seu plano de perda de peso precisa ser adaptado às suas necessidades particulares, levando em conta idade, fisiologia, estilo de vida e padrões de treinamento. Somos únicos e nossas taxas metabólicas variam – portanto, o que serve para um não serve para todos.

- Seja qual for a estratégia adotada, você deve monitorar seu peso e porcentagem de gordura corporal.
- Avalie seu peso e porcentagem de gordura corporal regularmente em relação à ingestão alimentar e rotina de exercícios.
- Não fique obcecado – se pese não mais do que uma vez por semana.
- Não se preocupe demais se o seu peso variar em um ou dois quilogramas.

PRINCÍPIOS 29

OS **SISTEMAS DE ENERGIA** DO CORPO

Diferentes tipos de atividade são abastecidos por um dos três principais sistemas de energia, ou vias bioquímicas, do corpo. Esses três principais sistemas são: o sistema aeróbico, o sistema anaeróbico e o sistema da fosfocreatina.

Na prática, os três sistemas trabalham ao mesmo tempo, porém um ou outro irá predominar dependendo da intensidade e duração da atividade.

Aeróbico
O sistema aeróbico entra em funcionamento quando você se exercita de modo constante e rítmico por um período mínimo de 30 minutos, mantendo a frequência cardíaca em cerca de 60 a 80% de seu máximo. A atividade aeróbica é de longa duração, mas de baixa intensidade, e inclui atividades como caminhada, ciclismo, exercícios em aparelhos elípticos e natação.

Anaeróbico
O sistema anaeróbico é usado durante atividades de curta duração e alta intensidade, nas quais a demanda do corpo por oxigênio excede a quantidade disponível. O exercício anaeróbico depende de fontes de energia armazenadas nos músculos na forma de glicogênio e, ao contrário do exercício aeróbico, não é dependente do oxigênio do ar (respiração). Atividades anaeróbicas incluem corridas de velocidade e treinamento intervalado.

Explosivo
Atividades anaeróbicas muito explosivas, como halterofilismo, lançamento de peso e corridas de velocidade com duração de até 10 segundos, são abastecidas pelo sistema da fosfocreatina, uma substância armazenada no músculo e clivada por uma reação química com o propósito de liberar energia para facilitar a atividade de intensidade muito alta.

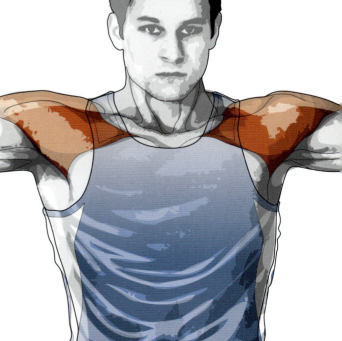

> **❝ Quanto mais massa muscular você tiver, mais calorias vai queimar para mantê-la. ❞**

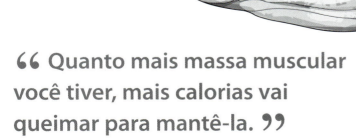

NUTRIÇÃO E GORDURA: PERGUNTAS FREQUENTES

P | Eu posso promover a perda de gordura em uma parte específica do corpo?

R | Não. Não é possível a "redução localizada" – promover a perda de gordura em uma parte específica do corpo. Ao exercitar uma parte específica do corpo, o tecido muscular sob a gordura torna-se mais firme e melhora o aspecto da região. No entanto, o exercício não reduz especificamente a gordura na área; depósitos de gordura em qualquer lugar do corpo diminuem com nutrição adequada e treinamento. Portanto, se você fizer 300 abdominais todos os dias, mas mantiver uma dieta gordurosa, desenvolverá músculos abdominais fortes, mas eles ficarão escondidos sob a camada de gordura.

P | Meus músculos vão se transformar em gordura se eu parar de me exercitar?

R | Músculos não são convertidos em gordura e nenhum exercício transformará gordura em músculos. Os dois tipos de tecidos são totalmente diferentes. Quando interrompe um programa de treinamento rígido mas continua se alimentando da mesma forma, você ingere mais calorias do que queima e, portanto, é inevitável o acúmulo de gordura corporal. Se você interrompe sua dieta saudável e começa a ingerir alimentos inadequados, os problemas aumentam e a gordura passa a se acumular mais rápido ainda.

P | Eu posso "transpirar" gordura na sauna?

R | Infelizmente não. A pequena perda de peso que você sofre quando entra em uma sauna é consequência da perda de água, não de gordura. O peso é imediatamente recuperado depois da ingestão de líquidos.

P | O que é fibra alimentar?

R | Fibra alimentar é a parte comestível das plantas que não pode ser digerida no trato gastrintestinal humano. Ingerir fibra suficiente – cerca de 18 g por dia para um adulto médio – é importante porque ajuda a prevenir constipação e doenças gastrintestinais e a diminuir os níveis de colesterol e regular os níveis de açúcar no sangue. Fibras são abundantes em frutas, vegetais, feijões e cereais integrais.

P | Já ouvi pessoas usarem os termos "gordura essencial" e "gordura de reserva". Qual é a diferença?

R | Existem dois tipos de gordura corporal. A gordura essencial é necessária para a função corporal normal, especialmente dos sistemas endócrino e imunológico, e está presente no coração, pulmões, baço, rins e outros órgãos. As mulheres possuem mais gordura essencial do que os homens. Essa gordura gênero-específica é importante para a gravidez e para outras funções hormonais. A gordura de reserva é aquela que você perde ou acumula quando há alteração de peso. Quando em abundância, ela é depositada em várias regiões do corpo, sobretudo nos quadris, coxas e abdome, para ser utilizada quando necessário.

P | Todas as gorduras da dieta têm a mesma origem?

R | Não. O tipo de gordura que você obtém de peixes oleosos (ômega 3) é importante em uma dieta saudável. Já as gorduras saturadas, encontradas em alimentos como leite integral e pele de frango, devem ser evitadas ao máximo.

P | O que são alimentos de alto IG e baixo IG?

R | Alimentos de baixo IG (índice glicêmico) são aqueles que liberam sua energia lentamente. São excelentes substratos energéticos para o esporte – e para a vida – pois aumentam gradualmente os níveis de açúcar no sangue para utilização imediata e, portanto, fornecem carga energética sem provocar a "explosão" característica dos alimentos de alto IG. Estes, por sua vez, são absorvidos muito rapidamente, proporcionando um "excesso de açúcar", ou pico de glicose sanguínea, seguido por uma queda quando seus níveis de energia chegam a um patamar abaixo daquele anterior à ingestão do alimento. O resultado é uma sensação de letargia e sonolência – um sentimento indesejável antes ou durante uma sessão de treinamento. Após o treino, você pode se nutrir ingerindo pequenas quantidades de alimentos de alto IG com um pouco de proteína. Valores de IG típicos de diferentes alimentos podem ser encontrados a seguir (ver quadro).

VALORES DE **IG**

O IG de um alimento é determinado em uma escala de 0 a 100, sendo 100 o açúcar puro. Abaixo estão alguns exemplos de alimentos e seus IGs:

Energéticos típicos	95 IG
Suco de laranja	52 IG
Pão branco	78 IG
Pão integral	51 IG
Flocos de milho	80 IG
Cereais	30 IG
Espaguete (branco)	61 IG
Espaguete (integral)	32 IG
Sorvete	61 IG

Um IG igual ou inferior a 55 é considerado baixo e acima de 70 alto.

P | **Com que frequência eu devo me alimentar durante o dia?**

R | Comece com um bom café da manhã com alimentos de baixo IG, depois tente se alimentar a cada três horas, para que seu corpo sempre tenha combustível para queimar. Tente não pular refeições; em vez disso, escolha alternativas de baixa caloria como frutas, iogurte e fontes protéicas sem gordura. Pular refeições e passar fome põe o corpo em "alerta vermelho" e ele começa a reter gordura.

P | **O que é glicogênio?**

R | O glicogênio é uma das principais fontes energéticas do corpo. Basicamente, é a forma como o corpo armazena carboidratos por um longo período. A maior parte é armazenada nos músculos e no fígado.

P | **A combinação adequada de vitaminas e minerais é importante para o funcionamento normal do corpo?**

R | Sim. A carência de minerais pode causar graves problemas. Em determinado nível de carência, você pode sentir cãibra após transpiração intensa, mas nos casos mais graves a deficiência de minerais combinada com desidratação pode causar mau funcionamento do coração e até mesmo levar à morte. O corpo saudável depende de processos químicos para os quais as vitaminas são essenciais. Algumas vitaminas são lipossolúveis e, portanto, há necessidade de gordura na dieta para que elas sejam absorvidas.

P | **Devo comer alguma coisa especial após o treinamento?**

R | Se o seu treino não for profissional e for realizado com intensidade e volume moderados, a resposta é "nada especial"; você pode obter tudo o que precisa com uma dieta equilibrada e saudável. No entanto, se você estiver envolvido em um treinamento intenso com carga pesada, os 30 minutos após o fim do treino são cruciais e você pode ingerir alimentos de alto IG (cerca de 50 g) a fim de restaurar suas reservas de glicogênio. Combine-os com a ingestão de proteínas para reparar os tecidos submetidos ao esforço durante o treinamento.

P | **Quanto é uma "porção"?**

R | Em nutrição é comum o uso da indicação "porção". Na prática, uma porção de alimento corresponde ao tamanho de um baralho de cartas e cabe na palma da mão de uma pessoa normal.

Conclusão

Este livro pode fornecer apenas uma introdução básica ao tema complexo da nutrição, tendo em vista que ainda muito tem sido pesquisado sobre os alimentos e seus efeitos e o modo de funcionamento do corpo em diversas condições. Porém, a conclusão a que se pode chegar é que o estilo de vida das pessoas e suas metas esportivas podem ser alcançados seguindo-se uma dieta "equilibrada" – constituída de alimentos naturais, não processados e ingeridos em quantidades moderadas. Há pouca necessidade de suplementos ou comprimidos para a maioria dos atletas amadores.

PLANEJANDO SEU TREINAMENTO

Os atletas de elite trabalham com seus treinadores para desenvolver programas de treinamento sofisticados que duram meses ou anos, controlando intensidades e padrões de carga, de modo que o atleta alcance o máximo de desempenho no momento exato. Mas, mesmo que você seja um praticante amador, algum planejamento é necessário. Seu corpo irá responder ao treinamento de modo mais eficiente apenas se for submetido a uma sobrecarga progressiva na quantidade, intensidade e frequência corretas, com períodos de recuperação suficientes entre as sessões de treinamento.

O mundo do treinamento de força tem seus próprios jargões, por isso, antes de tratar do planejamento propriamente, introduziremos alguns conceitos e termos básicos usados nessa área.

TERMOS **BÁSICOS**

Peso/massa: é o peso a ser levantado.

Repetição (ou "rep"): cada vez que o peso é levantado denomina-se repetição, ou simplesmente rep.

Série: grupos de repetições são organizados em séries. Você pode, por exemplo, realizar três séries de dez repetições.

1RM (uma repetição máxima): é a quantidade máxima de peso que você pode levantar em uma única repetição de um certo exercício.

% de 1RM: é a porcentagem de sua 1RM que um peso representa: se o peso máximo que você consegue levantar em uma única repetição é 100 kg, um peso de 80 kg representa 80% de 1RM.

Período/intervalo de descanso interséries: é o tempo de recuperação decorrido entre as séries – geralmente segundos ou minutos.

Período/intervalo de descanso intersessões: é o tempo de recuperação decorrido entre as sessões. Em geral é medido em horas ou dias.

Proporção trabalho/descanso: é a razão entre o tempo gasto realizando uma série e o tempo de descanso entre as séries. Por exemplo, se uma série dura 20 segundos e você descansa por 3 minutos, a proporção trabalho/descanso é de 1:9. Quanto menor a % de 1RM levantada, menor deve ser o período de descanso interséries.

> ❝ **O grande volume de treinamento com muitas repetições e séries é uma excelente maneira de assimilar os movimentos.** ❞

Intensidade de treinamento

Quanto maior a carga levantada, maior a intensidade do seu treino. Em geral, a intensidade é representada como uma porcentagem da sua 1RM (ver quadro à esquerda). As opiniões variam, mas costuma-se considerar necessária uma intensidade superior a 70 a 80% de 1RM para haver aumento da força.

Muitas vezes, os programas são descritos em termos de % de 1RM (ver quadro à esquerda), embora também existam referências como 3RM e 10RM. 3RM é a quantidade de peso que você consegue levantar no máximo três vezes antes que seus músculos falhem; e 10RM, no máximo dez vezes: em geral essas medidas são mais úteis que 1RM.

Ao medir sua 1RM para um determinado exercício, primeiro realize o aquecimento e, em seguida, escolha um peso plausível e levante-o. Após um descanso de poucos minutos, aumente o peso e tente de novo. Repita esse processo até atingir a carga mais pesada que você consegue levantar sem prejudicar sua postura. Essa é sua 1RM. Certifique-se de progredir até o peso máximo sem causar fadiga prévia a seus músculos.

Volume de treinamento e recuperação

O volume de treinamento é o total de peso deslocado em uma sessão de treinamento – a carga multiplicada pelo número de repetições e séries executadas. A relação entre intensidade e volume não é direta. Em geral, quando você aumenta a intensidade, diminui o volume, e vice-versa. O grande volume de treinamento, com muitas repetições e séries executadas com pesos confortáveis, é um modo excelente de assimilar os movimentos, mas se evitar cargas maiores você não desenvolverá potência e força. Por outro lado, realizar treinamento de alta intensidade por muitas semanas pode ser prejudicial.

PRINCÍPIOS 33

PRINCÍPIOS DO TREINAMENTO

Seu programa de treinamento deve estar de acordo com suas metas, ser eficaz para alcançá-las e levar em conta suas necessidades e circunstâncias pessoais (para informações sobre segurança ver p. 256). Antes de começar a planejar um programa, procure explorar alguns dos princípios fundamentais do treinamento de força.

Especificidade
Se o seu desejo é ganhar massa muscular, não faz muito sentido realizar longas sessões de treinamento aeróbico na esteira ou na bicicleta ergométrica. Da mesma forma, se você quer aumentar sua potência de explosão, o trabalho com uma carga muito pesada que você só consegue deslocar de modo extremamente lento trará pouquíssimos benefícios. Especificidade significa adaptar o treinamento às suas metas. É um conceito simples ao qual geralmente se dá pouca atenção, em especial entre os iniciantes em treinamento de força.

Se você estiver treinando para um determinado esporte, a especificidade envolve um pouco mais: os exercícios que você executa devem, de algum modo, simular os movimentos do esporte e refletir as cargas e velocidades pertinentes a ele. A especificidade do esporte diz respeito à seleção de músculos, ângulos articulares e posturas corretas a serem utilizados durante o treinamento de força. O exercício não precisa ser idêntico ao do esporte, mas deve incluir os mesmos movimentos, na mesma ordem, e ser executado na mesma velocidade.

Sobrecarga
Esse termo implica submeter-se a uma maior exigência no treinamento do que na vida diária. Em outras palavras, a sessão de treinamento deve desafiá-lo fisicamente. As opiniões sobre o que constitui a sobrecarga variam, mas em geral se admite que é necessária uma intensidade em torno de 70 a 80% de 1RM (ver quadro anterior) para aumentar a força.

Progressão
O objetivo do treinamento é sobrecarregar seu corpo, para que ele se sinta desafiado pela demanda e ocorra adaptação. Se você levantar um haltere de 40 kg hoje e achar isso desafiador, seu corpo se adaptará. Da próxima vez que você levantar o mesmo peso, será menos difícil. Após algumas sessões, seu corpo estará bastante adaptado a esse peso. Continuar levantando o mesmo peso pelo mesmo número de séries e repetições, promoverá pouca ou nenhuma resposta; você estagnará. O peso ou o número de vezes que você repete o movimento precisa aumentar para estimular o desenvolvimento. A progressão não tem que acontecer em toda sessão de treinamento – às vezes, retroceder um passo em uma sessão pode permitir que você avance dois no final.

Recuperação
Um elemento muitas vezes negligenciado porém absolutamente vital em qualquer programa de treinamento é o tempo de recuperação. Seu corpo se adapta e se fortalece depois de uma sessão de treinamento enquanto está em recuperação. Se não permitir que seu corpo descanse adequadamente, na melhor das hipóteses você ficará estagnado e, na pior, sofrerá de sobretreinamento e regredirá (ver p. 34).

O treinamento contínuo não é necessariamente o melhor; muitos frequentadores de academia treinam de modo bastante intenso e frequente e não tiram proveito do maior aliado do treinamento – o sono!

A recuperação é tão importante do ponto de vista do desenvolvimento da força quanto o próprio treinamento. Se seu período de recuperação entre as sessões for inadequado ou excessivo, você simplesmente não se desenvolverá. Comumente se diz que o músculo requer 48 horas para se recuperar após uma sessão de treinamento de força, o que significa que treinar de duas a três vezes por semana é o ideal. Apesar de essa medida ser um bom ponto de partida, a capacidade de recuperação difere bastante entre os indivíduos: algumas pessoas podem treinar diariamente e se recuperar e se adaptar muito bem, ao passo que outras só conseguem enfrentar uma única sessão por semana. Chegar à sua frequência de treinamento ideal é, em grande parte, um processo de tentativa e erro no qual o melhor conselho é começar com menos volume de treinamento e mais tempo de recuperação.

Seu corpo precisa descansar para reparar os tecidos e restabelecer as reservas de energia. Se a frequência, volume e intensidade de seu treino são muito altos e a fase de recuperação muito curta, seu corpo sofrerá um desgaste físico progressivo que poderá resultar em níveis inferiores de desempenho. Essa "síndrome de sobretreinamento" também pode resultar em padrões de sono deficiente, frequência cardíaca em repouso elevada, suscetibilidade a resfriados e outras infecções virais, membros doloridos, vigor físico reduzido e falta de potência explosiva. Um amplo tempo de recuperação também é vital para seu estado psicológico. Você precisa descansar periodicamente – em especial depois de um treinamento pesado ou de uma competição intensa – a fim de manter o vigor e prevenir o desgaste mental resultante de programas de treinamento repetitivos. Bons hábitos de treinamento, como executar exercícios de "esfriamento" (ver p. 47), são fundamentais porque é nesse momento que o corpo começa a se recuperar do estresse do treino e da competição.

> **" Você cresce enquanto está descansando – o tempo gasto na academia apenas fornece o estímulo para o crescimento. "**

Escolha programas simples

Quando você está iniciando o treinamento de força, e mesmo quando atinge o nível intermediário, em geral o programa mais simples é o melhor. O pior erro que você pode cometer é adotar os programas de treinamento de fisiculturistas de elite, frequentemente encontrados em revistas. Você deve se lembrar que eles são pessoas excepcionais, dotadas de genes que lhes garantem a capacidade de se desenvolverem e se exercitarem em um ritmo fenomenal. Portanto, engula seu orgulho, admita que geneticamente você faz parte da média e sinta-se satisfeito com essa ideia.

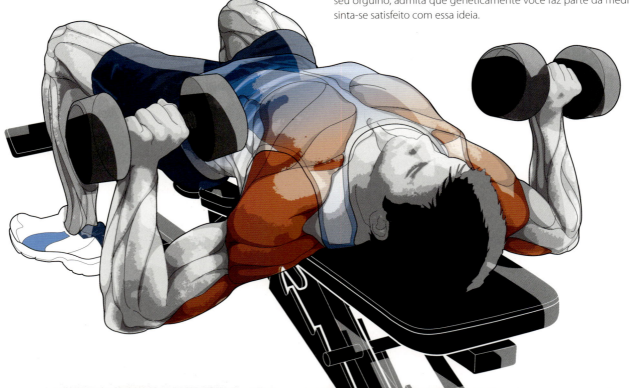

Muitas pessoas iniciam o treinamento de força com um programa básico que emprega volumes relativamente baixos, poucos exercícios e padrões de carga simples. Elas alcançam grandes resultados e começam a pensar que deveriam adotar um programa mais complexo para progredir. Entretanto, na maioria dos casos, "complexo" não significa melhor, e o progresso estaciona ou recua. Em vez de admitir que o programa de "iniciante" estava funcionando, essas pessoas aumentam o número de séries e exercícios, passam mais tempo na academia e menos se recuperando e se surpreendem quando notam pouco progresso ou, ainda pior, se sofrem lesões.

Essa concepção equivocada muitas vezes é estabelecida por uma indústria do *fitness* que enfatiza a importância de variar os exercícios com muita frequência. Com certeza, alterar a composição de exercícios do seu programa pode trazer algum benefício, mas tal mudança deve ocorrer por alguma razão, e não porque se acredita que ela seja a solução para o progresso. A variação é importante para o desenvolvimento a longo prazo, mas deve ocorrer mais em termos de alterações nas repetições, séries e cargas do que na natureza dos próprios exercícios.

Princípios básicos do treinamento
A seguir são apresentados cinco conselhos básicos a serem seguidos quando você planejar seu programa de treinamento de força.

Selecione poucos exercícios mas altamente eficazes: introduza exercícios extensos, compostos e multiarticulares como base do seu treinamento. Agachamentos, levantamentos terra, supinos, trações na barra fixa, remadas inclinadas com barra e desenvolvimentos em pé trabalham a maior parte da massa muscular e estão associados a uma resposta hormonal fundamental para o crescimento dos músculos. Evite fazer três, quatro ou cinco exercícios que trabalhem uma determinada parte do corpo; esses exercícios múltiplos mantêm os músculos submissos, em vez de estimular seu crescimento.

EXERCÍCIOS-CHAVE PARA UM PROGRAMA BÁSICO

Tórax e tríceps	Supinos
Dorso e bíceps	Tração na barra fixa ou remada inclinada com barra
Membros inferiores e região lombar	Agachamento ou levantamento terra
Ombros	Desenvolvimento em pé
Bíceps	Rosca direta em pé
Tríceps	Supino com mãos aproximadas

Descanse mais do que treina: não se deixe envolver pela mentalidade machista de ter que viver na academia. Se você realizar os exercícios fundamentais listados acima (ver quadro) duas vezes por semana, obterá grandes resultados. Na verdade, você conseguirá resultados muito melhores do que se executá-los quatro vezes por semana ou seguir uma rotina que o obrigue a estar quase todos os dias na academia realizando exercícios múltiplos para cada parte do corpo. Lembre que você cresce enquanto está descansando – o tempo gasto na academia apenas fornece o estímulo para o crescimento.

TREINAMENTO DE FORÇA

Não exagere nas séries: para o homem ou a mulher comuns, executar muitas séries por exercício ou parte do corpo é contraproducente. Sua meta deve ser estimular o crescimento, portanto deixe a barra no chão e afaste-se. Você deve realizar duas séries de aquecimento, seguidas por duas, ou no máximo três, séries do exercício.

Treinamento alternado: alterne períodos de treinamento para falha muscular com períodos de exercício em sua zona de conforto. A falha muscular é o momento em que você não é mais capaz de executar outra repetição com o peso que está levantando. Acredita-se que o treinamento até a falha propicie grande massa muscular, mas não é o mais eficiente no desenvolvimento da força, e, quando realizado em excesso, pode prejudicá-la. No treinamento de força, o momento em que seu movimento se torna trêmulo e irregular é denominado "limite tensional". Para desenvolver força, você deve tentar ficar aquém desse ponto.

Aumente as cargas lentamente: a sobrecarga progressiva de seus músculos é a chave para o desenvolvimento da força. No entanto, ao trabalhar em intensidades mais altas, você não poderá acrescentar grandes quantidades de peso a cada treinamento. A menor anilha (disco) na maioria das academias pesa 1,25 kg, portanto, a menor quantidade de peso que você pode adicionar em uma barra é 2,5 kg. Se você for capaz de realizar dez repetições de supino com 75 kg, uma adição de 2,5 kg corresponderá a um aumento de carga de mais de 3%. Se a cada sessão de

> **❝ Introduza exercícios extensos, compostos e multiarticulares, como agachamento e levantamento, na estrutura de seu treinamento. ❞**

treinamento você puder acrescentar com êxito essa quantidade de peso ao seu supino, realizando duas sessões por semana, depois de um ano você estará levantando 335 kg em cada uma das dez repetições no supino, o que fará de você uma das pessoas mais fortes no mundo! Aumentos menores são mais toleráveis. Se puder encontrar, invista em algumas anilhas fracionárias. Para as barras de diâmetro padrão é fácil achar anilhas de 0,5 kg, mas elas também estão disponíveis para barras de diâmetro olímpico. Até mesmo um aumento gradual de 0,5 a 1 kg por semana em seus levantamentos resultará em um ganho de 26 a 52 kg por ano, o que é incrível.

Se não puder encontrar anilhas pequenas, há outra técnica de progressão que funciona bem. Suponha que você possa executar dez repetições de desenvolvimento com halteres de 16 kg e decida aumentar para 18 kg – um acréscimo total de 4 kg ou 12,5%. É muito provável que você não consiga executar dez repetições imediatamente com o novo peso. Em vez disso, tente aumentar as cargas lentamente (ver quadro abaixo). Se sua taxa de adaptação exceder o aumento de peso semanal, então tente aumentar para duas repetições por semana em vez de uma. Lembre-se, não há pressa. Isso é uma maratona, não uma corrida de curta distância.

Resumindo
Levando em conta todos esses fatores, você já deve ter condições de elaborar seu próprio programa de treinamento, o qual pode ser semelhante ao exposto aqui (ver quadro à direita) e pressupõe que se vá à

AUMENTANDO AS CARGAS **LENTAMENTE**	
Semana 1	1 rep com 18 kg seguida imediatamente por 9 reps com 16 kg
Semana 2	2 reps com 18 kg seguidas imediatamente por 8 reps com 16 kg
	e assim semanalmente até
Semana 10	10 reps com 18 kg

PRINCÍPIOS

academia duas vezes por semana. Mais adiante neste livro também são descritos alguns excelentes programas (ver Cap. 11). Acima de tudo, seu programa deve refletir seus objetivos individuais e suas limitações.

Carga e progressão
Para obter máximo resultado de seu treinamento, tente o esquema de carga a seguir.

Para as primeiras 6 a 8 semanas de treinamento:
■ Selecione um peso para cada exercício que o permita realizar de 12 a 14 repetições antes da falha muscular, mas realize apenas dez repetições.
■ Em cada sessão, adicione de 1,5 a 2 kg ao levantamento.
■ Descanse por três a cinco minutos entre as séries e tente completar três séries para cada exercício. Nessas semanas você aumentará a força na faixa de 12 a 14 repetições. Usando esse peso mais razoável, concentre-se em executar cada exercício com técnica perfeita para obter máxima adaptação neural (ver p. 19).

Para as 4 a 8 semanas seguintes de treinamento:
■ Dedique pelo menos uma sessão por semana para treinar levantamento até a falha em cada série. A falha na primeira série deve ocorrer na 11ª repetição, mas na segunda provavelmente ocorrerá antes.
■ Faça pequenas progressões de uma semana para a outra, talvez 1 kg em grandes levantamentos e 0,5 kg para os mais isolados.
■ Faça períodos de descanso mais curtos – de um a dois minutos – entre as séries. Realize apenas duas séries até a falha – o que deve ser suficiente para estimular o crescimento muscular. Nessas semanas você aproveitará, de modo eficaz, a força que desenvolveu nas primeiras seis a oito semanas, de modo que poderá treinar até a falha com carga mais pesada do que a utilizada previamente.

EXERCÍCIOS, REPETIÇÕES E SÉRIES

Tórax e tríceps	Supino: 2 a 3 séries de 10 reps
Dorso e bíceps	Remada inclinada com barra: 2 a 3 séries de 10 reps
Membros inferiores e região lombar	Agachamento com barra: 2 a 3 séries de 10 reps
Ombros	Desenvolvimento em pé: 2 a 3 séries de 10 reps
Bíceps	Rosca direta em pé: 2 a 3 séries de 10 reps
Tríceps	Supino com mãos aproximadas: 2 a 3 séries de 10 reps

O treinamento até a falha é o que produz resultados reais no desenvolvimento da força; no entanto, como ele é muito desafiador, pode ocorrer sobretreinamento se você trabalhar continuamente no seu limite.

Após esse período de quatro a oito semanas, durante o qual você deve ter acumulado uma expressiva massa muscular, retorne ao início do ciclo e treine na faixa das 12 a 14 repetições, mas com carga mais pesada, e assim sucessivamente.

APARELHOS OU PESOS LIVRES?

Hoje em dia, a maioria das academias tem diferentes tipos de equipamentos para treinamento de resistência. De um modo geral, esses equipamentos são agrupados em duas categorias – aparelhos e pesos livres. Os pesos livres costumam ficar em um setor apropriado da academia, ocupado normalmente por algumas pessoas bem desenvolvidas; já os aparelhos ocupam a maior parte do espaço restante e parecem mais acessíveis e "amigáveis". Mas qual equipamento você deve usar para aproveitar melhor o tempo precioso que você passa na academia? A seguir são apresentados alguns prós e contras.

APARELHOS

O uso de aparelhos requer menos esforço que os pesos livres. Você senta no aparelho, seleciona o peso que deseja levantar marcando-o com um pino e executa um movimento facilmente aprendido. É simples mudar o peso na pilha (o que torna os aparelhos muito bons para séries decrescentes, ver página seguinte), e em geral ao lado do aparelho há ilustrações para orientá-lo no modo de usar.

Muitas vezes, os aparelhos exigem que você permaneça sentado; porém, pouquíssimos esportes ou atividades físicas são executados nessa posição. Exercitar-se sentado no aparelho contribui pouco para melhorar o equilíbrio e a estabilização para a força da vida real.

Os aparelhos determinam a direção exata e a amplitude de movimento em um determinado exercício. Se você aplicar alguma força na direção geral exigida pelo aparelho, ela determinará um movimento na trajetória preestabelecida.

Os aparelhos exercitam só os principais músculos envolvidos em um movimento. Isso tem implicações para o desempenho na vida real e o risco de lesões. O levantamento contínuo com amplitude de movimento limitada pode a longo prazo causar redução da flexibilidade.

Os aparelhos são projetados e articulados para se adequarem a uma pessoa "média". Porém, ninguém é de fato médio; aparelhos que não são projetados para se ajustar ao seu corpo podem gerar perigosas forças de cisalhamento nas suas articulações durante um exercício.

Pesos em aparelhos tornam você mais forte para usar pesos em aparelhos.

PESOS LIVRES

Trabalhar com pesos livres exige um pouco de prática. Variações aparentemente sutis em movimentos executados com pesos idênticos podem produzir resultados muito diferentes em termos de desenvolvimento muscular, e você precisa dedicar tempo para praticar as trajetórias corretas de movimento para os diferentes exercícios.

Na maioria dos esportes e movimentos do dia a dia, forças são transferidas através de todo o seu corpo enquanto você está ereto. Esses tipos naturais de movimentos são mais bem reproduzidos pelos exercícios que usam pesos livres do que pelos executados em aparelhos.

Pesos livres podem e causam desvio da trajetória de movimento "ideal", forçando-o a corrigir e estabilizar o desvio. Se você não executar um movimento de modo correto, o peso desviará de sua trajetória e você pode não completar o levantamento.

Pesos livres exercitam os músculos principais, mas também vários grupos de músculos que estabilizam a articulação. Uma articulação com incrível força em seus motores primários, mas pouca ou nenhuma força nos grupos musculares estabilizadores ao seu redor representa grande risco.

O uso de pesos livres permite movimentos naturais não limitados pela configuração de um aparelho. Se executados da maneira correta, os exercícios com pesos livres são mais eficazes e possivelmente mais seguros que os exercícios em aparelhos.

Pesos livres o tornam mais forte de fato.

PRINCÍPIOS   39

O tipo de programa simples e descomplicado descrito na página 37 é considerado por muitos o mais eficaz para desenvolvimento de força. Mas a tradição do treinamento de força é cheia de métodos complexos que, supostamente, aprimoram o processo. Você com certeza irá se deparar com alguns destes conceitos na academia, por isso é preciso conhecê-los e compreender suas forças e limitações.

Rotinas divididas

Aqui você divide seu treinamento em sessões e não treina todo o corpo em uma única sessão. Essa divisão pode envolver, por exemplo, treinar as partes superior e inferior do corpo em sessões diferentes ou realizar diferentes tipos de movimentos, como puxar e empurrar, em sessões distintas.

Rotinas divididas não são prejudiciais se implementadas com cautela. O perigo reside no fato de que elas podem incitar um aumento além do ideal do volume total de treinamento. Assim, se dividir sua rotina bissemanal de seis exercícios em quatro rotinas de três exercícios, você pode ficar tentado a adicionar mais um exercício a cada sessão. Com isso, seu volume de exercícios terá um aumento de 33%. Você deve lembrar que fadiga e recuperação não são apenas processos locais que afetam o(s) músculo(s) trabalhado(s) – todo o seu sistema se torna fatigado e precisa de um tempo de recuperação.

Supersérie

Aqui você executa uma série de um exercício, seguida imediatamente por uma série de outro exercício que trabalhe o mesmo grupo muscular. Por exemplo, supino seguido por crucifixo com halteres; remada inclinada seguida por tração na barra fixa; agachamento seguido por extensão dos joelhos. Teoricamente, esse tipo de treinamento é mais intenso e, como tal, pode causar adaptação, contudo há pouca evidência que comprove isso.

Treinamento de pré-exaustão

Nessa forma de supersérie, você executa um exercício de isolamento para um grupo muscular, imediatamente seguido por um exercício composto para a mesma região. Por exemplo, no supino o argumento da pré-exaustão é que seus tríceps se tornam fatigados antes dos peitorais; o resultado é que você não consegue trabalhar ao máximo seus peitorais, causando "subtreinamento" desses músculos. Assim, recomenda-se que você execute crucifixo com halteres até a falha e só então passe ao supino, com seus peitorais já fatigados.

Essa técnica pode ter algum valor, mas há uma alternativa muito mais simples: apenas continue com o supino para que seus tríceps atinjam o máximo junto com seus peitorais. A partir desse ponto, ambos ganharão juntos força e volume.

Séries decrescentes (*drop sets*)

Em uma série decrescente, você trabalha um músculo até a falha e, em seguida, reduz um pouco a carga e mais uma vez trabalha até a falha. Teoricamente, você pode executar esse processo até a carga zero e até que o músculo esteja em "falha muscular total". A ideia é que ao treinar o músculo até a falha total, cada fibra dele seja treinada, exaurida e estimulada, resultando em um crescimento completo. Na realidade, as fibras de resistência dos seus músculos têm capacidade de crescimento muito limitada. Além disso, pergunte-se se você deseja de fato treinar seus músculos para esse tipo de resistência em vez de treiná-los para força e volume.

Afinal esses programas mais complexos têm algum valor real? A resposta é incerta. Seu uso esporádico pode proporcionar alguma vantagem extra e talvez algum estímulo adicional para o crescimento, contudo há pouca evidência que confirme isso. Se usá-los em toda sessão, é provável que você fique cansado a longo prazo. Como ocorre com a maioria das coisas no treinamento, com exceção dos princípios básicos, o método de tentativa e erro e uma agenda de treinamento com seus registros desempenham um papel fundamental no desenvolvimento de uma estratégia ideal para você.

TREINAMENTO ESPECÍFICO PARA UM ESPORTE

Hoje em dia, admite-se amplamente que os atletas precisam se envolver de alguma forma com o treinamento de força para aumentar seu desempenho esportivo. No entanto, as necessidades de um jogador de rúgbi são, sem dúvida, diferentes daquelas de um nadador, e um ciclista não será beneficiado por um programa planejado para um jogador de beisebol. O ponto-chave é que o treinamento de força para atletas deve ser adequado às exigências de cada esporte.

ATRIBUTOS DO TREINAMENTO DE FORÇA

Os atletas precisam desenvolver alguns dos seguintes atributos por meio do treinamento de força:

Potência explosiva: pense em um velocista ou em um tenista. O sucesso nesses e muitos outros esportes depende mais da potência explosiva do que da força pura e lenta.

Resistência muscular: considere um remador ou um ciclista. Em esportes como esses, a capacidade de gerar força moderada por um longo período é muito mais importante do que exercer uma força enorme por um período curto.

Força máxima: pense em um levantador de peso, que precisa exercer uma enorme força para uma só repetição. Aqui, a força pura é a chave do sucesso. Da mesma forma, membros do *"tight-five"* em uma formação ordenada (*scrum*) no rúgbi também precisam de altos níveis de força pura para empurrar o forte *pack* oposto.

- Também não se deve negligenciar a importância da força pura para o rendimento de força. Potência (P) é o produto da força aplicada (F) pela velocidade (V) com a qual é aplicada: $P = F \times V$. Se a força aplicada for pequena, a potência sempre será pequena, independentemente da velocidade que você consiga gerar. Por isso, halterofilistas que desejem desenvolver a potência irão treinar para força pura de alto nível.

- Força máxima também é muito relevante para a resistência muscular. Quanto mais peso você conseguir levantar em uma única repetição, menos desafiadora será determinada força. Portanto, se sua 1RM para o supino for 300 kg, você poderá executar muito mais repetições com 100 kg que alguém com 1RM de 120 kg.

Hipertrofia: considere um jogador de futebol americano ou de rúgbi. Esses atletas necessitam de uma massa muscular absoluta para se oporem ao contato corporal agressivo. Contudo, para atletas de outros esportes, muita massa pode ser um obstáculo.

Treinar movimentos, não músculos

Se você treina em academia, é provável que já tenha ouvido alguém dizer algo como: "Eu treino tórax e bíceps na segunda, dorso e tríceps na quarta e os membros inferiores na sexta". Para o fisiculturismo, e até mesmo para o treinamento recreativo, o trabalho baseado em músculos específicos pode fazer algum sentido, mas do ponto de vista do aumento do desempenho esportivo, o que interessa quão desenvolvido é o seu bíceps? Que relevância tem quanto peso você consegue levantar em uma extensão de joelho? Quando algum atleta dependerá de uma força específica isolada nesses movimentos no ambiente esportivo? Nunca!

Esporte é movimento, e seu treinamento deve direcionar sua capacidade de executar movimentos de modo mais eficaz, competente e potente. Apenas alcançar força máxima nos músculos envolvidos em um movimento, mas isoladamente, não maximiza o desenvolvimento de força nesse movimento. Para se tornar mais forte em movimentos de agachamento, você precisa agachar. Para se tornar mais potente em rotação, você precisa girar intensamente. Isso é bom senso.

A razão para tal é que o desenvolvimento da coordenação (tanto nos músculos como entre eles), a aprendizagem de habilidades e a adaptação do sistema nervoso aos padrões de movimento treinados têm um papel muito importante no desenvolvimento da força nos movimentos. A menos que você dê ao seu corpo muitas oportunidades de fazer um movimento, ele terá uma capacidade limitada de executá-lo melhor. Tudo isso deve conduzir você à inevitável conclusão: treine movimentos, não músculos.

Movimentos comuns aos esportes

Embora cada esporte tenha seus movimentos específicos, diferentes esportes têm semelhanças quanto aos movimentos exigidos. Por exemplo, a maioria dos jogos de equipe envolve extensão tripla pelo quadril, joelho e tornozelo (o movimento necessário para o salto e a aceleração em linha reta), força e potência em um membro inferior (para corrida, mudança de direção etc.), força e estabilidade através do *core* e da coluna vertebral, rotação do tronco e assim por diante. Isso significa que os esportes podem ser decompostos nos tipos de movimentos gerais que precisam ser treinados (ver quadro a seguir), em vez de cada esporte ser tratado como uma unidade absoluta.

PRINCÍPIOS 41

PADRÕES DE **MOVIMENTOS BÁSICOS** DOS ESPORTES

Rotação
Esse padrão comum de movimento nos esportes é muitas vezes negligenciado no treinamento. Esportes de rotação incluem arremesso de peso, lançamento de martelo e de disco, pugilismo e golfe, embora existam poucos esportes que não requeiram algum grau de rotação. Há dois tipos de rotação que exigem treinamento específico. Na rotação do tronco, você gira os ombros através do tronco com pouco ou nenhum movimento dos quadris; um exemplo é o golfe. Na rotação completa da coluna, você gira o corpo sobre o pé; um bom exemplo é o tênis.

Extensão tripla
Um dos principais jargões do condicionamento atlético, esse termo descreve o modo como as articulações do tornozelo, joelho e quadril realizam extensão quase simultânea durante o salto, a corrida, o levantamento de peso e alguns movimentos de arremesso. Em alguns esportes, a execução da extensão tripla se dá nos dois membros inferiores e em outros, apenas em um. Mas em ambos os casos costuma ser executada com explosão. Os atletas também usam a extensão tripla em um dos membros inferiores muito menos ativa e exageradamente ao mudar de direção.

Empurrada
Muitos esportes (p. ex., o futebol americano ou o rúgbi) envolvem ações de empurrar, principalmente com um membro superior, mas às vezes com os dois, e faz sentido treinar esses movimentos. No entanto, o modo como você treina a empurrada na academia (p. ex., no supino) não reproduz a forma usada no esporte, em que ela pode ser combinada com rotação. Assim, pode ser sensato treinar as duas juntas, de modo a não negligenciar os músculos envolvidos no controle do torque.

Puxada
Muitos esportes, como as artes marciais e a canoagem, envolvem variações dos movimentos de puxada. Nos exercícios tradicionais de treinamento de força, o movimento em geral é executado em um só plano (anteroposterior), enquanto nos esportes os movimentos costumam ser multiplanares – somando-se movimentos laterolaterais e de rotação. O treinamento da puxada em um contexto esportivo deve envolver também elementos de equilíbrio – manter o corpo estável enquanto puxa.

Compensação de peso, aceleração e desaceleração
A compensação de peso é uma habilidade fundamental em esportes como pugilismo, golfe e esgrima. E a aceleração e a desaceleração – movimentar o corpo e mudá-lo de direção o mais rápido possível (ou "corte") – são essenciais para atividades como corrida de curta distância, salto, arremesso e levantamento de peso. Se muitos atletas treinam conscientemente a habilidade de acelerar, por outro lado negligenciam a habilidade de desacelerar. Também é comum ver atletas lutarem contra a desaceleração quando sofrem um "corte", e há um risco real de lesões nesse momento.

Agachamento
Esse padrão de movimento ocorre na vasta maioria dos esportes, incluindo ciclismo, corrida e remo. Pode ser executado de modo exagerado ou menos exagerado, em um ou nos dois membros inferiores, para acelerar ou desacelerar o corpo ou promover mudança de direção. O agachamento também é um componente fundamental da extensão tripla (ver acima), portanto, treinar esse movimento é vital para o desenvolvimento do máximo desempenho.

> **6 6 O treinamento de força para atletas deve ser específico para as demandas de seus esportes: você deve treinar movimentos, não músculos. 9 9**

Movimentos do esporte e demandas físicas

Reconhecer o regime de treinamento mais adequado ao seu esporte significa avaliar os padrões básicos de movimento que você executa (ver p. 41) e analisar como eles são realizados.

Velocidade: muitas pessoas subestimam a velocidade de um movimento que executam em seu esporte e, assim, treinam o movimento de modo inadequado. Os pugilistas, por exemplo, muitas vezes treinam como os levantadores de peso ou os fisiculturistas, usando velocidades lentas de levantamento. Considerando-se que o sucesso de um pugilista depende da rapidez e explosão do movimento, esse tipo de treinamento faz algum sentido? Há quem defenda que os pugilistas devam desenvolver um pouco de força pura, mas é vital que eles concentrem a maior parte do treinamento de força no movimento explosivo, usando técnicas do halterofilismo ou propulsão balística de implementos, como arremesso de peso ou *kettlebells*, em padrões de movimento específicos.

Por outro lado, um pilar no rúgbi em uma formação ordenada tem que aplicar forças intensas muito lenta e às vezes até estaticamente (isometricamente), portanto, o treinamento de alta intensidade ou isométrico (que trabalha contra uma força imóvel) é mais apropriado. De qualquer forma, atualmente o pilar também precisa ser capaz de correr com a bola de modo explosivo e voltar para a posição de defesa o mais depressa possível. Essas alterações na função do pilar se refletiram nos regimes de treinamento usados.

O exposto anteriormente parece indicar uma distinção evidente entre rápido e lento, ou potência e força, que pode não ser tão clara ainda. Em alguns textos clássicos sobre treinamento de força publicados em países do bloco oriental não há uma tradução para a palavra "potência". Em vez disso, são usados dois termos distintos que seriam mais ou menos "força-velocidade" e "força rápida". A força-velocidade está relacionada a movimentos que envolvem grandes cargas aceleradas de modo moderadamente rápido, enquanto a força rápida descreve a aceleração muito rápida de objetos mais leves. É evidente que o tipo de potência demonstrada no arremesso do halterofilismo é bastante diferente da utilizada para lançar uma bola no beisebol e isso deveria se refletir no modo como você treina para cada um desses esportes.

Frequência: certos esportes, como halterofilismo, levantamento básico de peso, esportes de arremesso e golfe, requerem um esforço isolado único; outros, como esportes de raquete, pugilismo e remo, exigem uma aplicação mais frequente de força. Assim, se mais de uma manifestação de força é exigida, há claramente, portanto, um elemento de resistência no esporte que precisa ser contemplado em seu treinamento de força.

É possível falar de força pura *versus* resistência de força, ou potência pura *versus* resistência de potência. O pugilista, por exemplo, deve ter potência pura, mas também precisa ser capaz de reproduzi-la com o menor enfraquecimento possível para durar uma luta: isso é resistência de potência. O remador, por outro lado, depende da capacidade de exercer força relativamente alta de modo contínuo ao longo de toda a prova: essa é a resistência de força.

Há uma tendência no condicionamento atlético moderno de desenvolver a força pura dos atletas de resistência na academia e deixar o desenvolvimento da resistência muscular para o treinamento de corrida, ciclismo, remo ou outro esporte qualquer. Pense nas vantagens dessa abordagem pelo exemplo a seguir (ver quadro). Para um ciclis-

FORÇA E RESISTÊNCIA	
Atleta A	Pode agachar com 250 kg por uma repetição.
Atleta B	Pode agachar com 150 kg por uma repetição.
Ambos os atletas	São solicitados a executar o máximo de agachamentos com 120 kg.
Para o atleta A	Esse peso é apenas 48% de uma repetição máxima (1RM).
Para o atleta B	O peso é 80% de 1RM, um peso desafiador que limitará bastante a quantidade de repetições que ele conseguirá realizar; ou seja, essa é sua resistência muscular.

ta de resistência, cada aplicação de força no pedal é como executar um miniagachamento. Se cada um desses miniagachamentos for uma porcentagem menor do agachamento máximo do ciclista, então o processo será menos cansativo e aumentará a economia no ciclismo e a resistência muscular.

Direção da força e impacto da gravidade: se um golfista quiser aumentar a potência motriz, ele deve treinar o *swing* com um taco de cabeça muito pesada? Se um pugilista quiser aumentar a potência no golpe direto, ele deve treinar dando golpes com halteres pesados em suas mãos? Ambas são formas de treinamento de resistência, mas nenhuma delas é apropriada ao esporte. Para entender o porquê, tente visualizar a direção em que a gravidade age no peso e então responda: "essa é a direção em que a força é aplicada no movimento desse esporte?"

Voltando ao exemplo do golfe, você pode notar que a força é aplicada através do arco do *swing*; no momento do contato com a bola, a força aplicada é paralela ao solo. Se você treinar com um taco de cabeça pesada, a gravidade agirá verticalmente na cabeça, exigindo mais esforço para levantá-lo do solo do que para o *swing*. Portanto, isso não aumentará a força horizontal. Na melhor das hipóteses, isso não trará nenhum resultado positivo, mas na pior poderá prejudicar seu *swing*.

Treinamento funcional

É impossível que qualquer pessoa envolvida com saúde e preparação física ou esportiva tenha conseguido escapar do recente avanço no conceito de "treinamento funcional". Esse treinamento é concebido para que seu corpo execute melhor os movimentos que você realiza em um determinado esporte ou na vida diária. Atualmente, o treinamento funcional é a última palavra em preparação de atletas para competição.

É fácil começar a estabelecer grandes diferenças entre fisiculturismo e condicionamento atlético em termos funcionais e não funcionais, mas isso não é tudo. A maioria dos fisiculturistas realiza exercícios que isolam o músculo de um modo que ele nunca seria usado para o desempenho esportivo, mas muitos também utilizam exercícios, como agachamento e remadas inclinadas, que seguem a filosofia de treinar "movimentos e não músculos". O segredo do treinamento de força funcional é avaliar a aplicabilidade de um determinado exercício – incluindo sua velocidade, frequência e direção – nos movimentos que você executa no campo ou na quadra. Às vezes isso significa questionar a ortodoxia dos exercícios.

Considere, por exemplo, o abdominal supra (*crunch*), que por muitos anos esteve presente em quase todos os programas de treinamento dos atletas. Pense no modo como a gravidade atua na parte superior do corpo quando você realiza esse movimento a partir da posição de decúbito dorsal. Perceba então como isso muda drasticamente quando você fica em pé, uma vez que a flexão do quadril e da coluna vertebral já não requer esforço algum. A menos que você pratique um esporte no qual passe grande parte do tempo na horizontal, como *wrestling*, jiu-jitsu e ginástica, o benefício funcional desse abdominal é questionável. Isso não quer dizer que ele seja um exercício ruim, mas você deveria questionar seu uso indiscriminado como um meio de fortalecer o tronco.

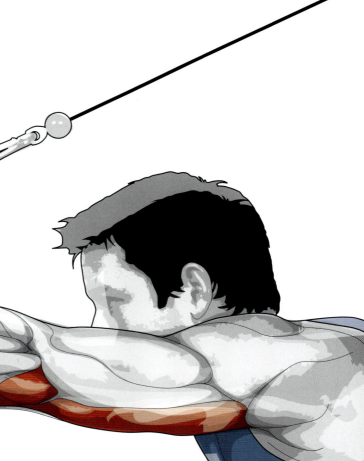

TREINAMENTO DE FORÇA

Planejando o treinamento específico para um esporte

Desenvolver um programa de condicionamento específico para um esporte pode ser mais desafiador que planejar um programa geral de treinamento de força. O treinamento de força está longe de ser uma ciência precisa e requer muita interpretação pessoal, monitoramento cuidadoso e tentativa e erro. A arte do treinamento específico para um esporte está no planejamento do ano de treinamento – organizar intensidades e padrões de carga, decidir como e quando direcionar o treino, por exemplo, mais para potência do que para força, ou mais para agilidade do que para resistência, e incluir períodos de descanso e recuperação no momento correto. O planejamento confirma que é impossível qualquer atleta treinar toda semana ao máximo e efetivamente potência, força, resistência de força, resistência de potência, velocidade, resistência de velocidade, resistência aeróbica e anaeróbica, agilidade e flexibilidade. Além disso, deixa evidente que os atletas, na maioria dos esportes, precisam alcançar seu desempenho máximo em um determinado período do ano ou em uma temporada específica.

Periodização linear/clássica

Você já deve ter ouvido o termo "periodização" usado com o mesmo sentido de planejamento de treinamento, mas isso é, de certa maneira, um equívoco. A periodização é um processo de organização do treinamento em fases e, como tal, é somente uma forma de planejar o treinamento.

A ideia da periodização linear surgiu nos países do bloco oriental na década de 1950, e hoje a maioria dos atletas de alto nível usa uma variação dessa técnica. Um pugilista, por exemplo, treina duro durante três meses antes de uma luta e, depois, inicia uma fase de transição, com pouco ou nenhum treinamento. Em seguida, ele retorna a um treinamento geral leve, antes de entrar na etapa de preparação para a próxima luta. Da mesma forma, um jogador de beisebol realiza a maior parte de seu trabalho de condicionamento durante a pré-temporada.

Como funciona a periodização linear/clássica: em essência, ela divide o ano de treinamento em diversos blocos ou ciclos, cada um com um objetivo diferente, que pode ser potência, força, resistência e assim por diante, dando ênfase a modalidades diversas, como treinamento com cargas, levantamentos, velocidades de contração, intensidades etc.

No período fora de temporada, o foco normalmente é o treinamento generalizado, cujo propósito é corrigir os desequilíbrios que inevitavelmente ocorreram durante a temporada, e o desenvolvimento de força pura, essencial para potência máxima.

Posteriormente no ciclo, o volume de treinamento de força pura é reduzido significativamente conforme se foca mais a potência (ver diagrama na página seguinte). Uma estratégia simples – aplicável a todos os atletas – pode ser manter a proporção de duas sessões de força para uma de potência no início do ciclo e então, próximo à competição, invertê-la. Conforme a temporada ou a competição se aproximam, sessões de treinamento específico para o esporte – no barco, na bicicleta ou no ringue – são usadas para desenvolver resistência muscular e velocidade específicas para esse determinado esporte. É óbvio que um programa mal planejado resultará em desempenho ruim, e os programas sempre devem ser desenvolvidos com o auxílio de treinadores qualificados.

Planejamento conjugado/ondulado

Métodos clássicos/lineares funcionam excepcionalmente bem para esportes em que o atleta treina para uma competição importante – por exemplo, para competir nos Jogos Olímpicos. No entanto, em muitos esportes, atingir o desempenho máximo apenas em um evento, partida ou competição é inadequado. Uma temporada de futebol ou de futebol americano pode durar até quarenta jogos, todos igualmente importantes. Esportes desse tipo requerem um método de planejamento que mantenha níveis satisfatórios – ainda que não máximos – de força, potência, resistência de força, resistência de potência, velocidade, agilidade etc. O planejamento conjugado é

PRINCÍPIOS 45

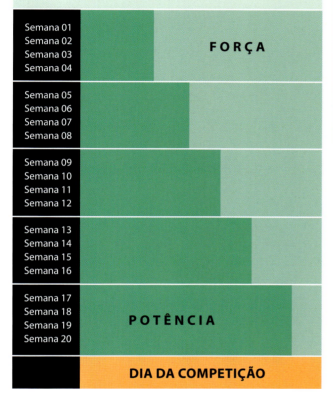

PERIODIZAÇÃO LINEAR

O conceito básico de periodização linear é demonstrado no diagrama abaixo. Note o aumento progressivo na intensidade (por isso o foco no desenvolvimento da potência, e não na força pura) a cada quatro semanas até a competição.

EXEMPLO DE PROGRAMA TIPO "ONDA"

Esse exemplo básico de um programa de treinamento tipo "onda" demonstra como os exercícios variam de leves a moderados e pesados no período de uma semana. Na primeira sessão de treinamento você deve trabalhar com pesos que permitam de 12 a 15 repetições antes da falha muscular, e assim sucessivamente. Se você deixar de fazer um exercício um dia, faça-o no dia seguinte e retome o ciclo.

SESSÃO	INTENSIDADE
Sessão 1	12–15 RM
Sessão 2	8–10 RM
Sessão 3	4–6 RM

sidade ou baseada em potência. Em vez disso, ele pode se decidir por uma sessão de baixa intensidade e grande volume.

Planejamento instintivo significa que o atleta faz o que ele tiver vontade naquele dia. O problema é que sentimentos subjetivos podem não refletir o estado físico real: não é incomum que um atleta estabeleça um recorde pessoal quando relata estar se sentindo letárgico, ou tenha um péssimo desempenho quando se diz muito bem.

Combinando métodos de planejamento

Não raro, os atletas combinam formas diferentes de planejamento. Em muitos jogos de equipe, os períodos fora de temporada e de pré-temporada são ótimas oportunidades para utilizar um tipo de periodização linear, que permite chegar à temporada nas melhores condições. Então, quando a temporada começa e cada jogo semanal demanda bons níveis de preparo físico em diversas áreas, os métodos conjugados podem ser empregados. Em cada uma dessas fases, o planejamento não planejado e talvez até mesmo instintivo também podem ter suas funções.

Em resumo, o treinamento para um esporte é muito diferente daquele voltado para o condicionamento físico geral. O objetivo da força e condicionamento atléticos é maximizar o desempenho nesse determinado esporte, minimizando o risco de lesão e possibilitando atingir níveis cada vez mais altos. O esporte é organizado em calendários de competições e, apesar de vencer ser sempre incrível, quem se lembra qual foi o ganhador da corrida antes dos Jogos Olímpicos? Um dos verdadeiros princípios do condicionamento atlético, portanto, é atingir o desempenho máximo ideal durante a competição ou a partida mais importante.

exatamente isto: o treinamento simultâneo de cada um desses componentes do *fitness* com foco igual ou similar em todos. Uma variação do tipo "onda" ou ondulada pode ser adotada no planejamento conjugado, para usar diferentes amplitudes e intensidades de repetições máximas na mesma semana de treinamento (ver quadro acima à direita).

Planejamento não planejado e instintivo

Um planejamento não planejado não implica a inexistência de um plano de treinamento; simplesmente ele admite que o atleta às vezes não está em boas condições físicas para enfrentar a sessão de treinamento programada para aquele dia. Frequentemente, após um breve aquecimento, o atleta completa um teste de salto vertical máximo. Se não atingir 90% do seu melhor salto, ele não realizará uma sessão de alta inten-

AQUECIMENTO, ESFRIAMENTO

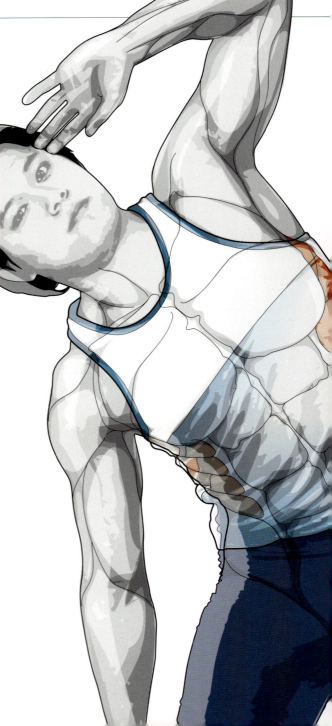

O aquecimento e o esfriamento também são frequentemente negligenciados em muitos programas de treinamento. A premência de tempo pode levar o atleta a ignorar o aquecimento, mas isso o expõe ao perigo. O aquecimento é essencial porque prepara o corpo para o trabalho intenso, minimiza o risco de lesão e maximiza seu potencial para aprender e melhorar.

O aquecimento não precisa durar mais que 20 minutos; comece saltando, correndo ou se exercitando em um elíptico por 10 minutos e, em seguida, faça 10 minutos de exercícios de mobilização (ver página seguinte). Fazer o aquecimento constantemente melhorará seu nível de desempenho.

BENEFÍCIOS DO AQUECIMENTO

- Aumenta a frequência cardíaca, preparando você para o exercício.
- Aumenta o fluxo sanguíneo nos tecidos ativos, produzindo aumento de metabolismo.
- Aumenta a velocidade de contração e relaxamento dos músculos aquecidos.
- Reduz a rigidez muscular antes do treino.
- Melhora o uso de oxigênio pelos músculos aquecidos.
- Melhora a qualidade e fluência do movimento dos músculos aquecidos.
- Aumenta a temperatura, o que facilita a transmissão nervosa e o metabolismo nos músculos.
- Aquecimentos específicos podem ajudar naquilo que os fisiologistas denominam "recrutamento de unidades motoras". Unidade motora é uma fibra nervosa e as respectivas fibras musculares supridas por ela. O aquecimento aumenta o número de unidades motoras ativadas e a frequência com que elas disparam (contraem).
- Aumenta a concentração mental no treinamento e na competição.

Exercícios de mobilização

Às vezes denominados alongamento dinâmico ou preparação para o movimento, os exercícios de mobilização são movimentos controlados por meio dos quais você realiza uma amplitude total de movimento sem parar (ver pp. 50-61).

Eles são ideais para preparação para o treinamento, pois reduzem a rigidez muscular e ajudam a minimizar o risco de lesões. Quando você atinge um nível mais avançado e se torna mais flexível, pode adicionar um impulso controlado para empurrar uma parte do corpo além de sua amplitude normal de movimento. A força do impulso pode ser aumentada gradualmente, mas nunca deve ser excessiva.

O aquecimento não é o momento para executar alongamentos estáticos (ver pp. 208-213) – nos quais você mantém o corpo em uma posição em que os músculos-alvo ficam sob tensão. Na verdade, realizar alongamentos estáticos antes do treino pode reduzir sua capacidade de produzir potência, além de contribuir pouco ou nada para minimizar os riscos de lesão.

Técnicas de esfriamento e recuperação

Ao terminar o treinamento, você deve fazer, de maneira controlada, com que seu corpo retorne ao estado em que se encontrava antes do exercício. Durante o treinamento, seu corpo fica sob estresse, o que causa dano aos músculos e aumento de resíduos metabólicos. Um bom esfriamento ajudará seu corpo na autorreparação.

O esfriamento não precisa ser demorado: comece com 5 a 10 minutos de corrida leve ou caminhada, o que diminui a temperatura corporal e permite a remoção dos resíduos metabólicos dos músculos exercitados. Em seguida, faça 5 a 10 minutos de alongamentos estáticos, que ajudam a relaxar os músculos e a realinhar as fibras musculares, restabelecendo sua amplitude normal de movimento. Para executar um alongamento estático (ver pp. 208-213), estenda ao máximo o(s) músculo(s) desejado(s) até um limite confortável e, em seguida, mantenha essa posição por cerca de 10 segundos.

O alongamento estático pós-exercício é controverso. Alguns sugerem que a fase de esfriamen-

> ## " O aquecimento prepara o corpo para o trabalho intenso e minimiza o risco de lesão. "

to do treinamento é o momento ideal para o "alongamento de desenvolvimento", concebido para aumentar a flexibilidade muscular e a amplitude de movimento. Esse tipo de alongamento tem a mesma forma do alongamento estático simples: você começa com o alongamento estático por cerca de 10 segundos e, em seguida, alonga um pouco além – 1 a 2 cm – e mantém por mais 20 a 30 segundos.

Outros acreditam que alongar o músculo depois do exercício pode na verdade aumentar o risco de lesão muscular e retardar a recuperação. Imagine o músculo como uma meia-calça. Depois de um exercício intenso, ele fica repleto de microfissuras que se assemelham a pequenos rasgos na meia. Alongar o músculo nesse momento seria como esticar a meia-calça; o que talvez não seja bom. O meio-termo poderia ser um alongamento de desenvolvimento leve depois do treinamento para os músculos que estiverem mais contraídos. Não se compare a outros na academia – algumas pessoas têm grande mobilidade e você pode se prejudicar se tentar equiparar sua amplitude de movimento à delas.

BENEFÍCIOS DO **ESFRIAMENTO**

- Permite que a frequência cardíaca retorne à frequência de repouso.
- Reduz o nível de adrenalina no sangue.
- Reduz potencialmente a Dor Muscular de Início Tardio (DMIT), dor que às vezes ocorre em um período de 1 a 3 dias após atividade muscular intensa.
- Ajuda na redução de resíduos metabólicos no sangue, inclusive de ácido lático.

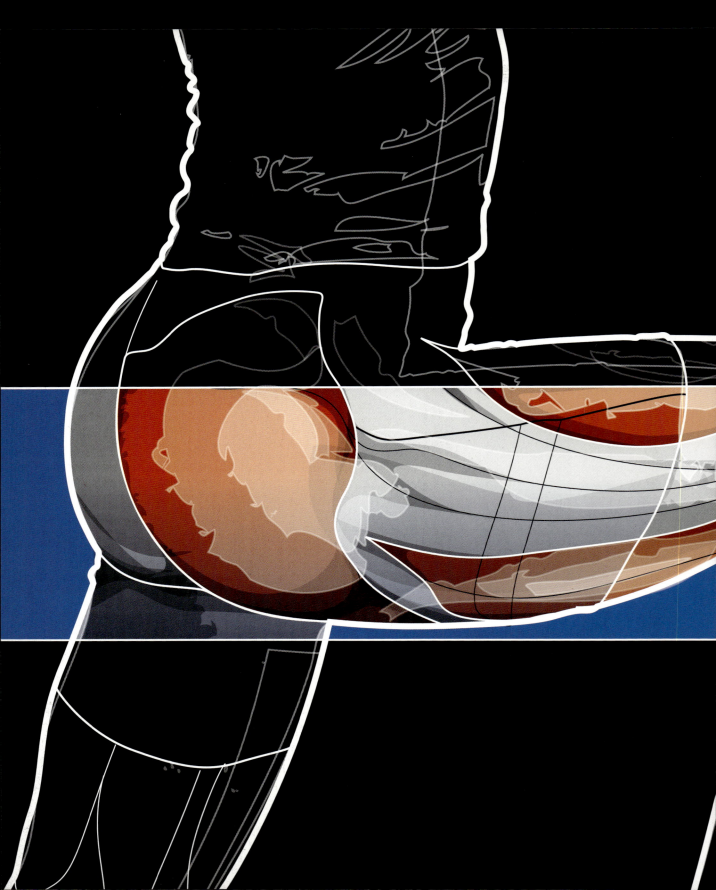

EXERCÍCIOS DE MOBILIDADE

EXTENSÃO E FLEXÃO DO PESCOÇO

Esse movimento fácil, que pode ser executado em pé ou sentado, o ajudará a prevenir a rigidez cervical e será benéfico nos esportes em que a posição e o movimento da cabeça são importantes – por exemplo, naqueles em que você precisa acompanhar um movimento rápido da bola ou de outro objeto.

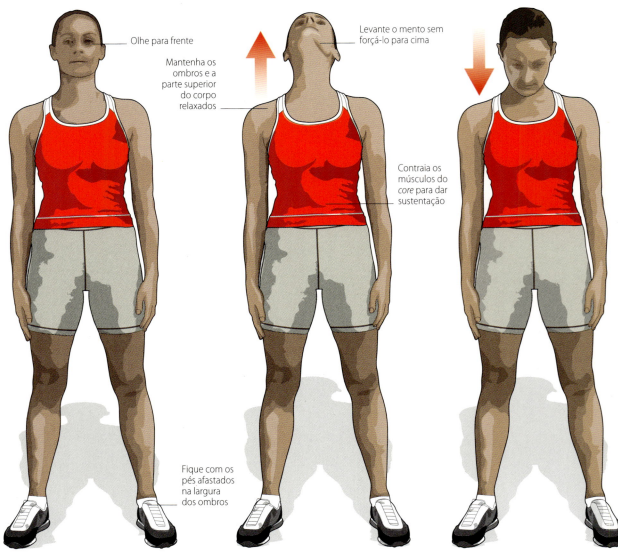

1 Fique em pé com os membros superiores relaxados ao longo do corpo ou feche as mãos para impedir que os ombros subam. Olhe para frente e mantenha a coluna em posição neutra.

2 Estenda o pescoço levantando lentamente o mento de modo a ficar olhando para o teto. Mantenha essa posição por alguns segundos. Não force o movimento além da posição de conforto.

3 Flexione o pescoço abaixando a cabeça sem esforço. Retorne a cabeça à posição inicial e repita o processo lentamente, com ritmo moderado.

ROTAÇÃO DO PESCOÇO

Esse movimento bastante simples pode ajudar a diminuir dores no pescoço, além de ajudar a manter a flexibilidade cervical e retardar ou impedir a rigidez relacionada à idade.

Você deve ser capaz de girar o pescoço pelo menos 70° para cada lado sem sentir "repuxos" ou ouvir estalos.

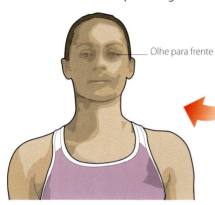

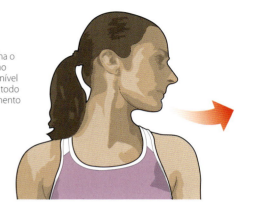

1 Comece com o olhar dirigido para frente e mantenha a coluna em uma posição neutra. Mantenha a parte superior do corpo relaxada e os membros superiores estendidos ao longo do corpo.

2 Mova a cabeça lentamente para o lado até olhar por sobre o ombro direito. Vire o máximo que puder até uma posição confortável e mantenha-a por alguns segundos.

3 Vire a cabeça para o lado oposto até olhar por sobre o ombro esquerdo, sem esforço. Retorne à posição inicial.

FLEXÃO LATERAL DO PESCOÇO

Desequilíbrios nos músculos do pescoço e dos ombros podem advir de má posição ao dormir ou má postura e podem causar dor ou até mesmo cefaleias, especialmente em indivíduos sedentários que trabalham sentados. Esse exercício prático de mobilidade é ideal para pessoas que têm dor nos músculos do dorso e do pescoço.

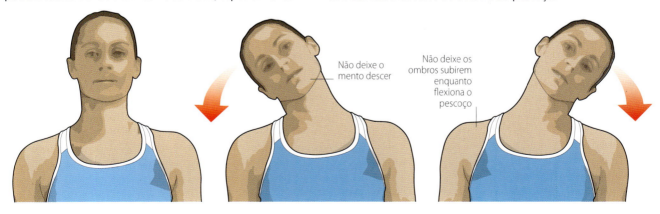

1 Fique em pé, mantendo o corpo em uma posição relaxada, com os ombros soltos e olhando para frente.

2 Incline a cabeça para o lado de modo que a orelha direita se aproxime do ombro direito até onde seja confortável. Mantenha por alguns segundos.

3 Flexione o pescoço em sentido oposto, passando pela posição inicial e indo até o limite da flexão lateral. Mantenha e retorne.

CIRCUNDUÇÃO DO BRAÇO

Muitos exercícios de treinamento de força utilizam braços e ombros, por isso, é recomendado que eles sejam aquecidos adequadamente. Promova um aumento do fluxo sanguíneo, o aquecimento dos músculos e o movimento fluente de suas articulações executando movimentos circulares suaves e contínuos com os braços.

1 Deixe os membros superiores relaxados ao longo do corpo. Mantenha os ombros abaixados e relaxados. Olhe para frente e concentre-se para manter a coluna neutra.

2 Levante os membros superiores para frente e comece a fazer círculos amplos. Respire calmamente e não curve a coluna.

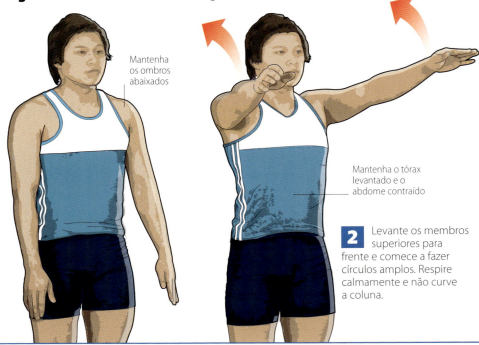

Mantenha os ombros abaixados

Mantenha o tórax levantado e o abdome contraído

MOVIMENTO CIRCULAR DO OMBRO

A estabilidade das articulações dos ombros provém de músculos e ligamentos que as circundam e não do sistema esquelético. Esse exercício é uma excelente maneira de liberar as articulações dos ombros e aquecer o músculo trapézio antes de iniciar uma sessão de treinamento de resistência.

1 Mantenha os membros superiores relaxados ao lado do corpo e os ombros relaxados. Não movimente a cabeça e mantenha a coluna em posição neutra.

2 Projete os ombros para frente e para dentro e levante-os em direção às orelhas.

Mantenha o tórax levantado e o abdome contraído

Deixe os membros superiores relaxados sem flexioná-los

EXERCÍCIOS DE MOBILIDADE 53

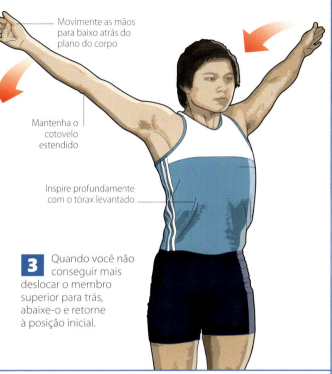

- Movimente as mãos para baixo atrás do plano do corpo
- Mantenha o cotovelo estendido
- Inspire profundamente com o tórax levantado

3 Quando você não conseguir mais deslocar o membro superior para trás, abaixe-o e retorne à posição inicial.

CIRCUNDUÇÃO DO PUNHO

Uma boa pegada é fundamental para executar vários exercícios com a parte superior do corpo. Esse movimento ajudará a assegurar a mobilidade das articulações dos punhos e a prepará-las para o treino. Ele também ajuda a prevenir lesões no punho, como a síndrome do túnel do carpo, que geralmente afeta trabalhadores de escritório.

- Mantenha os punhos relaxados
- Mantenha o corpo firme e a coluna neutra

1 Mantenha os membros superiores levantados ao lado do corpo, no mesmo nível dos ombros.

- Certifique-se de que seus ombros permaneçam no mesmo plano
- Utilize o abdome e o *core* para manter o corpo firme

2 Descreva pequenos círculos com as mãos em torno da articulação do punho. Faça movimentos lentos e circulares com as mãos, e não os movimente de um lado para outro.

- Movimente o punho por todas as posições naturais

3 Continue o movimento circular por cerca de 20 segundos antes de inverter o sentido de circundução das mãos.

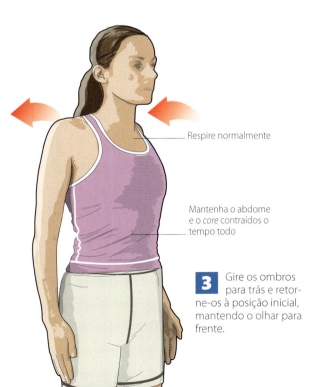

- Respire normalmente
- Mantenha o abdome e o *core* contraídos o tempo todo

3 Gire os ombros para trás e retorne-os à posição inicial, mantendo o olhar para frente.

CIRCUNDUÇÃO DO QUADRIL

Os músculos do *core* no tronco estão envolvidos em muitos movimentos do treinamento de força, em especial naqueles executados em pé. Esse exercício, no qual você executa movimentos circulares com o quadril como se estivesse girando um bambolê, ajuda a mobilizar os músculos do *core*.

1 Fique em pé com as mãos nos quadris, os membros inferiores estendidos e os pés afastados na largura dos ombros – ou um pouco maior.

2 Comece a fazer movimentos circulares com os quadris lentamente, em sentido horário, sem curvar a região lombar.

3 Continue o movimento. Não balance o corpo; é fundamental executar movimentos suavemente do início ao fim.

ROTAÇÃO DO TRONCO

Esse exercício complementa o de circundução do quadril na tarefa de mobilizar os músculos do *core*, porém aqui a parte superior do corpo se move enquanto os quadris permanecem fixos.

1 Fique em pé, com os pés afastados na largura dos ombros e os cotovelos levantados ao lado do corpo.

2 Gire a parte superior do corpo executando um movimento suave para a direita e mantendo cotovelos e antebraços no mesmo nível.

3 Gire de volta à posição inicial, mantendo o movimento fluente, sem balançar.

EXERCÍCIOS DE MOBILIDADE 55

FLEXÃO LATERAL DO TRONCO

Após realizar a circundução do quadril e a rotação do tronco, você deve mobilizar a parte superior do tronco flexionando-o de um lado para o outro. Isso trabalha os músculos do *core* de uma outra forma.

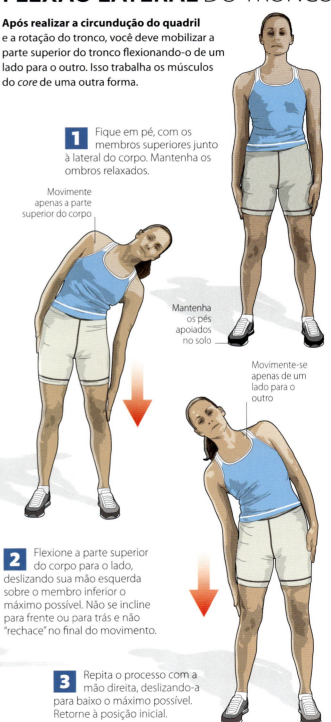

1 Fique em pé, com os membros superiores junto à lateral do corpo. Mantenha os ombros relaxados.

Movimente apenas a parte superior do corpo

Mantenha os pés apoiados no solo

Movimente-se apenas de um lado para o outro

2 Flexione a parte superior do corpo para o lado, deslizando sua mão esquerda sobre o membro inferior o máximo possível. Não se incline para frente ou para trás e não "rechace" no final do movimento.

3 Repita o processo com a mão direita, deslizando-a para baixo o máximo possível. Retorne à posição inicial.

Mantenha o tórax levantado

Mantenha as mãos nos quadris

Mantenha os membros inferiores estendidos o tempo todo

4 Após 10 a 15 repetições, retorne à posição inicial e inverta o sentido da circundução.

Mantenha os pés apoiados firmemente no solo

Mantenha a cabeça levantada e nivelada o tempo todo

Certifique-se de que seus quadris permaneçam voltados para frente

4 Continue a rotação para esquerda, mantendo os cotovelos levantados. Retorne à posição inicial.

Mantenha os joelhos relaxados e destravados

Mantenha os pés apoiados no solo

PASSO DE FRANKENSTEIN

Esse exercício mobiliza os quadris e os músculos do jarrete. Você pode executá-lo parado ou andando. É importante manter um ritmo constante e estender o membro inferior da frente de forma controlada e não entusiasmadamente.

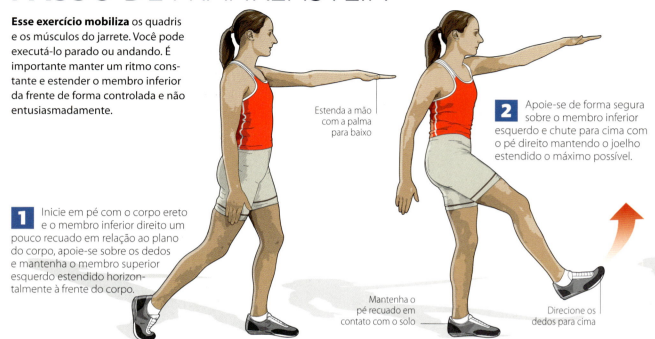

1 Inicie em pé com o corpo ereto e o membro inferior direito um pouco recuado em relação ao plano do corpo, apoie-se sobre os dedos e mantenha o membro superior esquerdo estendido horizontalmente à frente do corpo.

Estenda a mão com a palma para baixo

Mantenha o pé recuado em contato com o solo

2 Apoie-se de forma segura sobre o membro inferior esquerdo e chute para cima com o pé direito mantendo o joelho estendido o máximo possível.

Direcione os dedos para cima

ANDAR CARPADO

Esse exercício de mobilidade desafiador trabalha as suras (panturrilhas), os músculos do jarrete e do *core*, na região lombar. Com a prática, algumas pessoas conseguem se dobrar ao meio, mas não desista se seu movimento for mais limitado.

Mantenha a coluna em uma posição neutra

Apoie-se sobre os dedos

Mantenha-se em uma linha reta que passa pelos quadris

1 Posicione-se como se fosse realizar uma flexão, mantendo as mãos afastadas na largura dos ombros e apoiadas no solo e os membros superiores estendidos.

Flexione os quadris

Contraia o *core* e o abdome

2 "Caminhe" com as mãos até uma posição à frente de sua cabeça. Em seguida, mantendo os membros inferiores estendidos, faça os pés "andarem" lentamente em direção às mãos.

EXERCÍCIOS DE MOBILIDADE   57

FLEXÃO E ROTAÇÃO LATERAL
DA COXA NO QUADRIL

Uma boa mobilidade do quadril ajuda a manter o corpo firme, ereto e bem equilibrado. Esse exercício simples, porém eficaz, mobiliza os quadris e glúteos e pode ser usado como um alongamento de desenvolvimento (ver p. 208) ou como um exercício de aquecimento.

Não abaixe o membro superior levantado de modo a aproximá-lo do pé

3 Levante o membro inferior avançado até tocar a mão (ou até se aproximar dela o máximo que sua flexibilidade permitir). Descanse e repita com o outro membro inferior.

Mantenha a perna recuada estendida e firme

Estenda o membro superior para dar equilíbrio

Mantenha a coxa paralela ao solo

Fique em pé com a coluna neutra e a cabeça erguida. Levante a perna direita e cruze-a à frente do corpo segurando-a pela tíbia com a mão esquerda. Levante a perna com calma e sustente-a nessa posição. Depois repita com a perna esquerda.

ALONGAMENTO DO QUADRÍCEPS

Esse alongamento trabalha os músculos do compartimento anterior da coxa, cuja função é estender o joelho. Por ser feito em pé, esse exercício pode favorecer a boa postura e o equilíbrio.

Mantenha o dorso reto durante todo o movimento

Mantenha os membros superiores estendidos

Certifique-se de que os membros inferiores estejam estendidos

Mantenha a palma das mãos em contato com o solo

3 Quando não puder mais avançar e seu corpo estiver na forma de um pico de montanha, recue os pés até a posição inicial.

Mantenha a face dirigida para frente e a coluna neutra

Segure firme o tornozelo

Mantenha o joelho atrás do plano do corpo

Fique em pé. Mova a perna direita para trás de modo que o joelho fique voltado para baixo. Segure o tornozelo e puxe a perna suavemente para trás, equilibrando-se com o membro superior oposto. Repita com a perna esquerda.

AGACHAMENTO

Esse é um exercício fundamental de mobilização para a parte inferior do corpo e o *core*, além de ser um aquecimento básico para o movimento de agachamento, no qual grande parte do treinamento de força e potência é baseada. O segredo é manter a boa postura: mova-se o mais devagar possível a fim de melhorar sua amplitude de movimento e não "rechace" o final do agachamento.

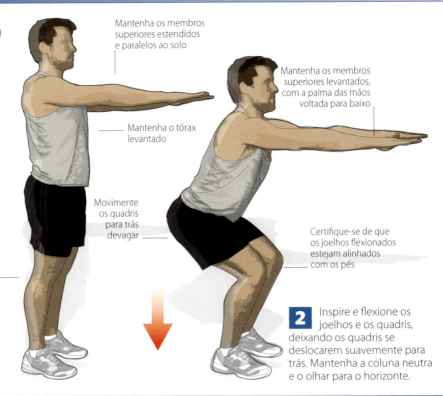

Mantenha os membros superiores estendidos e paralelos ao solo

Mantenha os membros superiores levantados, com a palma das mãos voltada para baixo

Mantenha o tórax levantado

Movimente os quadris para trás devagar

Certifique-se de que os joelhos flexionados estejam alinhados com os pés

Mantenha os membros inferiores estendidos e os pés levemente abduzidos

1 Comece em pé, com a coluna neutra e os pés um pouco mais afastados que a largura dos ombros.

2 Inspire e flexione os joelhos e os quadris, deixando os quadris se deslocarem suavemente para trás. Mantenha a coluna neutra e o olhar para o horizonte.

FLEXÃO DA COXA (COM O JOELHO ESTENDIDO)

Os quadris e os músculos do jarrete são os alvos desse exercício de mobilização que, assim como o difícil passo de Frankenstein (ver p. 56), envolve o movimento alternado dos membros inferiores. Nesse caso, entretanto, tanto o membro que se move como o estabilizador são trabalhados simultaneamente.

Mantenha o membro que se desloca o mais estendido possível

1 Fique em pé, apoiado sobre o membro inferior esquerdo e mantenha o membro direito um pouco atrás em relação ao plano do corpo. Apoie os dedos do pé direito no solo e a palma da mão delicadamente em uma parede ou suporte para se manter em equilíbrio.

2 Mantenha o pé esquerdo apoiado firmemente no solo e levante o membro inferior direito, estendendo-o à sua frente. Mantenha o joelho direito o mais estendido possível.

Mantenha os músculos do *core* contraídos para dar sustentação

Flexione discretamente o joelho para dar equilíbrio

EXERCÍCIOS DE MOBILIDADE 59

- Mantenha o tronco ereto durante todo o exercício
- Mantenha a face voltada para frente e o olhar para o horizonte

3 Agache-se até que suas coxas estejam paralelas ao solo (ou mais próximas dele, se você tiver mobilidade). Retorne à posição inicial.

ABDUÇÃO DO MEMBRO INFERIOR

Nesse exercício de mobilização do quadril, você descreve com o membro inferior um arco diferente daquele descrito no exercício de flexão da coxa. Ele visa liberar os glúteos e os músculos na região inguinal.

- Mantenha a coluna em uma posição neutra
- Apoie as duas mãos em uma parede
- Mantenha os quadris voltados para frente
- Cruze o membro inferior pela frente do corpo

1 Apoie as duas mãos em uma parede, com o corpo levemente inclinado para frente. Desloque o peso do corpo para o membro inferior esquerdo.

2 Movimente o membro inferior direito de forma lenta e controlada, fazendo-o cruzar pela frente do corpo e apontando os dedos do pé para fora, na direção da extremidade do arco.

- Direcione a ponta do pé para fora

3 Movimente o membro inferior direito no sentido contrário, passando pela frente do corpo, até afastá-lo lateralmente do corpo. Execute as repetições solicitadas e repita tudo com o membro inferior esquerdo.

3 Levante o membro inferior direito o mais alto que puder, mantendo-o estendido. Sustente essa posição por alguns segundos antes de descansar e repetir com o membro inferior esquerdo.

- Mantenha o membro inferior o mais estendido possível
- Flexione discretamente o joelho
- Mantenha o pé em contato com o solo

AVANÇO

Esse é um excelente exercício de mobilização dos quadris e das coxas. Você pode realizá-lo em uma posição fixa (como no afundo, ver p. 68–69) ou com os membros inferiores alternados, dando um passo para frente. O avanço testa seu equilíbrio e sua coordenação; por esse motivo ele é um excelente exercício de mobilidade para todos os esportes.

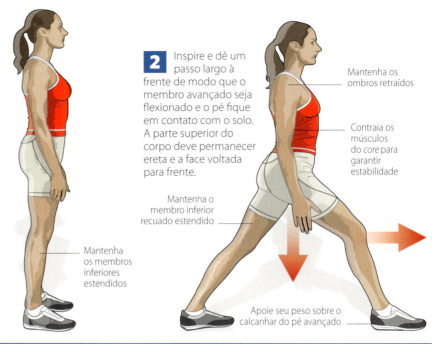

1 Inicie em pé com os pés afastados na largura dos ombros, os membros superiores relaxados ao longo do corpo, os pés em contato com o solo, o tórax ereto e a coluna neutra.

Mantenha os membros inferiores estendidos

2 Inspire e dê um passo largo à frente de modo que o membro avançado seja flexionado e o pé fique em contato com o solo. A parte superior do corpo deve permanecer ereta e a face voltada para frente.

Mantenha os ombros retraídos

Contraia os músculos do core para garantir estabilidade

Mantenha o membro inferior recuado estendido

Apoie seu peso sobre o calcanhar do pé avançado

AVANÇO COM ROTAÇÃO

Esse é outro excelente exercício de mobilização dos quadris e das coxas. Você deve sentir o alongamento dos flexores do quadril no membro recuado e dos glúteos no membro avançado. O movimento também trabalha o tronco, que gira junto com a cabeça para um lado e para o outro.

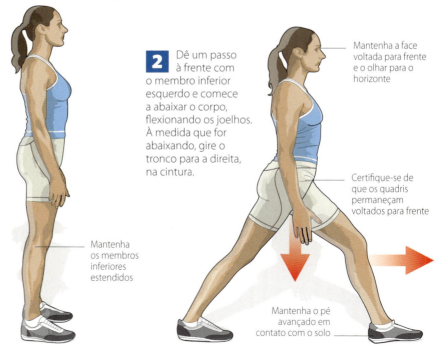

1 Adote a mesma posição inicial do avanço básico. Certifique-se de que os joelhos e os dedos dos pés estejam direcionados para frente.

Mantenha os membros inferiores estendidos

2 Dê um passo à frente com o membro inferior esquerdo e comece a abaixar o corpo, flexionando os joelhos. À medida que for abaixando, gire o tronco para a direita, na cintura.

Mantenha a face voltada para frente e o olhar para o horizonte

Certifique-se de que os quadris permaneçam voltados para frente

Mantenha o pé avançado em contato com o solo

EXERCÍCIOS DE MOBILIDADE 61

AVANÇO COM BARRA ACIMA DA CABEÇA

Essa versão do avanço exige mais dos seus quadris e coxas. Com um peso leve elevado acima da cabeça, esse exercício trabalha os estabilizadores do ombro e acentua a mobilidade dos quadris e da região lombar.

1 Adote a mesma posição inicial do avanço básico e erga uma barra acima da cabeça, com os membros superiores estendidos e as mãos bem afastadas.

Utilize os músculos do *core*

2 Dê um passo à frente com o membro inferior direito, segurando a barra sobre o centro de gravidade do seu corpo (situado entre os membros inferiores). Retorne à posição inicial e repita com o membro inferior esquerdo.

Segure a barra com os membros superiores estendidos acima dos ombros

Mantenha o tórax levantado e os ombros retraídos

Levante o calcanhar do solo

3 Flexione os membros inferiores de modo que o joelho do membro recuado se aproxime do solo. Levante-se apoiando o peso do corpo sobre o calcanhar do pé avançado e retorne à posição inicial.

Mantenha o tronco ereto e a coluna neutra

Não toque o solo com o joelho do membro recuado

Flexione o joelho até a linha dos dedos do pé

3 Gire a cabeça, cruze o membro superior esquerdo sobre o tórax e gire a cintura. Retorne à posição inicial e repita todo o movimento com o membro inferior direito.

Estenda o membro superior direito para o lado e para trás de seu corpo, mantendo-o paralelo ao solo

Cruze o membro superior esquerdo sobre o tórax

Gire todo o tronco, não apenas os membros superiores

Levante do solo o calcanhar recuado

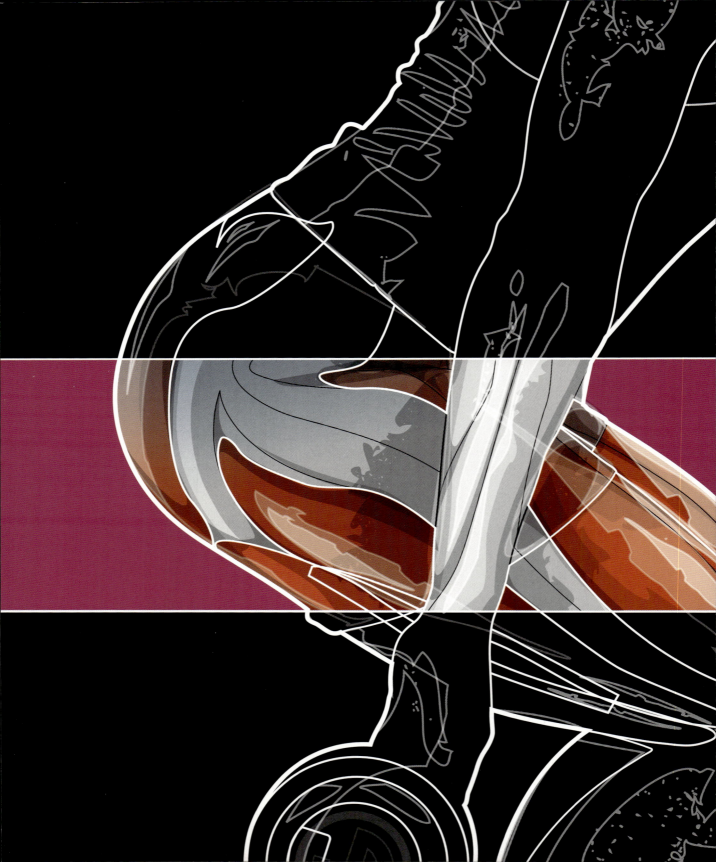

3

MEMBROS INFERIORES

AGACHAMENTO COM BARRA

MÚSCULOS-ALVO
- Quadríceps femoral
- Glúteos
- Músculos do jarrete

Esse exercício multiarticular é extremamente eficaz para desenvolver os músculos dos membros inferiores e é um excelente exercício de base para desenvolvimento global de potência e força. No entanto, deve ser realizado com a postura correta.

VARIAÇÃO

Alguns competidores de levantamento básico usam a posição "sumô" para o agachamento. Nessa variação, você posiciona os pés mais afastados que a largura dos ombros e ligeiramente voltados para a lateral, assim como os joelhos. O agachamento estilo "sumô" acentua o trabalho dos músculos do compartimento medial da coxa; entretanto, como exige grande mobilidade dos quadris, não é adequado para principiantes.

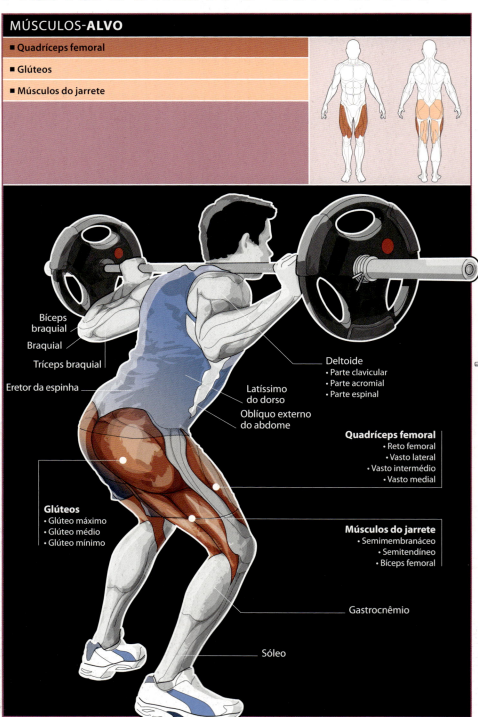

- Bíceps braquial
- Braquial
- Tríceps braquial
- Eretor da espinha
- Latíssimo do dorso
- Oblíquo externo do abdome
- Deltoide
  - Parte clavicular
  - Parte acromial
  - Parte espinal
- Quadríceps femoral
  - Reto femoral
  - Vasto lateral
  - Vasto intermédio
  - Vasto medial
- Glúteos
  - Glúteo máximo
  - Glúteo médio
  - Glúteo mínimo
- Músculos do jarrete
  - Semimembranáceo
  - Semitendíneo
  - Bíceps femoral
- Gastrocnêmio
- Sóleo

ATENÇÃO!

Não "curve" o dorso ou se incline para frente durante o agachamento, pois isso coloca muito estresse na região lombar e pode provocar lesões. Fique atento para manter o olhar na linha do horizonte: não deixe a face voltada para baixo nem os joelhos medialmente.

MEMBROS INFERIORES 65

1 Segure a barra no suporte com o peso uniformemente dividido entre as mãos. Passe a cabeça por baixo e levante-se com os pés diretamente sob ela. Dê um passo para trás, mantendo a barra apoiada na parte superior do dorso.

2 Respire profundamente, contraia o abdome e os glúteos e inicie a descida. Mantenha as pontas dos pés ligeiramente voltadas para a lateral e certifique-se de que seus joelhos acompanhem o ângulo de seus pés enquanto você flexiona os joelhos e movimenta devagar os quadris para trás.

3 Mantenha os joelhos flexionados e a coluna em posição neutra. Abaixe o corpo de forma lenta e controlada, à medida que movimenta os quadris para trás. Conserve os joelhos alinhados com os dedos dos pés.

4 Continue flexionando os joelhos e movimentando lentamente os quadris para trás, até que suas coxas estejam paralelas ao solo. Nesse ponto, seu corpo deve estar em um ângulo de 45°. Retorne à posição inicial, expirando ao se levantar.

AGACHAMENTO COM BARRA NA FRENTE

MÚSCULOS-ALVO
- Quadríceps femoral
- Glúteos
- Músculos do jarrete

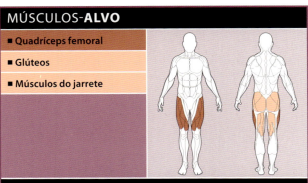

Nesse exercício-chave multiarticular você posiciona o peso sobre a parte da frente de seus ombros. Isso requer uma postura corporal mais ereta do que no agachamento com barra e fortalece mais os quadris e o *core*.

Mantenha os quadris fixos e contraia os músculos do *core*

Segure a barra sobre as clavículas e os deltoides

Direcione os cotovelos para frente

Flexione os joelhos, alinhados com os pés voltados para fora

Mantenha o corpo relativamente ereto

Olhe para frente

Movimente cuidadosamente os quadris para trás enquanto flexiona os joelhos

1 Retire a barra do suporte com as mãos pronadas, ou arremesse-a (ver p. 182) sobre os ombros. Fique ereto com os pés um pouco mais afastados que a largura dos ombros e ligeiramente virados para a lateral.

2 Com o tórax levantado, respire profundamente e comece a flexionar os joelhos, movimentando devagar os quadris para trás e mantendo os cotovelos direcionados para frente.

3 Mantenha a face voltada para frente e o tórax levantado, agachando-se até que as coxas estejam paralelas ao solo ou o mais próximo possível dele. Retorne à posição inicial, expirando ao se levantar.

ATENÇÃO!
Mantenha o corpo na mesma angulação durante todo o movimento e não deixe os calcanhares se levantarem do solo. Assegure-se de não deixar os cotovelos abaixarem ou tocarem os joelhos no início da subida.

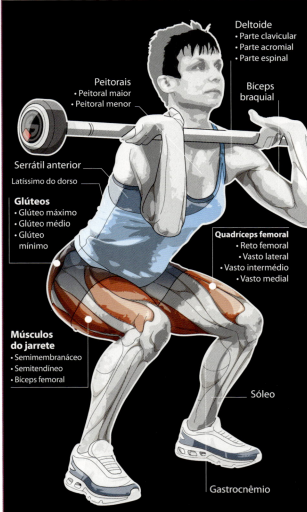

Deltoide
- Parte clavicular
- Parte acromial
- Parte espinal

Peitorais
- Peitoral maior
- Peitoral menor

Bíceps braquial

Serrátil anterior

Latíssimo do dorso

Glúteos
- Glúteo máximo
- Glúteo médio
- Glúteo mínimo

Quadríceps femoral
- Reto femoral
- Vasto lateral
- Vasto intermédio
- Vasto medial

Músculos do jarrete
- Semimembranáceo
- Semitendíneo
- Bíceps femoral

Sóleo

Gastrocnêmio

MEMBROS INFERIORES 67

AGACHAMENTO *HACK* COM BARRA

MÚSCULOS-ALVO
- Quadríceps femoral
- Glúteos
- Músculos do jarrete

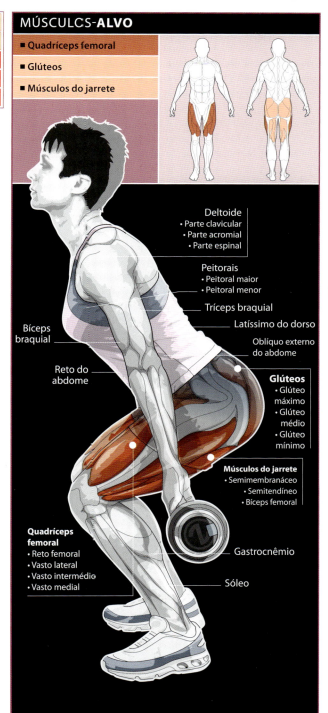

Essa variação do agachamento trabalha bastante os quadríceps femorais. É um exercício excelente de desenvolvimento, pois favorece a boa postura do dorso e o ângulo correto na articulação do quadril, necessários para a realização do agachamento.

Segure a barra com as mãos pronadas e posicionadas ao lado dos quadris

Mantenha os joelhos alinhados com os dedos dos pés

Mantenha os calcanhares em contato com o solo

1 Segure a barra com as mãos pronadas e ao lado das coxas. Inicie com os joelhos ligeiramente flexionados e os pés afastados na largura dos ombros e voltados um pouco para fora. Mantenha o corpo ereto, o tórax elevado e o olhar para frente.

2 Mantendo o tórax levantado e os calcanhares em contato com o solo, respire profundamente e flexione os joelhos deixando a barra descer.

ATENÇÃO!
Evite curvar o dorso ou inclinar-se para frente, na cintura, durante esse movimento. Mantenha os quadris baixos, o corpo o mais ereto possível e a barra o mais próxima que você conseguir das suras.

Contraia os músculos do *core* e do dorso para sustentar seu corpo

3 Agache-se até que as coxas estejam paralelas ao solo e retorne à posição inicial, expirando enquanto levanta.

AFUNDO COM HALTERES

MÚSCULOS-ALVO
- Quadríceps femoral
- Glúteos
- Músculos do jarrete

Esse exercício é uma variação do movimento básico do avanço (ver p. 60-61), porém permite que você levante mais peso. Ele é valioso para desenvolver mobilidade e força nos quadris assim como a boa postura dos ombros.

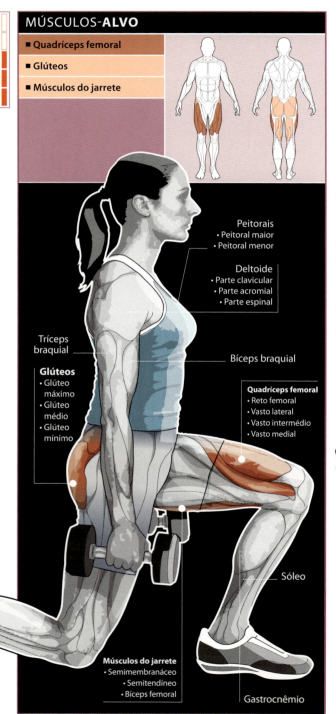

Apoie-se nos dedos do pé recuado e mantenha o pé avançado em contato com o solo

Segure os halteres na linha entre os pés

1 Fique ereto, com os pés afastados na largura dos ombros e os membros superiores estendidos ao lado do corpo, dê um passo longo à frente, mantendo o tórax levantado e o olhar para frente.

Mantenha o tronco ereto durante todo o movimento

Sustente a maior parte de seu peso sobre o membro avançado

Mantenha o tórax levantado

Retraia os ombros e mantenha a coluna neutra

2 Flexione o joelho e o quadril e abaixe-se lentamente até a posição de afundo. O joelho avançado não deve se deslocar além da linha dos dedos do pé, e o joelho recuado não deve tocar o solo.

3 Retorne à posição inicial e execute o número necessário de repetições com um membro inferior, antes de repetir com o outro.

Apoie o pé recuado no solo sobre a ponta dos dedos

AFUNDO COM BARRA ACIMA DA CABEÇA

MÚSCULOS-ALVO
- Quadríceps femoral
- Glúteos
- Músculos do jarrete

Levantar uma barra acima da cabeça requer boa mobilidade dos ombros e dos quadris, mas tem a vantagem de trabalhar o corpo como uma unidade, fortalecendo o *core* e os membros inferiores.

Mantenha o peso sobre o centro de gravidade do seu corpo (entre os pés)

Levante a barra com os cotovelos estendidos

1 Comece em posição ereta, com os pés afastados na largura dos ombros. Levante o peso acima da cabeça e dê um passo longo à frente.

2 Abaixe-se lentamente até a posição de afundo, cuidando para que o joelho avançado não ultrapasse a linha dos dedos do pé e o joelho recuado não toque o solo.

Mantenha o peso alinhado diretamente sobre a articulação dos ombros

3 Estenda o membro inferior avançado para retornar à posição inicial. Após completar a série, repita a sequência com o outro membro.

Tríceps braquial

Deltoide
- Parte clavicular
- Parte acromial
- Parte espinal

Peitorais
- Peitoral maior
- Peitoral menor

Oblíquo externo do abdome

Glúteos
- Glúteo máximo
- Glúteo médio
- Glúteo mínimo

Quadríceps femoral
- Reto femoral
- Vasto lateral
- Vasto intermédio
- Vasto medial

Músculos do jarrete
- Semimembranáceo
- Semitendíneo
- Bíceps femoral

Sóleo

MEMBROS INFERIORES

AFUNDO COM BARRA (PÉ APOIADO NO BANCO)

MÚSCULOS-ALVO
- Quadríceps femoral
- Glúteos
- Músculos do jarrete
- Gastrocnêmio
- Sóleo

Esse exercício avançado foi idealizado pela equipe de levantamento de peso da Bulgária para desenvolvimento de força, equilíbrio e flexibilidade, simulando os movimentos do arranque olímpico.

1 Inicie com a barra apoiada sobre a parte superior do dorso e os membros inferiores afastados na largura dos quadris. Flexione um dos membros inferiores e apoie-o em um banco atrás de você.

Contraia os músculos do *core*
Apoie o pé sobre o banco

2 Abaixe lentamente o joelho recuado em direção ao solo, parando quando a coxa do membro avançado estiver paralela ao solo.

Respire livremente enquanto se abaixa

3 Quando chegar ao ponto mais inferior do movimento, estenda o membro inferior avançado até a posição inicial; não "trave" o joelho. Complete a série e repita com o outro membro.

Mantenha o tronco ereto durante o agachamento
O joelho da perna recuada quase toca o solo na posição mais inferior do movimento

Peitorais
- Peitoral maior
- Peitoral menor

Serrátil anterior
Latíssimo do dorso
Reto do abdome
Oblíquo interno do abdome
Oblíquo externo do abdome

Glúteos
- Glúteo máximo
- Glúteo médio
- Glúteo mínimo

Gastrocnêmio
Sóleo

Quadríceps femoral
- Reto femoral
- Vasto lateral
- Vasto intermédio
- Vasto medial

Músculos do jarrete
- Semimembranáceo
- Semitendíneo
- Bíceps femoral

MEMBROS INFERIORES

AFUNDO COM HALTERES (PÉ APOIADO NO BANCO)

MÚSCULOS-ALVO
- Quadríceps femoral
- Glúteos
- Músculos do jarrete
- Gastrocnêmio
- Sóleo

Esse exercício é similar ao afundo com barra (pé apoiado no banco), mas ao segurar os halteres ao lado do corpo você torna o centro de gravidade mais baixo e melhora sua estabilidade. Ele é ideal para desenvolver equilíbrio e força nos quadris e coxas.

1 Fique ereto com os pés afastados na largura dos quadris. Posicione um pé à frente com o joelho ligeiramente flexionado e apoie o outro sobre um banco atrás de você. Segure um haltere em cada mão com pegada pronada.

2 Contraia os músculos estabilizadores do *core*. Mantenha o tronco ereto e a face voltada para frente. Abaixe devagar o joelho recuado até quase tocar o solo, respirando livremente.

3 Estenda vagarosamente o membro avançado até a posição inicial, mas não ande nem pule para trás com esse pé. Finalize a série antes de mudar para o outro membro.

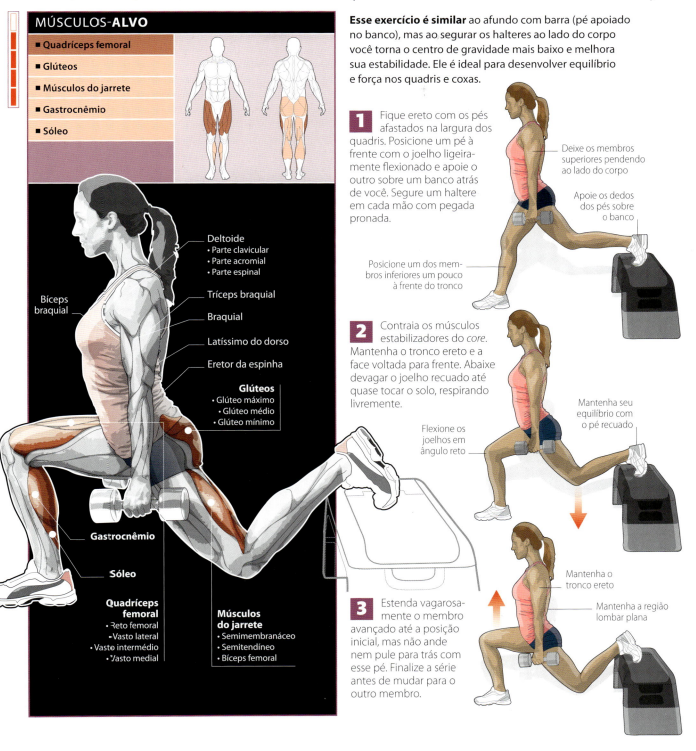

AVANÇO COM BARRA

MÚSCULOS-ALVO
- Quadríceps femoral
- Glúteos
- Músculos do jarrete

Esse exercício pouco utilizado desenvolve e tonifica os músculos dos membros inferiores e glúteos. É um movimento dinâmico útil no treinamento de esportes com raquete, pois aumenta a capacidade de alcançar lances difíceis.

1 Inicie com os pés afastados na largura dos quadris e os joelhos relaxados. Apoie a barra sobre a parte superior do dorso, segurando-a com as mãos em pegada pronada e bem afastadas.

2 Contraia os músculos do *core* e dê um longo passo à frente. Ao mesmo tempo, abaixe o joelho recuado em direção ao solo, respirando livremente.

3 Deixe o joelho recuado quase tocar o solo e, em seguida, estenda o membro avançado e volte à posição inicial. Complete a série e repita a sequência com o outro membro.

- Olhe para frente
- Mantenha os joelhos ligeiramente flexionados
- Apoie o pé recuado sobre os dedos
- Certifique-se de que a coxa da perna recuada esteja na vertical

ATENÇÃO!
Não tente executar esse exercício com um peso que faça você se sentir "forçado" em direção ao solo ou que o deixe instável – você deve manter o controle da barra o tempo todo. Certifique-se de que seu tronco esteja ereto durante todo o movimento.

AVANÇO À FRENTE

MÚSCULOS-ALVO
- Quadríceps femoral
- Glúteos
- Músculos do jarrete

Esse exercício corporal global é eficaz no desenvolvimento de força nos músculos dos membros inferiores. Ao segurar os halteres ao lado do corpo, em vez de acima dos ombros, fica mais fácil manter o corpo ereto. Não se esqueça de praticar o movimento antes de utilizar pesos.

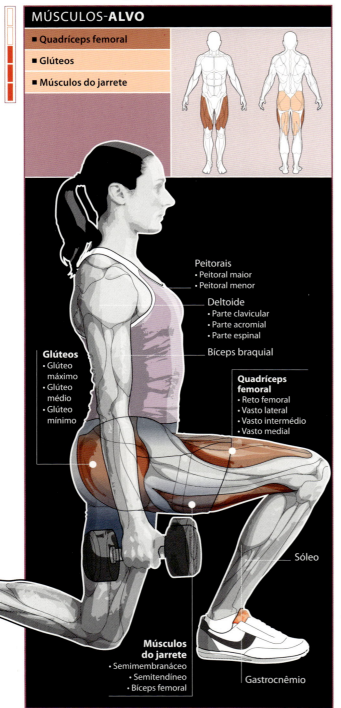

1 Fique em pé, com a coluna neutra, o tórax levantado e os ombros retraídos. Segure um haltere em cada mão, com os membros superiores ao lado do corpo.

2 Dê um passo à frente, mantendo o tronco ereto. Abaixe-se sob controle rígido, flexionando os quadris, joelhos e tornozelos. Não se incline para frente em nenhum momento.

3 Abaixe-se até que os dois joelhos atinjam um ângulo de 90°. O joelho recuado deve estar logo abaixo do quadril e acima do solo. Mantenha a posição antes de retornar ao início.

MEMBROS INFERIORES

AVANÇO LATERAL

MÚSCULOS-ALVO

- Quadríceps femoral
- Músculos do jarrete
- Gastrocnêmio

Esse avanço com maior nível de exigência agrada aos esportistas que precisam desenvolver agilidade e habilidade para mudar de direção enquanto correm. Ele requer boa flexibilidade dos quadris e tornozelos.

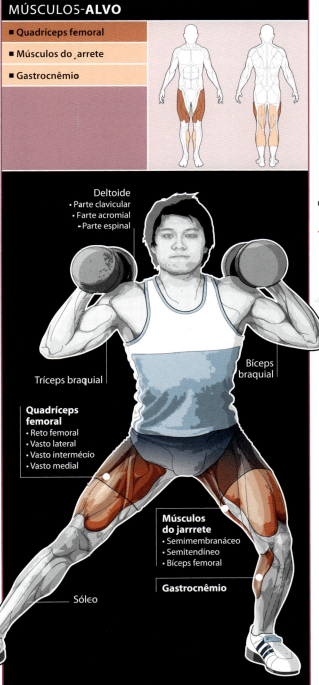

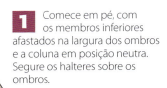

1 Comece em pé, com os membros inferiores afastados na largura dos ombros e a coluna em posição neutra. Segure os halteres sobre os ombros.

2 Dê um passo para o lado, conservando a posição ereta. Não deixe o joelho do membro deslocado ultrapassar a linha dos dedos do pé.

VARIAÇÃO

Se você não possui a mobilidade de quadril necessária para executar o avanço com halteres sobre os ombros, tente executá-lo com os halteres abaixo do corpo e os membros superiores estendidos.

3 Agache-se na posição de avanço até que a coxa do membro "fixo" esteja paralela ao solo. Impulsione o pé avançado e retorne à posição inicial. Complete a série de um lado e, em seguida, repita com o outro membro.

Mantenha a cabeça erguida

Mantenha os pés em contato com o solo

SUBIDA NO BANCO COM BARRA

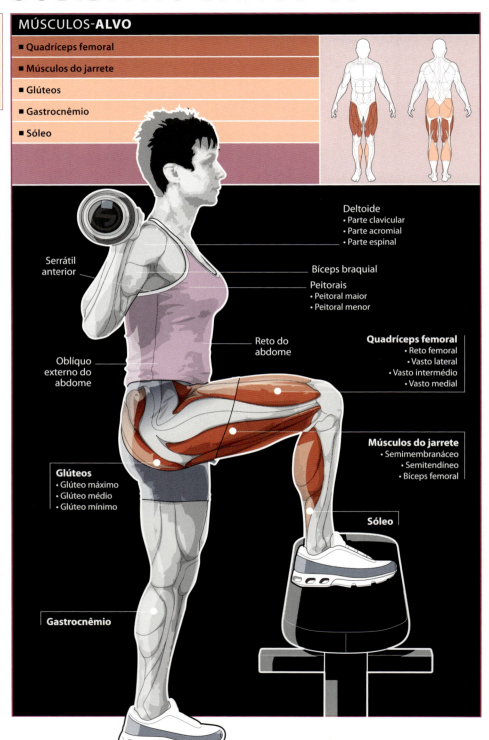

MÚSCULOS-ALVO
- Quadríceps femoral
- Músculos do jarrete
- Glúteos
- Gastrocnêmio
- Sóleo

Esse excelente exercício trabalha os principais músculos dos membros inferiores – quadríceps femoral, músculos do jarrete e glúteos. Os músculos da sura (panturrilha) são auxiliares, e os do *core* impedem que o corpo incline para frente ou sofra torção. O exercício ajuda a desenvolver e também aumentar a capacidade do coração e dos pulmões. Os iniciantes devem começar com o peso do corpo, até que estejam familiarizados com o movimento.

VARIAÇÃO

Tente executar esse exercício segurando um haltere de cada lado do corpo. É mais fácil aumentar a carga e manter a posição com eles do que com uma barra, e você sempre poderá soltá-los se perceber que está perdendo o equilíbrio. Você também pode tornar esse exercício mais fácil ao usar apenas seu peso corporal para trabalhar contra a gravidade.

MEMBROS INFERIORES 77

ATENÇÃO!
Evite inclinar-se para frente ou girar o corpo enquanto sobe e desce. Não curve o dorso.

1 De frente para um banco, segure uma barra sobre os ombros, atrás do pescoço. Com as duas mãos, segure a barra mantendo a pegada um pouco mais afastada que a distância entre os ombros. Mantenha uma postura ereta e firme com os pés paralelos.

2 Suba no banco com o pé esquerdo e certifique-se de que o calcanhar não fique para fora. O banco deve ter altura suficiente para permitir que a articulação do joelho forme um ângulo de 90º.

3 Pressione o calcanhar esquerdo sobre o banco e use os músculos da coxa e os glúteos do lado esquerdo para levantar o pé direito até o banco. Levante o corpo, expirando enquanto sobe.

4 Desça do banco, movendo primeiro o membro inferior direito. Certifique-se de que seu corpo esteja ereto e o tórax levantado. Termine a série com um membro e, em seguida, repita com o outro.

LEG PRESS INCLINADO

MÚSCULOS-ALVO
- Quadríceps femoral
- Músculos do jarrete

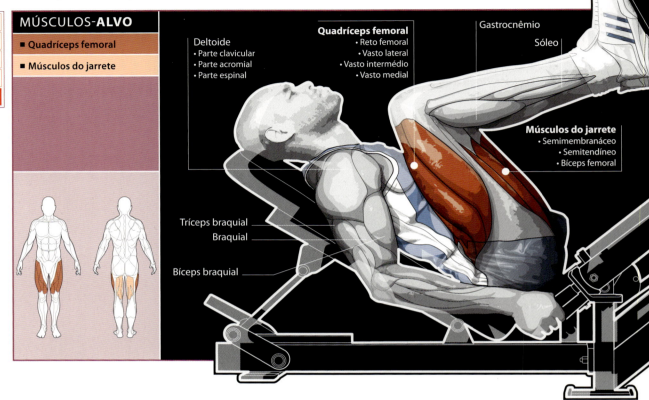

Esse movimento simples é um exercício seguro para iniciantes que estejam se preparando para outros exercícios mais funcionais de membros inferiores, como o agachamento. Ele força pouco a região lombar e é apropriado para aqueles que não possuem a força do *core* bem desenvolvida. Ele também permite a utilização de cargas relativamente altas logo no início, dando motivação ao iniciante. Da mesma forma que para outros aparelhos, verifique se o *leg press* está ajustado para sua altura e comprimento dos membros.

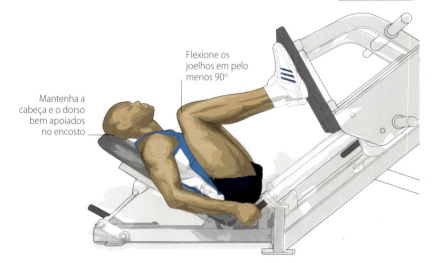

1 Selecione o peso desejado na pilha e sente-se no aparelho. Posicione os pés na plataforma, afastados na largura dos quadris, e sustente o peso com os membros inferiores. Libere a trava de segurança do aparelho e segure o suporte com as mãos.

MEMBROS INFERIORES 79

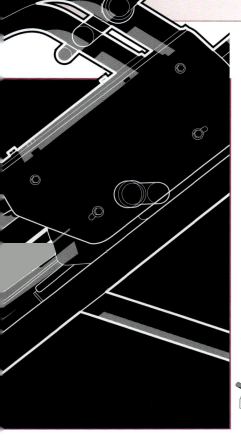

ATENÇÃO!

Mantenha a região lombar firmemente apoiada no encosto durante todo o exercício; evite erguer a cabeça e pare de abaixar a plataforma se você sentir que a região lombar começa a se afastar do encosto. Não estenda completamente os joelhos na parte mais alta do movimento e não se esqueça de levantar e abaixar os pesos da pilha devagar, sem dar "pancadas" ao chegar ao ponto mais baixo do movimento.

VARIAÇÃO

Você pode realizar o *leg press* com um membro inferior de cada vez, o que permite lidar com qualquer desequilíbrio de força entre eles. Desequilíbrios podem reduzir o desempenho esportivo e tornam você mais propenso a lesões. Você também pode alterar a posição dos pés na versão bipedal para modificar o foco do exercício: ao colocar os pés mais afastados e direcionar os dedos para a lateral, você trabalhará mais os músculos do compartimento medial da coxa, ao passo que, posicionando-os mais para cima na plataforma, você trabalhará mais os glúteos.

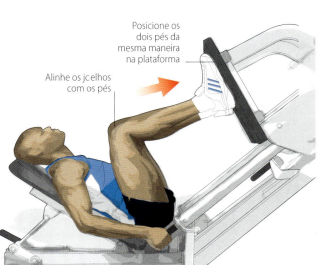

Alinhe os joelhos com os pés

Posicione os dois pés da mesma maneira na plataforma

2 Estenda os membros inferiores para empurrar a plataforma. Empurre-a de forma lenta e contínua, mantendo os calcanhares e os dedos dos pés em contato com ela. Não deixe os joelhos se afastarem para os lados enquanto empurra a plataforma.

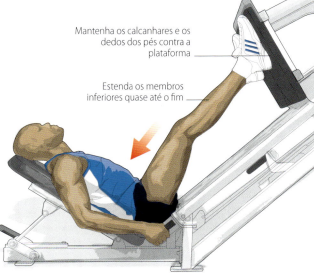

Mantenha os calcanhares e os dedos dos pés contra a plataforma

Estenda os membros inferiores quase até o fim

3 Continue empurrando até que os membros inferiores estejam quase estendidos. Faça uma pausa e, em seguida, retorne à posição inicial de modo lento e controlado.

FLEXÃO DOS JOELHOS (SENTADO)

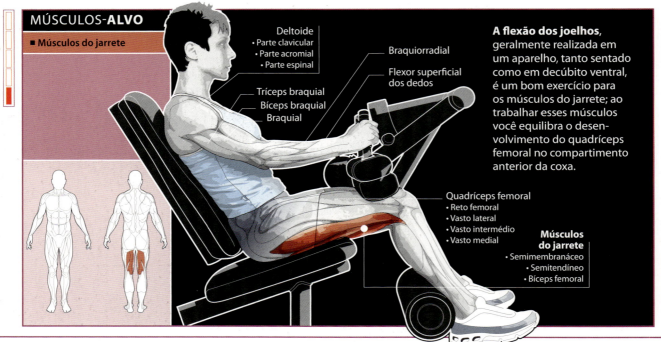

A flexão dos joelhos, geralmente realizada em um aparelho, tanto sentado como em decúbito ventral, é um bom exercício para os músculos do jarrete; ao trabalhar esses músculos você equilibra o desenvolvimento do quadríceps femoral no compartimento anterior da coxa.

EXTENSÃO DOS JOELHOS (SENTADO)

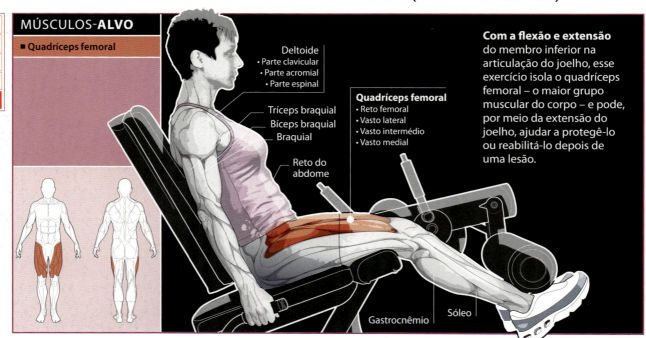

Com a flexão e extensão do membro inferior na articulação do joelho, esse exercício isola o quadríceps femoral – o maior grupo muscular do corpo – e pode, por meio da extensão do joelho, ajudar a protegê-lo ou reabilitá-lo depois de uma lesão.

MEMBROS INFERIORES 81

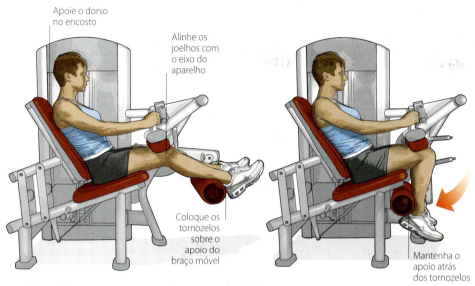

VARIAÇÃO

Você pode executar um exercício similar em um aparelho com cabo e polia, mas isso é mais difícil porque você precisa equilibrar todo o seu corpo – o aparelho não mantém você em uma posição fixa. Prenda uma alça no tornozelo e certifique-se de que o joelho do membro em movimento esteja direcionado para baixo, de modo que os músculos do jarrete puxem o calcanhar em direção aos glúteos. Faça um movimento lento, demorando mais para abaixar a perna que para levantá-la.

1 Selecione um peso na pilha e sente-se no aparelho. Ajuste o braço móvel de modo a ficar sob seus tornozelos e não deslizar sobre as suras (panturrilhas). Posicione o apoio sobre os joelhos.

2 Pressione o braço móvel para trás em um movimento suave para contrair completamente os músculos do jarrete e, em seguida, retorne de modo controlado à posição inicial. Mantenha o dorso estável, apoiado no encosto.

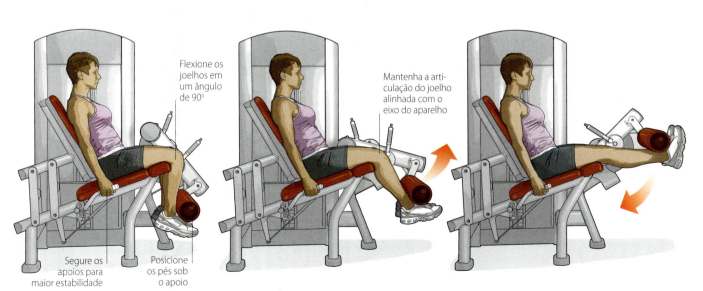

1 Selecione um peso da pilha e sente-se no aparelho com o dorso apoiado no encosto. Ajuste o braço móvel para adaptá-lo ao comprimento da sua perna.

2 Com um movimento controlado e sem balançar, levante a perna enquanto pressiona o dorso e as nádegas contra o encosto e o assento.

3 Continue o movimento até que as pernas estejam paralelas ao solo. Expire e relaxe, deixando-as retornar à posição inicial.

ABDUÇÃO DAS COXAS NO APARELHO (SENTADO)

MÚSCULOS-ALVO
- Glúteos
- Tensor da fáscia lata

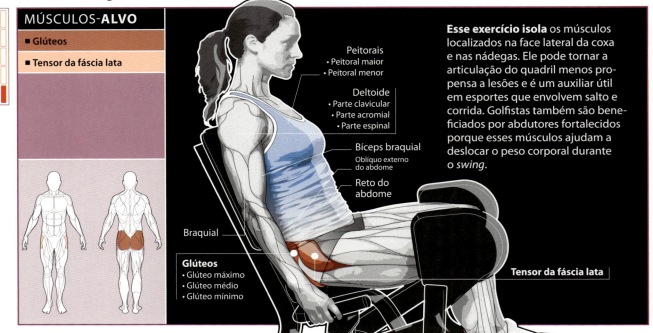

Esse exercício isola os músculos localizados na face lateral da coxa e nas nádegas. Ele pode tornar a articulação do quadril menos propensa a lesões e é um auxiliar útil em esportes que envolvem salto e corrida. Golfistas também são beneficiados por abdutores fortalecidos porque esses músculos ajudam a deslocar o peso corporal durante o *swing*.

ADUÇÃO DAS COXAS NO APARELHO (SENTADO)

MÚSCULOS-ALVO
- Adutor magno
- Adutor longo

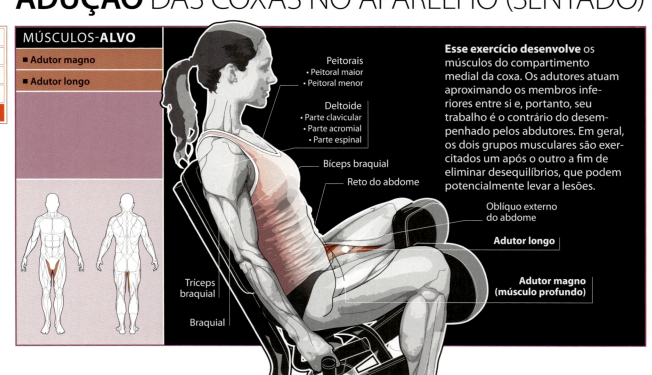

Esse exercício desenvolve os músculos do compartimento medial da coxa. Os adutores atuam aproximando os membros inferiores entre si e, portanto, seu trabalho é o contrário do desempenhado pelos abdutores. Em geral, os dois grupos musculares são exercitados um após o outro a fim de eliminar desequilíbrios, que podem potencialmente levar a lesões.

MEMBROS INFERIORES 83

1 Selecione o peso desejado na pilha, sente-se no aparelho e ajuste a altura do assento de modo que a face lateral dos joelhos fique confortavelmente encostada nos apoios.

2 Pressione o dorso contra o encosto e contraia os músculos do *core* para obter estabilidade. Empurre os apoios para a lateral até atingir a amplitude de movimento total, respirando livremente.

3 Resista lentamente à força contrária dos apoios enquanto retorna à posição inicial. Tente igualar as forças geradas em cada um dos membros inferiores.

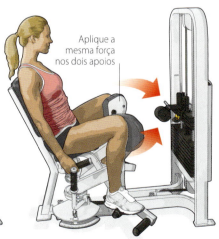

1 Regule a resistência desejada na pilha de pesos. Sente-se no aparelho e ajuste a altura do assento de modo que a face medial dos joelhos fique confortavelmente encostada nos apoios.

2 Segure nos apoios laterais para estabilizar a parte superior do corpo e empurre os apoios com os joelhos de forma a aproximá-los entre si, respirando livremente. Não bata um apoio contra o outro.

3 De modo controlado e lento deixe os apoios retornarem à posição inicial. Mantenha os músculos do *core* contraídos durante todo o movimento.

FLEXÃO PLANTAR (EM PÉ)

MÚSCULOS-ALVO
- Gastrocnêmio
- Sóleo

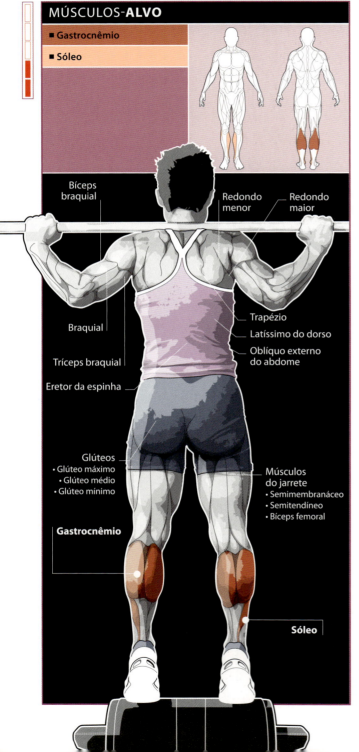

Esse exercício desenvolve os músculos da perna. O movimento testa seu equilíbrio, especialmente quando executado com pesos livres mais pesados, portanto, trabalhe em um aparelho *Smith* para estabilizar o corpo.

1 Fique ereto, coloque a parte anterior do pé sobre uma plataforma e regule a altura da barra no aparelho Smith de modo que ela fique apoiada sobre os ombros. Segure a barra com pegadas bem afastadas.

Posicione a planta dos pés sobre a plataforma, deixando os calcanhares para fora

Contraia os músculos do *core*

2 Com a face voltada para frente, levante os dois calcanhares com amplitude máxima de movimento. Movendo os tornozelos, abaixe os calcanhares para retornar à posição inicial.

Execute a flexão plantar nos tornozelos

VARIAÇÃO

Esse exercício pode ser realizado em um aparelho especial para flexão plantar, no qual você levanta apoios com pesos em vez de uma barra. Regule a resistência desejada e levante os apoios sobre os ombros, segurando as alças e mantendo os cotovelos flexionados. Contraia os músculos da sura (panturrilha) e execute a flexão plantar, movimentando os tornozelos. Mantenha a posição elevada antes de abaixar o corpo sob controle total.

MEMBROS INFERIORES 85

LEVANTAMENTO TERRA COM JOELHOS ESTENDIDOS – *STIFF*

MÚSCULOS-ALVO

- Músculos do jarrete
- Glúteos
- Eretor da espinha
- Quadríceps femoral

Esse exercício subestimado fortalece a região lombar e desenvolve os membros inferiores e os glúteos. Muitos dos melhores *forwards* do rúgbi o incluem em seu regime de treinamento.

Contraia os músculos do *core*

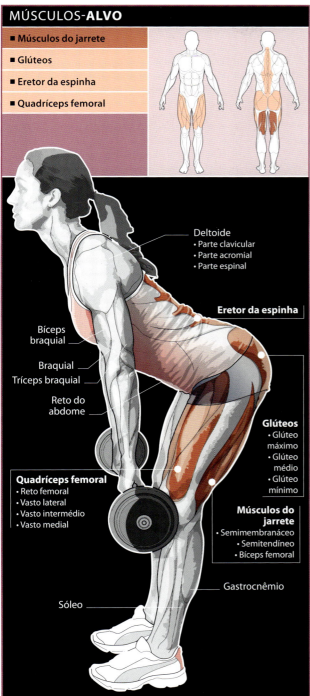

Mantenha o dorso plano durante todo o movimento

1 Fique ereto, com os pés afastados na largura dos quadris e a barra apoiada sobre a face anterior das coxas. Segure a barra com pegada pronada.

2 Com a face voltada para frente e os joelhos quase estendidos, incline-se para frente na altura da cintura enquanto abaixa a barra. Inspire durante essa fase.

VARIAÇÃO

Se você tiver boa mobilidade do quadril, tente executar esse exercício sobre uma plataforma. Isso fará com que a barra desça abaixo do nível dos pés e proporcionará um trabalho mais intenso nos músculos. No entanto, não tente estender os músculos além da posição de conforto e procure manter a fluência do movimento, sem "rechaçar" a barra.

3 Mantendo controle sobre a estabilidade do *core*, estenda o tronco pelo eixo dos quadris para levantar e voltar à posição inicial, expirando enquanto levanta.

LEVANTAMENTO TERRA

MÚSCULOS-ALVO
- Glúteos
- Trapézio
- Eretor da espinha
- Reto do abdome
- Músculos do jarrete
- Quadríceps femoral

Às vezes denominado "rei dos exercícios" em decorrência de sua eficácia no desenvolvimento de força nos membros inferiores e no dorso, o levantamento terra também é um dos três movimentos executados no levantamento básico de competição.

1 Agache-se de modo que seus pés fiquem sob a barra, e ela fique apoiada na face anterior das pernas. Segure a barra com pegadas alternadas para impedir sua rotação; as mãos devem ficar mais afastadas que a largura dos ombros.

3 Continue levantando como se estivesse empurrando o solo para baixo com os pés, até ficar ereto e com os joelhos estendidos.

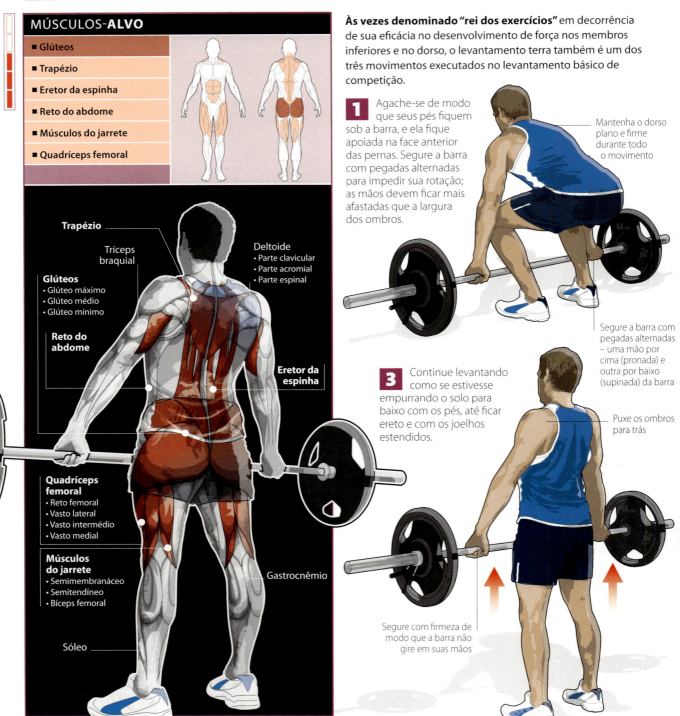

Mantenha o dorso plano e firme durante todo o movimento

Segure a barra com pegadas alternadas – uma mão por cima (pronada) e outra por baixo (supinada) da barra

Puxe os ombros para trás

Segure com firmeza de modo que a barra não gire em suas mãos

Trapézio

Tríceps braquial

Glúteos
- Glúteo máximo
- Glúteo médio
- Glúteo mínimo

Reto do abdome

Deltoide
- Parte clavicular
- Parte acromial
- Parte espinal

Eretor da espinha

Quadríceps femoral
- Reto femoral
- Vasto lateral
- Vasto intermédio
- Vasto medial

Músculos do jarrete
- Semimembranáceo
- Semitendíneo
- Bíceps femoral

Gastrocnêmio

Sóleo

MEMBROS INFERIORES 87

2 Comece a levantar a barra com um impulso longo e forte nos membros inferiores, estendendo os joelhos e os quadris. Seus joelhos devem estar flexionados quando a barra passar por eles.

Mantenha a barra próxima ao corpo durante o levantamento

Retraia as escápulas

Empurre os quadris em direção à barra

Não se esqueça de manter os pés firmemente em contato com o solo

Afaste os pés

VARIAÇÃO

O uso de halteres para o levantamento terra envolve mais músculos para controlar e estabilizar o movimento. Essa é uma boa maneira de desenvolver força e técnica para levantamentos mais pesados com barra. Comece com pesos leves para determinar sua amplitude de movimento. Da mesma forma que no levantamento com barra, mantenha o dorso plano e os pesos próximos ao corpo; não pare na parte mais baixa do movimento, nem permita o "rechaço" dos pesos ao abaixá-los.

ATENÇÃO!

A técnica correta de levantamento é fundamental nesse exercício. Nunca levante com a coluna flexionada: isso não só tornará o exercício ineficaz, como você ainda correrá maior risco de lesão na coluna. Sempre levante e abaixe ombros e quadris ao mesmo tempo. Mantenha a barra próxima ao corpo e não a jogue no solo ao final do movimento; sempre a abaixe de forma controlada.

4 Destrave os joelhos. Mantendo o dorso firme e plano e a cabeça levantada, comece a abaixar a barra de forma controlada. Seus joelhos devem estar flexionados quando a barra passar por eles.

Abaixe a barra de forma controlada

Movimente os quadris para baixo e para trás

5 Movimente os quadris e os ombros juntos e devagar quando abaixar a barra de volta à posição inicial. Não jogue a barra.

Retraia os ombros

Flexione os joelhos

88 TREINAMENTO DE FORÇA

LEVANTAMENTO TERRA ROMANO

MÚSCULOS-ALVO
- Quadríceps femoral
- Glúteos
- Músculos do jarrete
- Eretor da espinha

Esse movimento realiza um bom trabalho de equilíbrio em seus quadríceps, com desenvolvimento dos músculos do jarrete e glúteos – músculos que estendem os quadris. O levantamento terra romano constitui um excelente, embora difícil, complemento para seu programa geral de treinamento, especialmente se você deseja melhorar a potência e a velocidade dos membros inferiores.

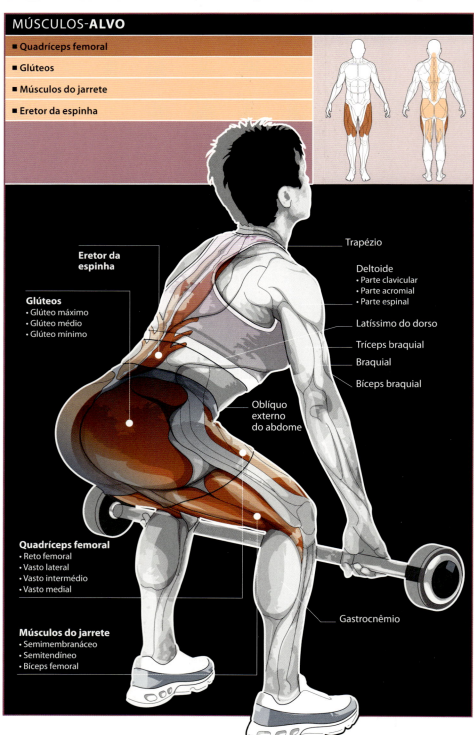

Eretor da espinha

Glúteos
• Glúteo máximo
• Glúteo médio
• Glúteo mínimo

Quadríceps femoral
• Reto femoral
• Vasto lateral
• Vasto intermédio
• Vasto medial

Músculos do jarrete
• Semimembranáceo
• Semitendíneo
• Bíceps femoral

Trapézio

Deltoide
• Parte clavicular
• Parte acromial
• Parte espinal

Latíssimo do dorso

Tríceps braquial

Braquial

Bíceps braquial

Oblíquo externo do abdome

Gastrocnêmio

VARIAÇÃO

Ao treinar com cargas pesadas, você deve utilizar um suporte ajustado à sua altura. Nesse caso, utilize pegadas alternadas (uma mão por cima e outra por baixo da barra) para impedir que a barra gire. Você também pode usar faixas de punho, que proporcionam proteção e aumentam a preensão.

MEMBROS INFERIORES 89

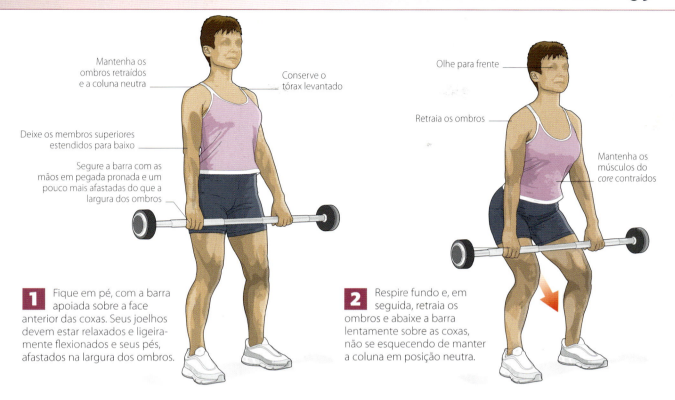

Mantenha os ombros retraídos e a coluna neutra

Conserve o tórax levantado

Deixe os membros superiores estendidos para baixo

Segure a barra com as mãos em pegada pronada e um pouco mais afastadas do que a largura dos ombros

Olhe para frente

Retraia os ombros

Mantenha os músculos do *core* contraídos

1 Fique em pé, com a barra apoiada sobre a face anterior das coxas. Seus joelhos devem estar relaxados e ligeiramente flexionados e seus pés, afastados na largura dos ombros.

2 Respire fundo e, em seguida, retraia os ombros e abaixe a barra lentamente sobre as coxas, não se esquecendo de manter a coluna em posição neutra.

ATENÇÃO!

O desempenho seguro e eficaz desse exercício está sujeito a manutenção da posição neutra do dorso. Não se curve para frente ou tente descer o peso abaixo dos joelhos. Esteja ciente de que este é um movimento avançado, desenvolvido inicialmente para ajudar os halterofilistas no treinamento para a primeira parte do arremesso ou do arranque. Os iniciantes devem executar perfeitamente o movimento com uma barra sem carga e não tentar muitas repetições.

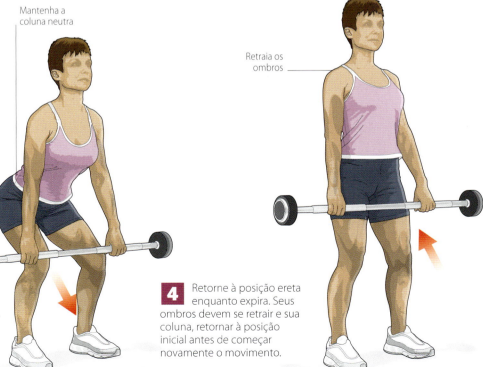

Mantenha a coluna neutra

Retraia os ombros

3 Abaixe a barra na direção dos joelhos, mantendo-a bem próxima ao corpo. Os ombros devem se movimentar para frente, adiante da barra, enquanto os quadris se deslocam para trás.

4 Retorne à posição ereta enquanto expira. Seus ombros devem se retrair e sua coluna, retornar à posição inicial antes de começar novamente o movimento.

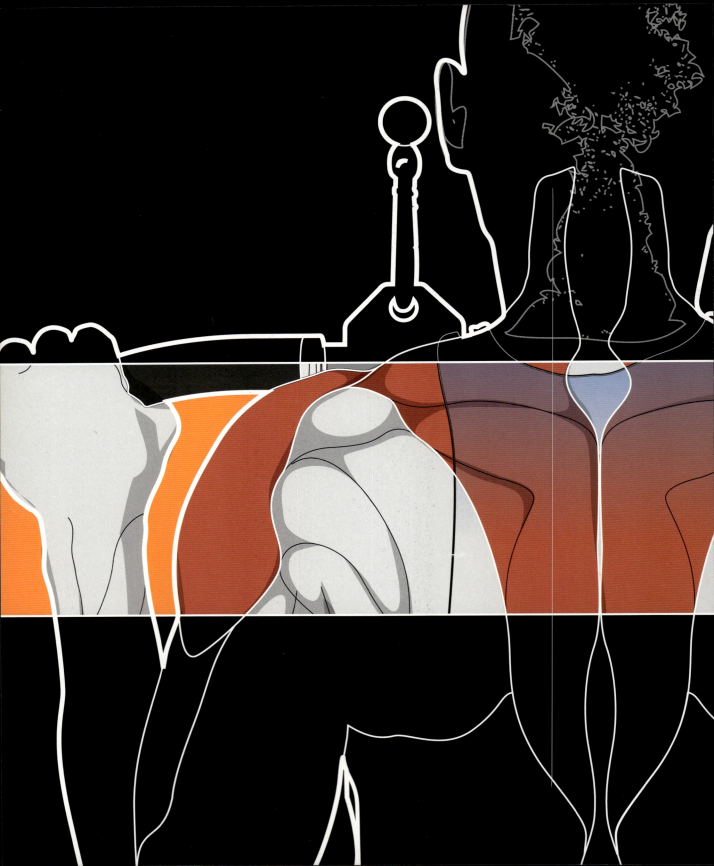

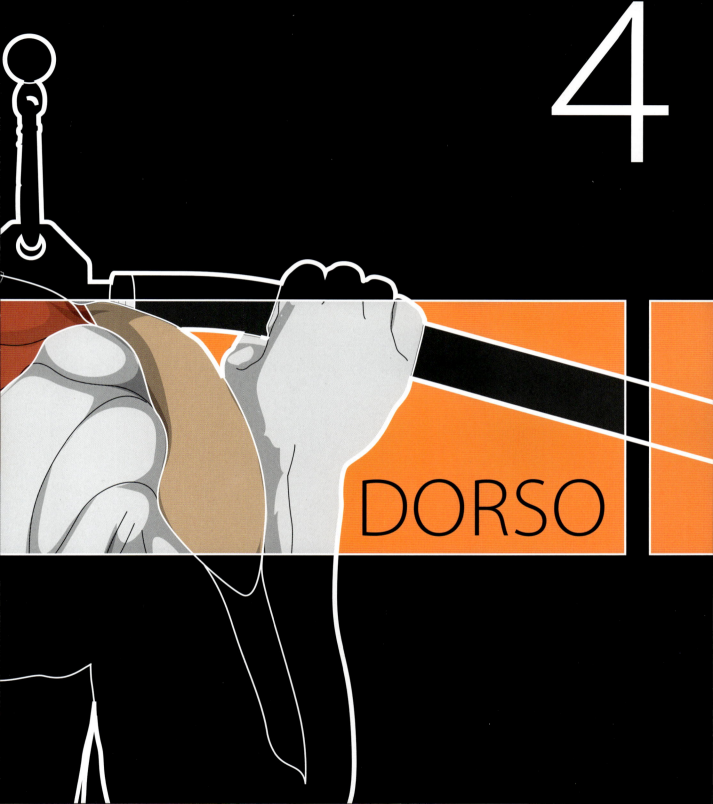

TRAÇÃO NA BARRA FIXA COM AUXÍLIO

MÚSCULOS-ALVO
- Latíssimo do dorso
- Bíceps braquial
- Redondo maior

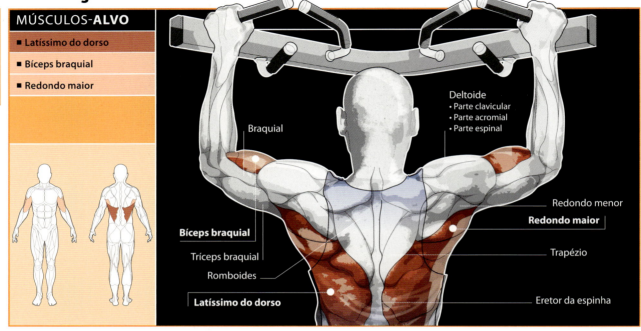

Essa é uma ótima maneira de trabalhar os grandes músculos do dorso e praticar o movimento de tração na barra fixa (ver p. 94) se você não tiver a força necessária para levantar seu corpo todo. Lembre-se de que quanto mais peso você adicionar à pilha, mais fácil ficará o exercício.

1 Selecione o peso na pilha e suba nos apoios para os pés. Escolha a pegada (ver p. 94) e depois se ajoelhe nos apoios almofadados (com um joelho e depois o outro), mantendo os membros superiores estendidos.

2 Flexione os cotovelos e os ombros e utilize os latíssimos para levantar o corpo. Mantenha o corpo reto; expire ao subir e inspire ao descer.

3 Levante o corpo até que o mento esteja acima da linha dos apoios manuais. Faça uma pausa e, em seguida, abaixe o corpo fazendo o movimento inverso até que os membros superiores estejam totalmente estendidos.

PUXADA PELA FRENTE

MÚSCULOS-ALVO
- Latíssimo do dorso
- Bíceps braquial
- Trapézio
- Parte espinal do deltoide

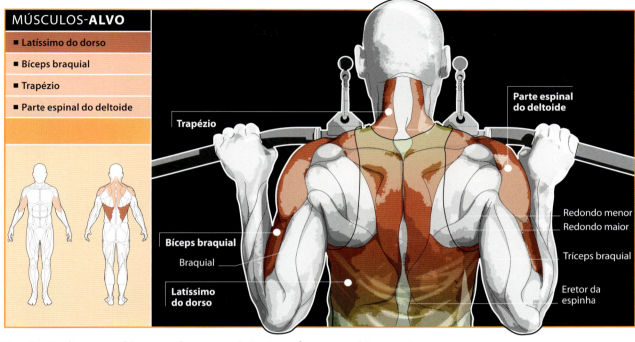

Esse é outro bom exercício para o dorso se você não tiver a força necessária na parte superior do corpo para levantar-se na barra fixa. Você pode aumentar a resistência de modo a se fortalecer gradualmente.

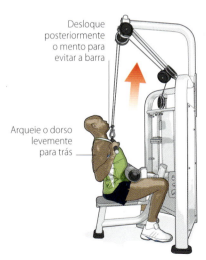

1 Selecione a resistência desejada na pilha. Segure a barra com as pegadas um pouco mais afastadas que a largura dos ombros e, em seguida, sente-se e posicione a parte superior das coxas sob os apoios.

2 Incline o corpo levemente para trás e puxe a barra para baixo até a parte superior do tórax; não se esqueça de manter os cotovelos próximos da parte superior do corpo.

3 Depois que a barra tocar a parte superior do seu tórax, deixe-a retornar lenta e controladamente até que seus braços estejam completamente estendidos.

TRAÇÃO NA BARRA FIXA

MÚSCULOS-ALVO
- Latíssimo do dorso
- Redondo maior
- Trapézio
- Bíceps braquial

Um dos mais eficazes para desenvolver força no dorso, esse exercício desafiador é ideal no treinamento para esportes que envolvem imobilização e combate corporal. No início, comece com a versão com auxílio (ver p. 92) para aumentar a força e promover o desenvolvimento muscular.

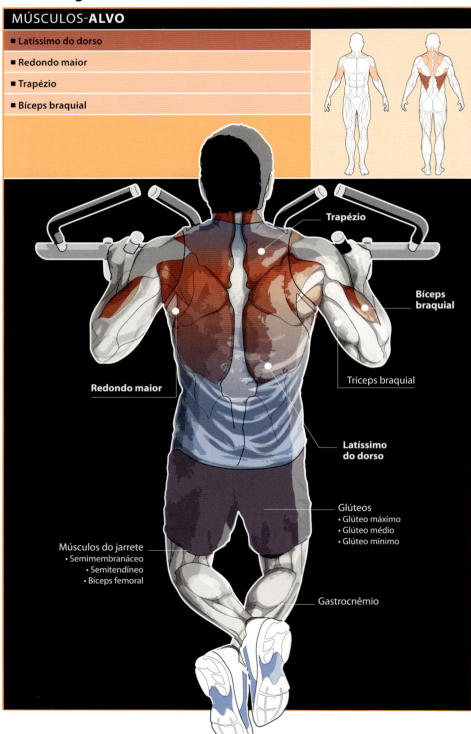

VARIAÇÃO

Tente variar as pegadas e a distância entre elas. A pegada pronada usa pouco o bíceps, portanto, é mais difícil que a pegada supinada. Pegadas mais próximas exigem mais dos pequenos músculos do ombro, enquanto pegadas mais afastadas exigem maior trabalho dos latíssimos, porém sobrecarregam os cotovelos.

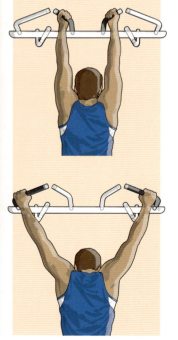

DORSO 95

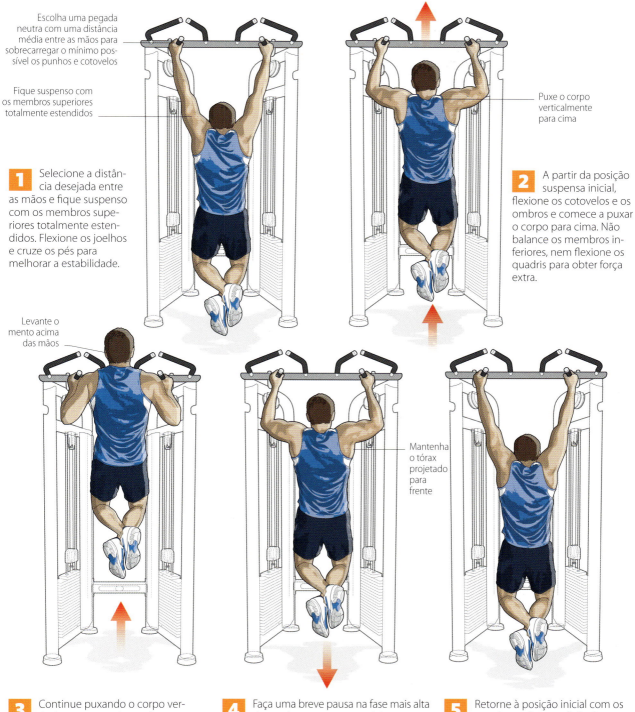

Escolha uma pegada neutra com uma distância média entre as mãos para sobrecarregar o mínimo possível os punhos e cotovelos

Fique suspenso com os membros superiores totalmente estendidos

1 Selecione a distância desejada entre as mãos e fique suspenso com os membros superiores totalmente estendidos. Flexione os joelhos e cruze os pés para melhorar a estabilidade.

Puxe o corpo verticalmente para cima

2 A partir da posição suspensa inicial, flexione os cotovelos e os ombros e comece a puxar o corpo para cima. Não balance os membros inferiores, nem flexione os quadris para obter força extra.

Levante o mento acima das mãos

Mantenha o tórax projetado para frente

3 Continue puxando o corpo verticalmente para cima até que o mento ultrapasse o nível das mãos. Mantenha os ombros retraídos.

4 Faça uma breve pausa na fase mais alta do movimento e, em seguida, comece a abaixar o corpo de modo lento e controlado. Olhe para frente e não para o solo.

5 Retorne à posição inicial com os membros inferiores alinhados com o tronco e os membros superiores totalmente estendidos – não trapaceie tentando parar pouquíssimo tempo embaixo.

REMADA SENTADA COM CABO

MÚSCULOS-ALVO
- Latíssimo do dorso
- Redondo maior
- Trapézio

Esse é um exercício-chave para o desenvolvimento muscular e o aumento de força no dorso. No entanto, uma boa técnica é importante se você deseja obter ótimos resultados de forma segura.

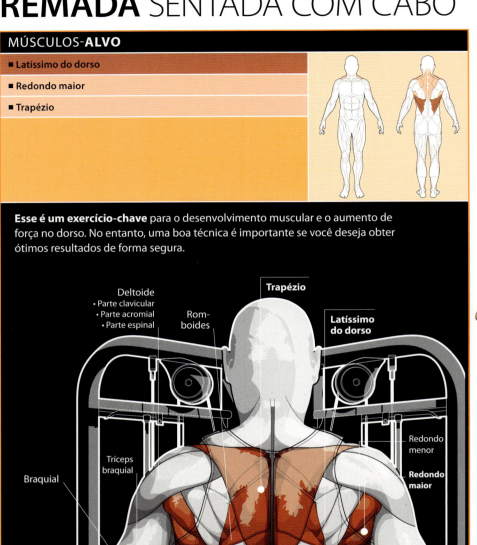

VARIAÇÃO

A remada sentada unilateral com cabo permite trabalhar isoladamente cada membro superior. Isso ajuda a equilibrar o desenvolvimento do latíssimo, pois o lado mais fraco não pode ser auxiliado pelo lado mais forte. Selecione um peso menor que aquele que você utilizaria para o exercício com as duas mãos e mantenha o membro "livre" à sua frente ou apoiado sobre a coxa. Cuidado para manter a postura correta durante todo o movimento e, quando completar a série com um membro superior, trabalhe o outro lado do mesmo modo.

ATENÇÃO!

Para evitar lesão no dorso, não se esqueça de manter os joelhos flexionados e não curve o dorso. Não deixe o peso puxá-lo para frente e evite inclinar-se para trás a fim de tirar vantagem da ação de alavanca. O puxador (ou barra) deve ser tracionado para trás na horizontal, e seu movimento deve ser lento, contínuo e regular.

DORSO 97

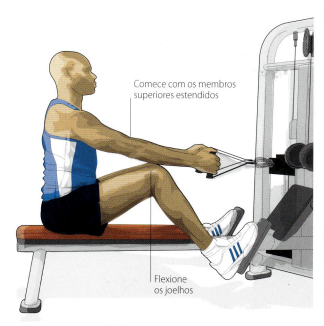

1 Selecione a resistência desejada na pilha de pesos. Empurre com os membros inferiores até que os superiores estejam em completa extensão e o dorso em posição neutra. Flexione os joelhos em aproximadamente 90°.

2 Movimente os cotovelos para trás, mantendo a coluna em posição neutra e o tronco ereto. Mantenha os pés firmes nos apoios do aparelho.

3 Tracione o puxador (ou barra) para trás, em direção ao corpo, no nível superior do abdome. Leve os cotovelos para trás o máximo possível. Expire enquanto puxa.

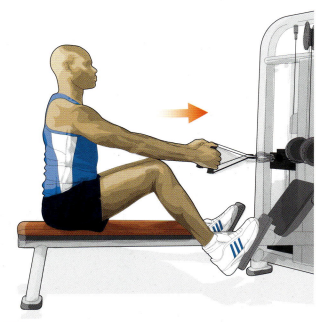

4 Na fase de retorno, estenda os membros superiores de modo controlado enquanto inspira. Não permita que o peso o puxe em direção à pilha.

REMADA EM PÉ COM CABO

MÚSCULOS-ALVO
- Latíssimo do dorso
- Trapézio
- Bíceps braquial

Esse exercício o ajudará a obter ótimos resultados em termos de força e desenvolvimento do dorso com risco mínimo de lesão.

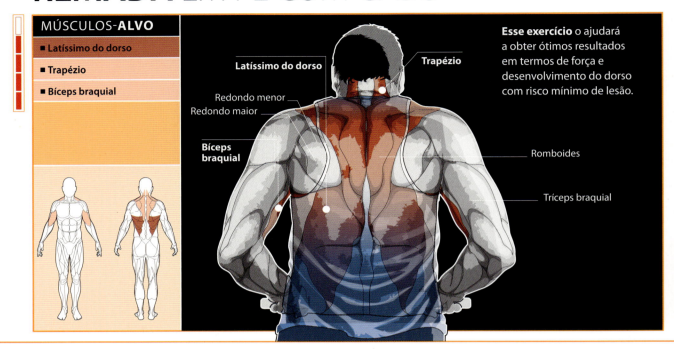

REMADA UNILATERAL

MÚSCULOS-ALVO
- Latíssimo do dorso
- Parte espinal do deltoide
- Bíceps braquial

Esse exercício é fácil, e com ele é possível obter ótimos resultados em termos de força e desenvolvimento do dorso, com risco mínimo de lesão.

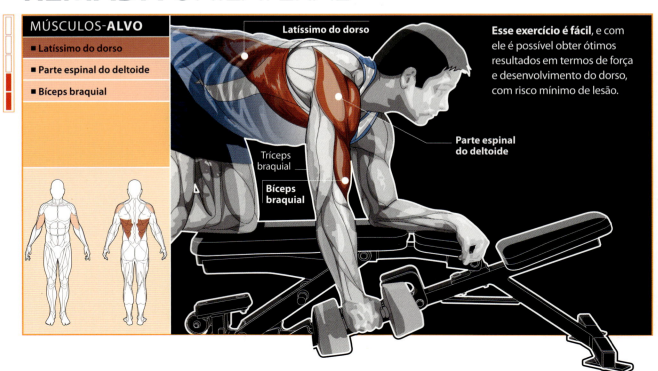

DORSO

1 Ajuste a polia embaixo e selecione o peso desejado na pilha. Fique em pé segurando a barra e agache um pouco.

2 Mantenha a posição agachada e o dorso plano. Puxe a barra em direção à parte superior do abdome.

3 Puxe a barra sem parar até seu corpo. Faça uma breve pausa e, em seguida, retorne à posição inicial de modo lento e controlado, com os membros superiores estendidos.

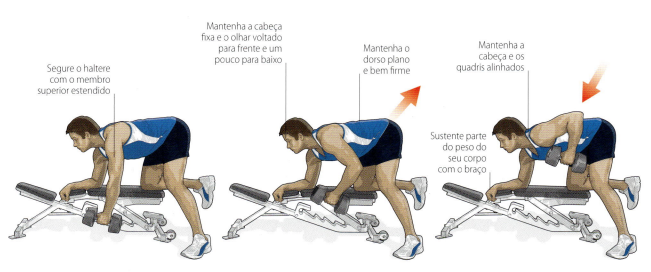

1 Apoie um dos joelhos em um banco. Mantendo o dorso plano, estabilize o corpo apoiando o membro superior livre. Segure o haltere com a outra mão.

2 Mantenha o dorso plano e os ombros no mesmo nível. Levante o haltere em direção ao corpo com o cotovelo direcionado para cima.

3 Levante o cotovelo o mais alto possível antes de retornar com prudência à posição inicial. Complete a série e repita o exercício com o outro membro superior.

REMADA INCLINADA COM BARRA

MÚSCULOS-ALVO
- Latíssimo do dorso
- Redondo maior
- Bíceps braquial
- Glúteos
- Quadríceps femoral
- Músculos do jarrete

Esse é um dos exercícios mais importantes para os músculos largos do dorso – os latíssimos do dorso – e lhe conferirá o clássico aspecto de "V". Esse exercício multi-articular desenvolve uma boa postura, ajuda a prevenir lesões no dorso e também permite um trabalho completo da parte inferior do corpo e do *core*.

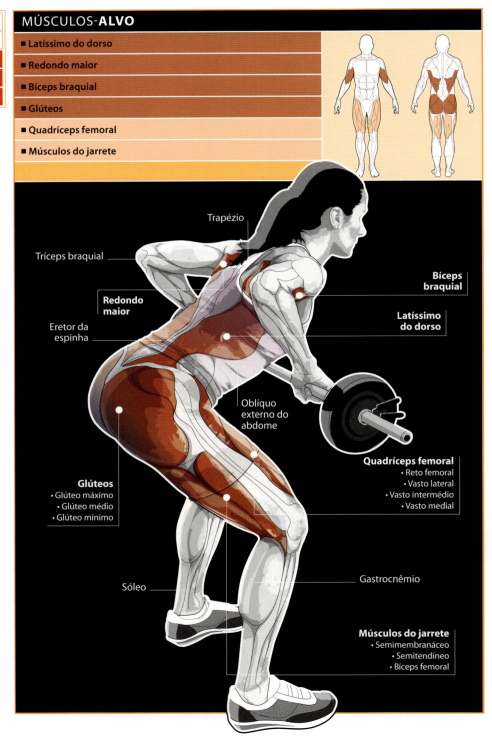

ATENÇÃO!

Mantenha o dorso plano; se você deixá-lo se curvar e perder a posição neutra plana, ocorrerá um aumento drástico das forças que agem na região inferior da coluna e do risco de lesão. Não deixe os ombros caírem para frente durante o levantamento ou depois, quando estiver levando a barra até o solo.

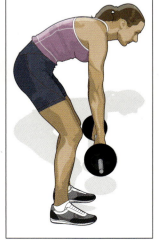

DORSO 101

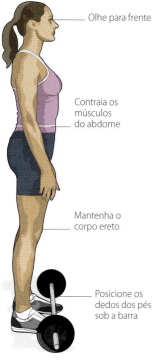

1 Fique em pé com a face voltada para frente, os músculos do *core* contraídos e os dedos dos pés sob a barra. Retraia os ombros, deslocando-os levemente para baixo, tornando o dorso côncavo.

2 Flexione os joelhos acima da barra e abaixe o corpo, mantendo a coluna neutra. Mantenha os pés afastados na largura dos ombros e o olhar sempre voltado para frente.

3 Segure a barra com pegadas pronadas, mantendo os membros superiores afastados, nas laterais dos joelhos. Mantenha o dorso plano, os calcanhares apoiados no solo e a face voltada para frente.

4 Estenda parcialmente os membros inferiores e mantenha o ângulo do dorso constante quando a barra estiver logo abaixo dos joelhos. Seu corpo deve estar estável e com os quadris fixos.

5 Puxe a barra para cima, flexionando os membros superiores e levantando os cotovelos até que ela toque seu corpo. Faça uma breve pausa, em seguida estenda os cotovelos, retorne à posição inicial (passo 3) e repita o movimento.

6 No final da série, abaixe a barra até o solo flexionando os joelhos e mantendo o dorso em ângulo constante. Não balance o peso em qualquer etapa do exercício.

PULL-OVER COM BARRA

MÚSCULOS-ALVO

- Peitorais
- Latíssimo do dorso
- Tríceps braquial

VARIAÇÃO

Você pode executar esse exercício com pegadas próximas, utilizando uma barra W ou um único haltere. Em todas essas variações, você pode flexionar levemente os membros superiores ao executar o movimento para baixo. Isso permite uma grande amplitude de movimento e exige mais do tríceps braquial. De todo modo, certifique-se de que seus pés estejam em contato com o solo.

Esse é um excelente exercício para desenvolver o tórax e melhorar a postura da parte superior do corpo e é útil no treinamento para esportes de arremesso ou artes marciais. No entanto, você deve evitá-lo se tiver qualquer problema nos ombros.

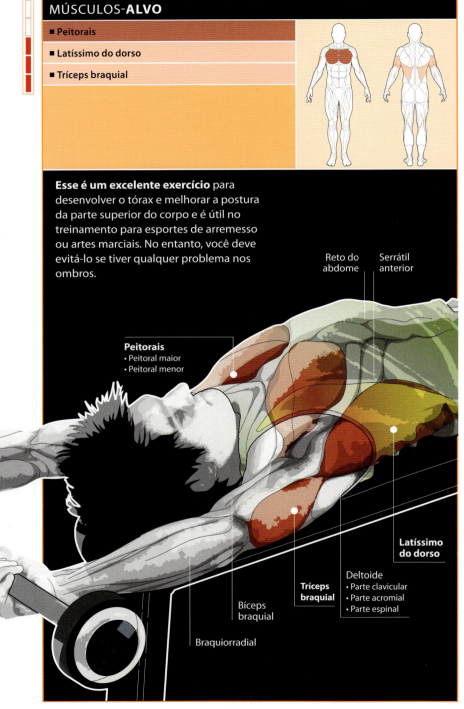

Variação com barra W

Variação com haltere

ATENÇÃO!

O uso de peso excessivo nesse exercício pode fazer o seu dorso se curvar, o que pode causar lesão nos discos intervertebrais. Sempre use um peso leve o bastante que o permita manter a posição correta em toda a amplitude do movimento.

DORSO 103

1 Deite em um banco com a cabeça próxima a uma das extremidades e apoiada sobre ele, assim como os ombros e os glúteos. Mantenha os pés em contato com o solo para dar estabilidade. Segure a barra com as mãos afastadas um pouco além da largura dos ombros e alinhadas com a parte superior do tórax.

2 Abaixe a barra acima da cabeça até a posição horizontal ou o máximo que a mobilidade dos ombros permitir. Você deve sentir uma leve tensão no tórax. Tente manter os membros superiores estendidos, embora você possa flexionar levemente os cotovelos se for mais confortável. Inspire enquanto abaixa a barra.

3 Faça uma pausa breve no extremo do movimento e, em seguida, mantendo os membros superiores estendidos, levante a barra até a posição inicial, enquanto expira.

4 Ao retornar à posição inicial, verifique o alinhamento do corpo e a posição dos pés antes de iniciar a próxima repetição.

FLEXÃO DO TRONCO COM BARRA

MÚSCULOS-ALVO
- Glúteos
- Músculos do jarrete
- Eretor da espinha

Você pode usar esse exercício como preparação para agachamentos e levantamentos terra. Ele trabalha os glúteos e os músculos do jarrete, enquanto os eretores da espinha mantêm seu dorso plano. À medida que sua flexibilidade aumenta, você se torna capaz de abaixar a parte superior do corpo de modo que ela fique paralela ao solo.

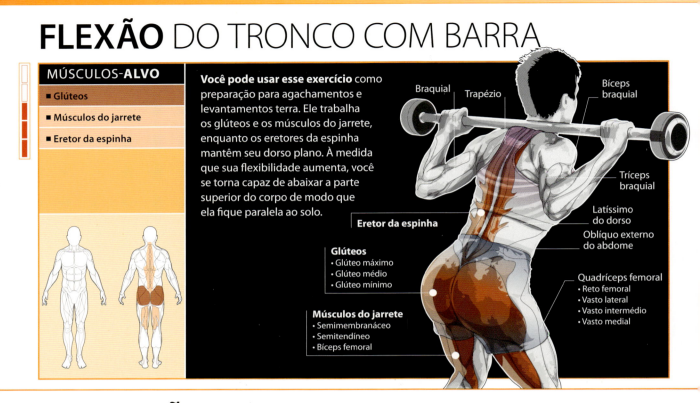

Braquial — Trapézio — Bíceps braquial — Tríceps braquial — Latíssimo do dorso — Oblíquo externo do abdome — Quadríceps femoral • Reto femoral • Vasto lateral • Vasto intermédio • Vasto medial

Eretor da espinha

Glúteos
• Glúteo máximo
• Glúteo médio
• Glúteo mínimo

Músculos do jarrete
• Semimembranáceo
• Semitendíneo
• Bíceps femoral

EXTENSÃO LOMBAR

MÚSCULOS-ALVO
- Eretor da espinha
- Glúteos
- Músculos do jarrete
- Quadrado do lombo

Esse é um ótimo exercício para o *core*. Ele flexiona o corpo em torno das articulações dos quadris enquanto mantém a coluna neutra. A flexibilidade dos músculos do jarrete determinará o grau de flexão que você poderá obter.

Trapézio — Deltoide • Parte clavicular • Parte acromial • Parte espinal — Latíssimo do dorso — Oblíquo externo do abdome — Glúteos • Glúteo máximo • Glúteo médio • Glúteo mínimo

Eretor da espinha

Quadrado do lombo (músculo profundo)

Músculos do jarrete
• Semimembranáceo
• Semitendíneo
• Bíceps femoral

DORSO 105

1 Com o corpo ereto, posicione a barra atrás do pescoço e sobre a parte superior do dorso. Mantenha os joelhos levemente flexionados e a coluna neutra.

2 Flexione levemente os joelhos e os quadris e comece a flexionar o tronco devagar. Mantenha o mento levantado – isso impedirá que seu dorso seja curvado.

3 Flexione o tronco para frente na região dos quadris. Continue abaixando o tórax, mantendo o dorso neutro e flexionando levemente os joelhos.

4 Flexione o máximo possível: com a prática seu dorso poderá ficar paralelo ao solo. Retorne à posição inicial enquanto expira.

1 Posicione as coxas sobre os apoios da cadeira romana de modo que os quadris tenham liberdade de flexão. Seus pés devem ficar apoiados nos suportes, a coluna neutra, e os cotovelos direcionados para lateral.

2 Flexione os quadris e abaixe a parte superior do corpo em direção ao solo. Mantenha o dorso plano. Interrompa a flexão quando a flexibilidade dos músculos do jarrete restringir o movimento.

3 Retorne à posição inicial contraindo os músculos do jarrete, glúteos e eretores da espinha. Não estenda o tronco além da posição inicial, pois isso pode causar lesão lombar.

REMADA PRONADA

MÚSCULOS-ALVO
- Trapézio
- Parte espinal do deltoide
- Bíceps braquial

Esse movimento de remada com halteres é ótimo para desenvolver a parte superior do dorso e fortalecer o *core*. Em vez de usar um banco, você pode fazê-la em uma bola de estabilidade, exercitando assim seus estabilizadores.

PUXADA COM OS MEMBROS SUPERIORES ESTENDIDOS COM POLIA ALTA

MÚSCULOS-ALVO
- Latíssimo do dorso
- Redondo maior
- Trapézio

Esse importante exercício para a parte superior do dorso utiliza os estabilizadores do *core*, os quadríceps femorais e os glúteos para manter você na posição. Evite-o se você tiver qualquer problema nos ombros.

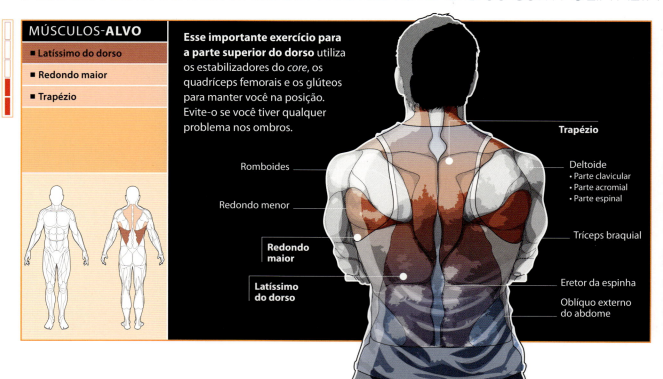

DORSO 107

ATENÇÃO!
Mantenha os quadris apoiados no banco e não levante ou gire a cabeça, ou flexione o pescoço. O tronco e os membros inferiores devem permanecer na mesma posição o tempo todo.

Apoie os pés no suporte do banco

Segure os pesos com os membros superiores estendidos

Retraia firmemente as escápulas no fim do movimento

Mantenha os cotovelos alinhados com os punhos

1 Posicione o corpo em um banco inclinado a 45°. Segure os halteres com pegadas pronadas e apoie o tórax no encosto do banco.

2 Flexione os cotovelos, levando os braços para trás o máximo possível, enquanto os mantém em ângulo reto com o tronco.

3 Faça uma pausa breve na fase mais alta do movimento e, em seguida, abaixe os pesos de modo lento e controlado até a posição inicial.

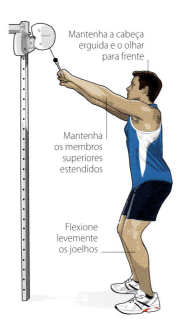

Mantenha a cabeça erguida e o olhar para frente

Mantenha os membros superiores estendidos

Flexione levemente os joelhos

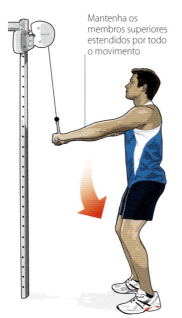

Mantenha os membros superiores estendidos por todo o movimento

Mantenha o corpo bem posicionado

Não flexione os quadris para ajudar a "forçar para baixo" o peso

1 Ajuste a polia no alto e selecione o peso desejado. Segure uma barra reta com pegada pronada. Mantenha os membros inferiores e os glúteos estáveis.

2 Puxe lentamente a barra para baixo com movimento controlado. Não se incline ou deixe que seu peso seja deslocado para frente durante o movimento.

3 Puxe a barra continuamente para baixo, descrevendo um arco até a região superior das coxas. Faça uma pausa breve e, em seguida, retorne lentamente à posição inicial seguindo o mesmo arco.

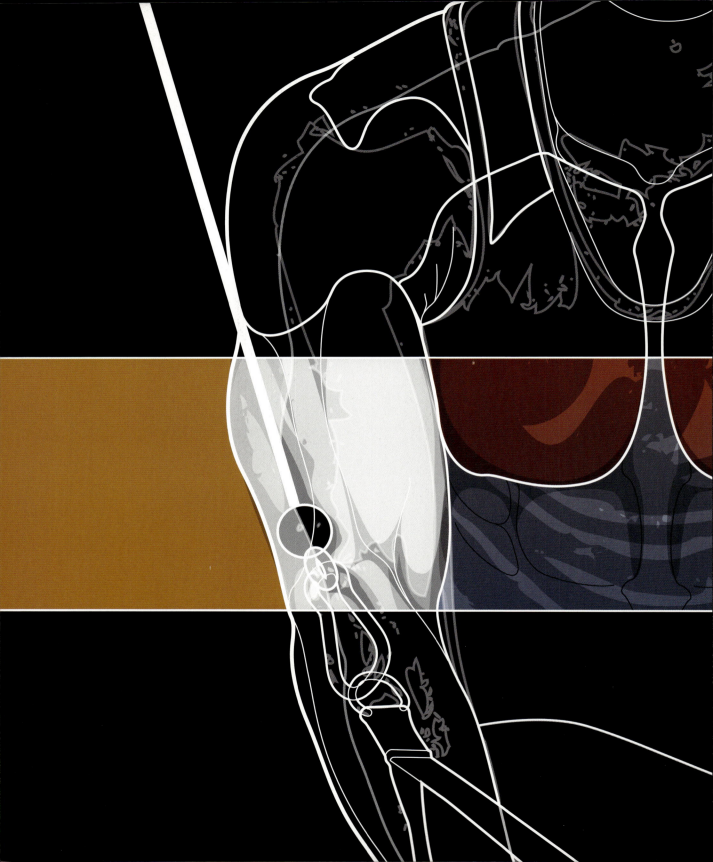

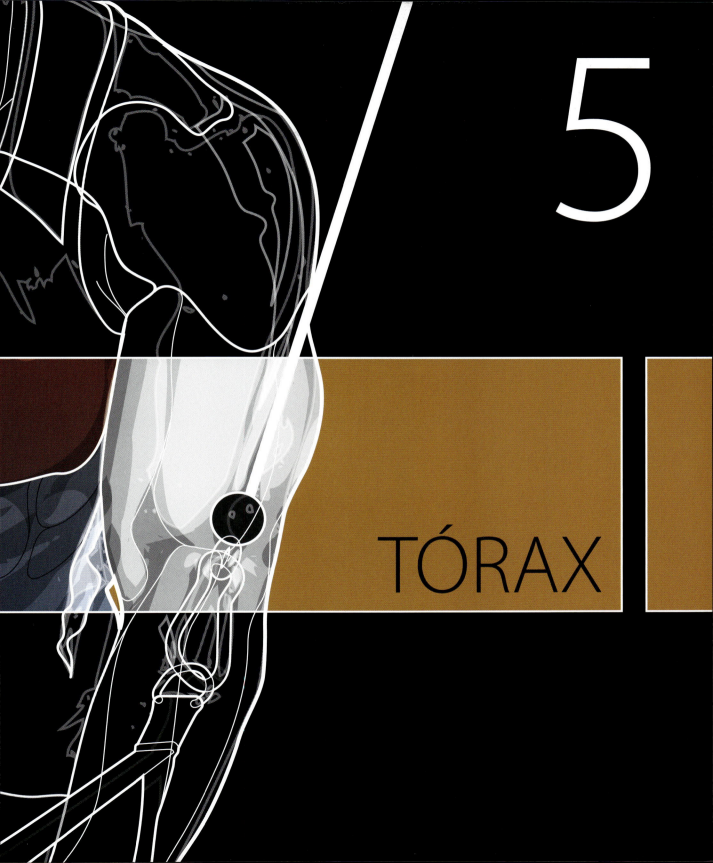
5
TÓRAX

SUPINO PLANO COM BARRA

MÚSCULOS-ALVO
- Peitorais
- Tríceps braquial
- Parte clavicular do deltoide

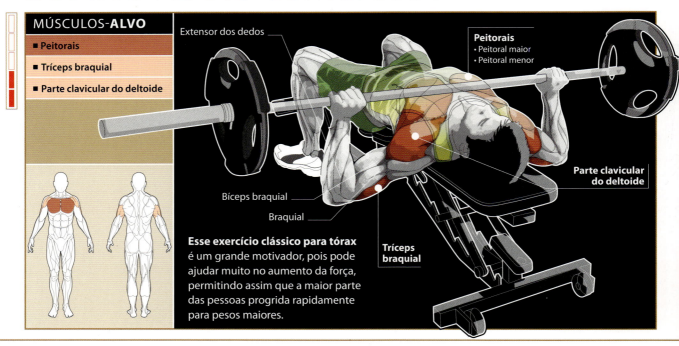

Esse exercício clássico para tórax é um grande motivador, pois pode ajudar muito no aumento da força, permitindo assim que a maior parte das pessoas progrida rapidamente para pesos maiores.

SUPINO PLANO COM HALTERES

MÚSCULOS-ALVO
- Peitorais
- Tríceps braquial
- Parte clavicular do deltoide

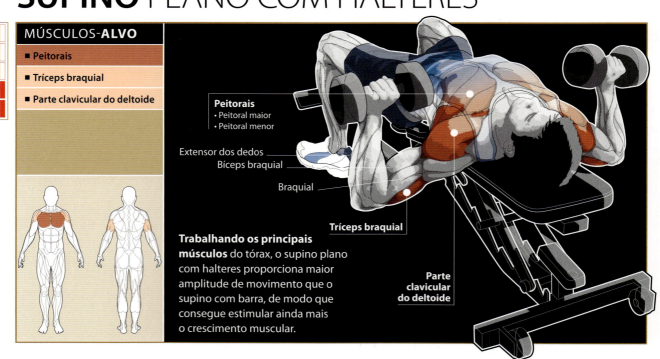

Trabalhando os principais músculos do tórax, o supino plano com halteres proporciona maior amplitude de movimento que o supino com barra, de modo que consegue estimular ainda mais o crescimento muscular.

TÓRAX 111

1 Levante a barra do suporte e segure-a acima das clavículas. Cabeça, ombros e nádegas devem permanecer firmemente apoiados no banco.

2 Inspire e abaixe a barra até a porção média do tórax. Flexione os cotovelos, abaixando os membros superiores até que os antebraços estejam verticais no ponto mais baixo.

3 Empurre a barra para cima pelo mesmo arco da descida. Termine cada repetição acima do tórax com os membros superiores estendidos.

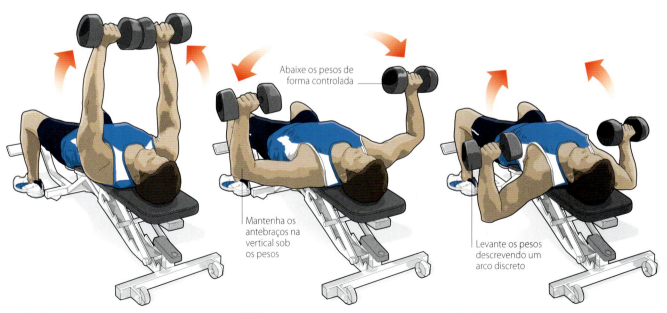

1 Levante os halteres acima das clavículas. Estabilize o corpo mantendo ombros, cabeça e quadris pressionados firmemente contra o banco.

2 Abaixe os halteres ao mesmo tempo de modo lento e controlado, mantendo-os alinhados com a porção média do tórax.

3 Empurre os pesos para cima, descrevendo um arco discreto, até que estejam novamente acima do tórax.

SUPINO INCLINADO COM BARRA

MÚSCULOS-ALVO
- Peitorais
- Tríceps braquial
- Parte clavicular do deltoide

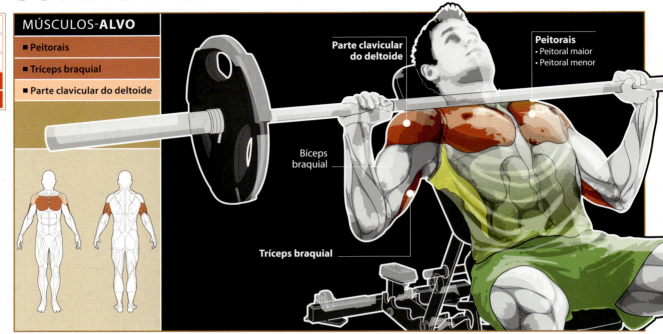

Esse é um dos movimentos básicos para desenvolvimento do tórax. Você conseguirá levantar menos peso no banco inclinado do que no plano porque os pequenos músculos do ombro também são usados.

1 Segure firmemente a barra com as mãos mais afastadas que a largura dos ombros. Mantenha os pés em contato com o solo e levante a barra do suporte.

2 Abaixe a barra até a parte mais alta do tórax de modo que os antebraços fiquem quase verticais sob ela. Mantenha os ombros encostados no banco.

3 Mantendo a cabeça apoiada no encosto e a coluna neutra, estenda os membros superiores até que a barra atinja a posição inicial.

SUPINO INCLINADO COM HALTERES

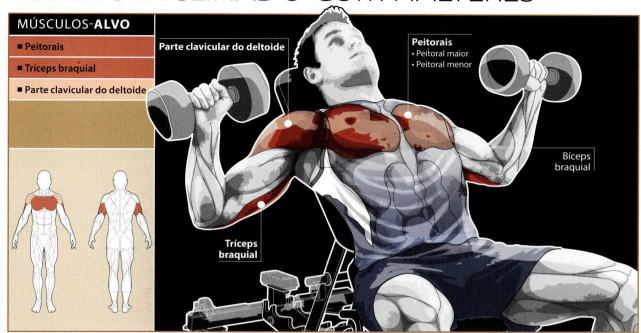

Similar ao supino inclinado com barra, esse exercício permite maior amplitude de movimento e, portanto, tem mais valor e é mais eficaz, em termos funcionais, no treinamento para esportes.

ATENÇÃO!
Certifique-se de levantar e abaixar os pesos juntos, de maneira uniforme. Evite arremessar ou balançar seu corpo para "empurrá-los" para cima. No início, segure os halteres diretamente acima dos ombros para manter o corpo bem estabilizado.

1 Levante os halteres acima dos ombros com os membros superiores estendidos. Os halteres devem se tocar no ponto mais alto do movimento.

2 Abaixe lenta e uniformemente os halteres até o ponto em que seus braços estejam quase na vertical e os pesos no nível dos ombros.

3 Levante os pesos de volta à posição inicial, descrevendo um arco discreto. Estenda completamente os membros superiores e deixe os halteres se tocarem de leve.

CRUCIFIXO INCLINADO COM HALTERES

MÚSCULOS-ALVO
- Peitorais
- Parte clavicular do deltoide

Esse exercício popular para **tórax** com halteres também ajuda a desenvolver os ombros. Excelente exercício complementar ao supino inclinado (ver p. 112), ele proporciona maior amplitude de movimento para trabalhar os grandes músculos do tórax.

VARIAÇÃO
O crucifixo também pode ser realizado em um banco plano. Comece na mesma posição do crucifixo inclinado e utilize o mesmo movimento de "abraço" para aproximar os halteres, descrevendo um arco discreto.

ATENÇÃO!
Cuidado para não exagerar no peso – isso pode determinar uma postura errônea e aumentar o risco de lesões. O uso de carga pesada pode fazer com que você trabalhe mais o tríceps braquial do que os músculos do tórax.

TÓRAX 115

1 Sente-se em um banco inclinado a 45°. Com a palma das mãos voltada para o corpo, levante os halteres acima dos ombros até que eles se toquem levemente. Preste atenção para manter os quadris e o dorso bem apoiados no banco.

- Segure os halteres de modo que se toquem levemente
- Flexione ligeiramente os cotovelos
- Certifique-se de que a região lombar esteja bem apoiada
- Mantenha os pés firmes em contato com o solo

2 Respire fundo e abaixe os halteres de modo lento e controlado, descrevendo um arco amplo. Não permita que os halteres caiam verticalmente ou que seus membros superiores balancem.

- Sinta uma tensão no tórax
- Mantenha um ângulo constante nos cotovelos

3 Termine o movimento quando os halteres estiverem na linha das orelhas e comece a retornar, expirando ao mesmo tempo.

- Movimente os halteres, descrevendo o mesmo arco durante a subida e a descida
- Movimente os membros superiores como em um "abraço"
- Mantenha os cotovelos ligeiramente flexionados

4 Retorne à posição inicial, juntando os pesos acima do corpo de modo lento e controlado.

- Aproxime os pesos com cuidado
- Mantenha os pés firmes em contato com o solo o tempo todo

CROSS-OVER

MÚSCULOS-ALVO
- Peitorais
- Parte clavicular do deltoide

Nesse exercício para tórax e ombros, seu corpo não é sustentado por um banco e, portanto, os músculos estabilizadores do *core* e dos membros inferiores têm de trabalhar para manter você na posição. O uso do aparelho com cabos também exercita seus músculos por uma grande amplitude de movimento.

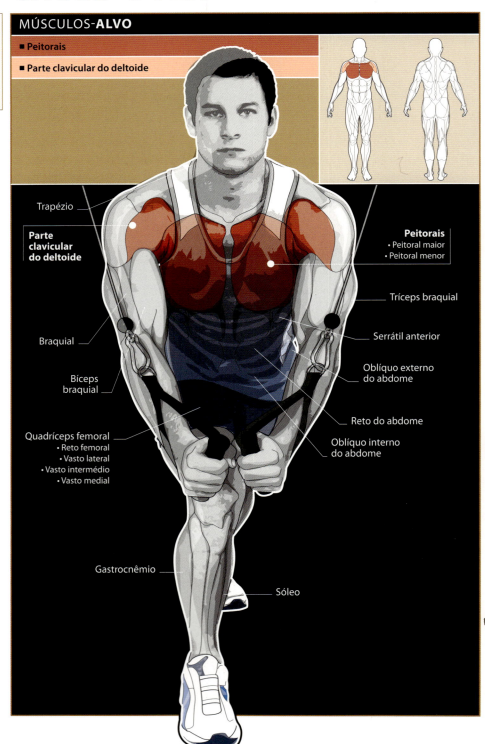

VARIAÇÃO

Você pode executar o *cross-over* com alturas distintas, bastando regular as polias em uma posição baixa ou no nível da cintura. Essas diferentes posições permitem trabalhar os músculos do tórax em ângulos ligeiramente diversos.

TÓRAX 117

1 Ajuste a polia na posição mais alta e selecione o peso desejado na pilha. Inclinando-se um pouco para frente e mantendo os membros inferiores em posição fixa, puxe os cabos da polia para baixo, trazendo-os à frente do corpo. Inspire e movimente os membros superiores para trás em um arco amplo, de modo que eles fiquem atrás do plano do dorso. Essa é a posição inicial.

ATENÇÃO!

Escolha um peso que não seja tão pesado a ponto de puxar seu corpo para trás quando ele estiver em posição fixa. Não use o impulso do corpo para completar o movimento, porque você poderá perder o equilíbrio e sofrer lesões.

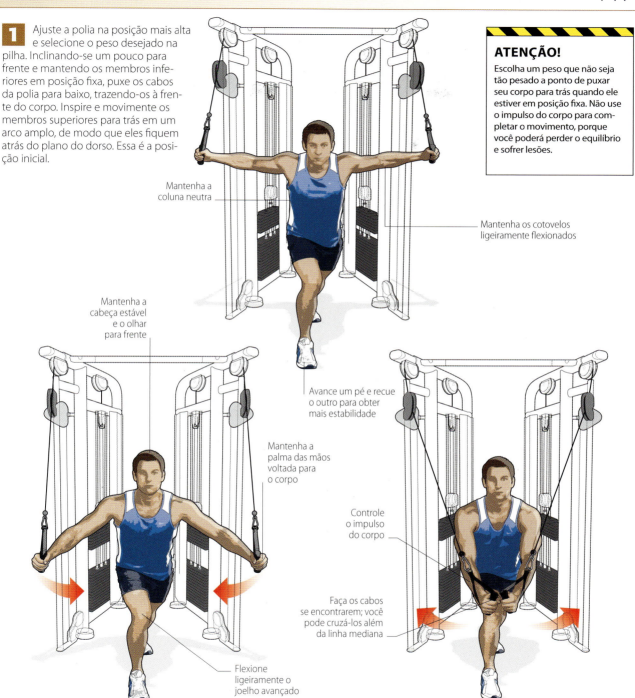

- Mantenha a coluna neutra
- Mantenha os cotovelos ligeiramente flexionados
- Mantenha a cabeça estável e o olhar para frente
- Avance um pé e recue o outro para obter mais estabilidade
- Mantenha a palma das mãos voltada para o corpo
- Controle o impulso do corpo
- Faça os cabos se encontrarem; você pode cruzá-los além da linha mediana
- Flexione ligeiramente o joelho avançado

2 Movimente os membros superiores para baixo e para frente do corpo em um arco amplo – como em um abraço. Mantenha a cabeça erguida e os cotovelos ligeiramente flexionados, enquanto puxa os cabos para frente e para baixo em um ângulo discreto. Expire durante esse esforço.

3 Aproxime as mãos à frente do corpo antes de começar a retornar, invertendo o movimento do arco descrito no passo 2. Certifique-se de que os membros superiores se movimentem à mesma velocidade e que os cotovelos permaneçam levemente flexionados durante todo o movimento.

SUPINO RETO NO APARELHO

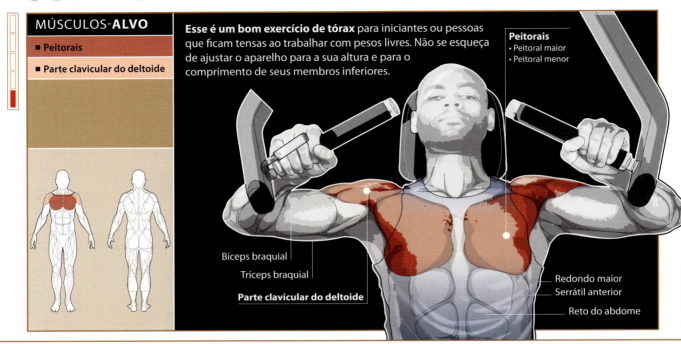

MÚSCULOS-ALVO
- Peitorais
- Parte clavicular do deltoide

Esse é um bom exercício de tórax para iniciantes ou pessoas que ficam tensas ao trabalhar com pesos livres. Não se esqueça de ajustar o aparelho para a sua altura e para o comprimento de seus membros inferiores.

Peitorais
- Peitoral maior
- Peitoral menor

Bíceps braquial
Tríceps braquial
Parte clavicular do deltoide
Redondo maior
Serrátil anterior
Reto do abdome

CRUCIFIXO NO APARELHO

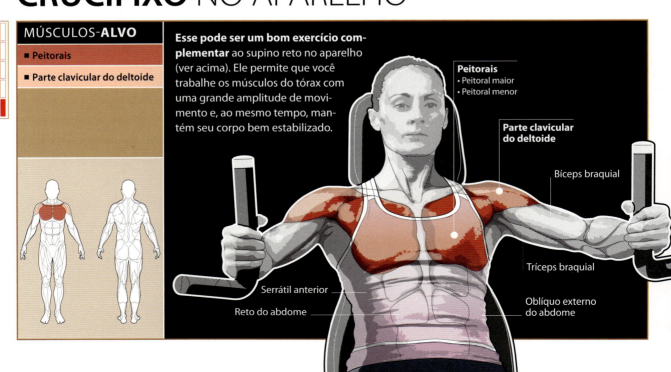

MÚSCULOS-ALVO
- Peitorais
- Parte clavicular do deltoide

Esse pode ser um bom exercício complementar ao supino reto no aparelho (ver acima). Ele permite que você trabalhe os músculos do tórax com uma grande amplitude de movimento e, ao mesmo tempo, mantém seu corpo bem estabilizado.

Peitorais
- Peitoral maior
- Peitoral menor

Parte clavicular do deltoide
Bíceps braquial
Tríceps braquial
Serrátil anterior
Reto do abdome
Oblíquo externo do abdome

TÓRAX 119

1 Selecione o peso desejado na pilha e segure os apoios com pegada pronada, no nível médio do tórax.

2 Inspire fundo e, em seguida, expire ao empurrar os apoios com um movimento lento e controlado; mantenha o corpo firme apoiado no banco.

3 Estenda completamente os membros superiores e, depois, retorne à posição inicial inspirando. Não deixe o peso encostar na pilha antes de começar outra repetição.

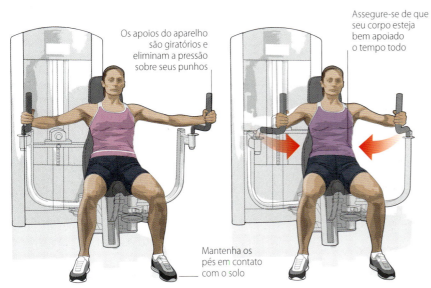

1 Selecione o peso desejado na pilha. Deixe os membros superiores se afastarem em um amplo arco, de modo que os apoios fiquem atrás do plano do tronco.

2 Expire e aproxime os apoios, descrevendo um amplo arco, com os cotovelos ligeiramente flexionados, como em um abraço.

3 Quando completar o movimento e seus dedos se tocarem, contraia os músculos do tórax e retorne à posição inicial.

FLEXÃO NO SOLO

MÚSCULOS-ALVO
- Peitorais
- Parte clavicular do deltoide
- Tríceps braquial

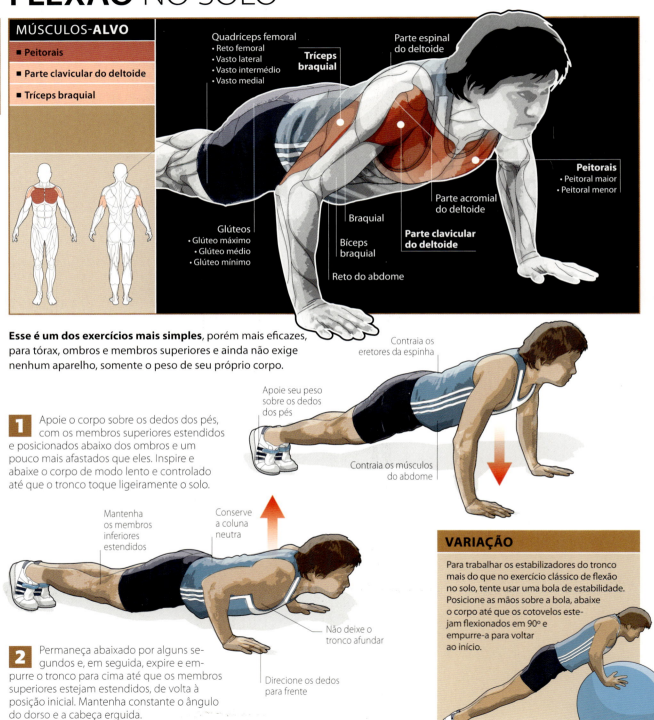

Esse é um dos exercícios mais simples, porém mais eficazes, para tórax, ombros e membros superiores e ainda não exige nenhum aparelho, somente o peso de seu próprio corpo.

1 Apoie o corpo sobre os dedos dos pés, com os membros superiores estendidos e posicionados abaixo dos ombros e um pouco mais afastados que eles. Inspire e abaixe o corpo de modo lento e controlado até que o tronco toque ligeiramente o solo.

2 Permaneça abaixado por alguns segundos e, em seguida, expire e empurre o tronco para cima até que os membros superiores estejam estendidos, de volta à posição inicial. Mantenha constante o ângulo do dorso e a cabeça erguida.

VARIAÇÃO

Para trabalhar os estabilizadores do tronco mais do que no exercício clássico de flexão no solo, tente usar uma bola de estabilidade. Posicione as mãos sobre a bola, abaixe o corpo até que os cotovelos estejam flexionados em 90° e empurre-a para voltar ao início.

TÓRAX 121

FLEXÃO NO SOLO SOBRE APOIOS

MÚSCULOS-ALVO
- Peitorais
- Parte clavicular do deltoide
- Tríceps braquial

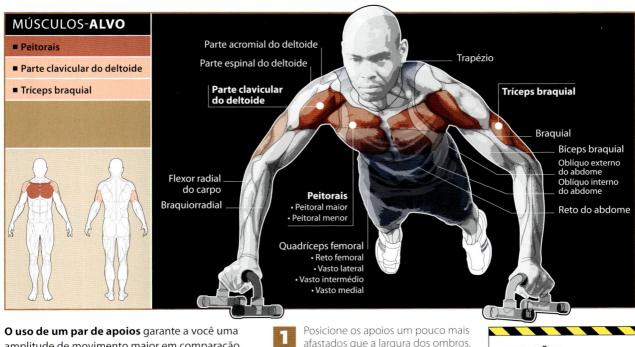

O uso de um par de apoios garante a você uma amplitude de movimento maior em comparação com o exercício clássico de flexão no solo.

1 Posicione os apoios um pouco mais afastados que a largura dos ombros. Mantenha seu corpo em posição de "prancha", apoiando-se nos dedos dos pés e nos membros superiores estendidos. Inspire e abaixe o corpo lentamente até que ele fique abaixo do nível dos cotovelos.

2 Faça uma pausa breve no ponto inferior do movimento e, então, pressione os apoios até voltar à posição inicial.

ATENÇÃO!
Não deixe seu tronco abaular quando estiver pressionando os apoios para subir, pois isso reduzirá a amplitude do movimento, diminuindo o efeito no tórax, ombros e membros superiores. Não estender suficientemente os membros superiores após cada repetição também pode tornar o exercício menos eficaz.

VARIAÇÃO
Aumente a dificuldade colocando os pés sobre um banco. Quanto mais alto seus pés estiverem, maior será o esforço sobre seus ombros. Você também pode tentar afastar ou aproximar os apoios. Uma menor distância entre eles exigirá mais de seus tríceps braquiais.

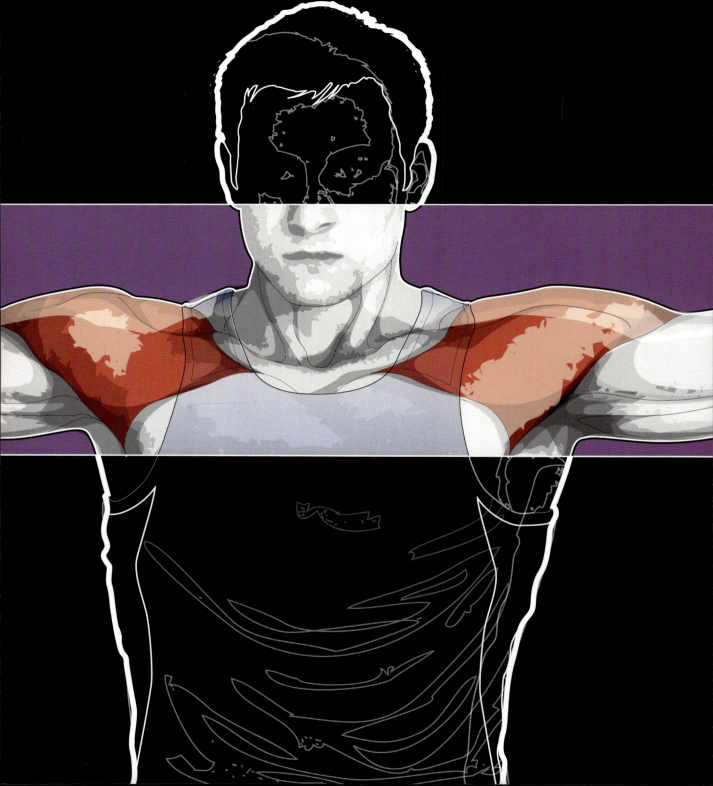

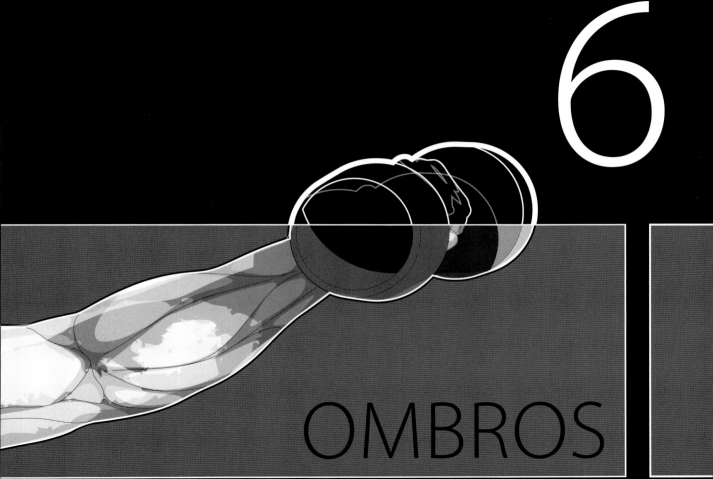
6
OMBROS

DESENVOLVIMENTO PELA FRENTE COM BARRA (EM PÉ)

MÚSCULOS-ALVO
- Parte clavicular do deltoide
- Tríceps braquial

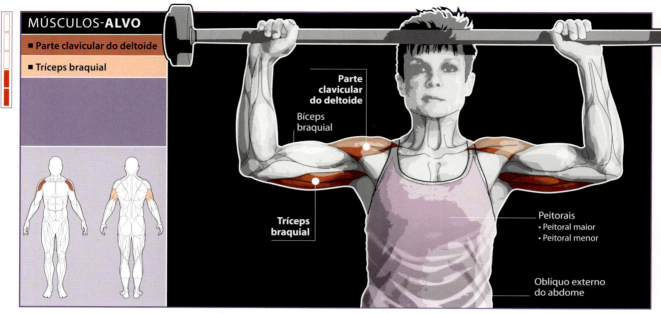

O **desenvolvimento pela frente com barra**, além de simples e muito eficaz, é um dos exercícios básicos em torno do qual são estabelecidas todas as atividades para os ombros.

Mantenha a barra sobre o centro de gravidade do corpo

1 Segure a barra na horizontal, à frente dos ombros. Empurre-a para cima usando os ombros e descrevendo um arco discreto em frente à face, até uma posição acima e um pouco atrás da cabeça.

Contraia os músculos do *core*

2 Segure a barra de modo firme e abaixe-a até a posição inicial, descrevendo o mesmo arco à frente da face.

Mantenha os pés em contato com o solo e um pouco mais afastados que a largura dos ombros

ATENÇÃO!

Certifique-se de que seu dorso esteja em uma posição neutra. Ao curvar o dorso, você não só exige mais do tórax, auxiliando os ombros e diminuindo a eficácia do exercício, como também aumenta o esforço na região lombar da coluna. Mantenha os punhos firmes e diretamente sob a barra o tempo todo – estendê-los para trás pode aumentar o risco de lesão. Finalmente, não se esqueça de deslocar a cabeça um pouco para trás ao levantar a barra, a fim de evitar batê-la contra o mento.

VARIAÇÃO

Você pode realizar esse exercício sentado em um banco. Essa posição não permite que você conte com a "ajuda" dos membros inferiores ao levantar a barra e, portanto, tende a isolar os efeitos do exercício. Mantenha o dorso ereto e os pés firmemente apoiados no solo.

OMBROS 125

DESENVOLVIMENTO SENTADO COM HALTERES

MÚSCULOS-ALVO
- Parte clavicular do deltoide
- Tríceps braquial

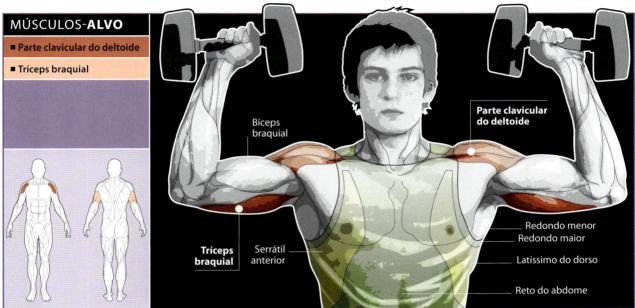

Bíceps braquial
Parte clavicular do deltoide
Tríceps braquial
Serrátil anterior
Redondo menor
Redondo maior
Latíssimo do dorso
Reto do abdome

Você pode realizar em pé ou com movimentos alternados essa variação do desenvolvimento sentado (como mostrado). A principal vantagem em relação ao desenvolvimento com barra é que você não precisa movimentar a barra em torno da face durante a subida e a descida.

Deixe os halteres se tocarem levemente atrás do plano da cabeça

VARIAÇÃO

Se você não tiver confiança para usar pesos livres, tente o desenvolvimento em um aparelho. Como seu dorso fica apoiado no aparelho e, consequentemente, não trabalha os estabilizadores, esse exercício é menos eficaz que o desenvolvimento sentado ou em pé, em especial se você estiver treinando para esportes. Como em qualquer exercício com aparelho, não se esqueça de ajustá-lo para sua altura e comprimento dos membros.

Gire os pesos enquanto os levanta

Contraia os músculos do *core* para estabilizar o corpo

Mantenha os pés em contato com o solo

1 Sente na extremidade de um banco e segure os halteres no nível dos ombros. Enquanto expira, empurre os pesos para cima com a força dos ombros, até que os membros superiores estejam estendidos.

2 Faça uma breve pausa com os membros superiores estendidos e, em seguida, abaixe lentamente os halteres até a posição inicial.

REMADA EM PÉ

MÚSCULOS-ALVO
- Trapézio
- Parte clavicular do deltoide
- Bíceps braquial

Esse é um ótimo exercício para desenvolver força nos ombros e na parte superior do dorso, além de ajudar a melhorar a postura. No entanto, ele deve ser evitado se você apresentar dor ou rigidez nos ombros.

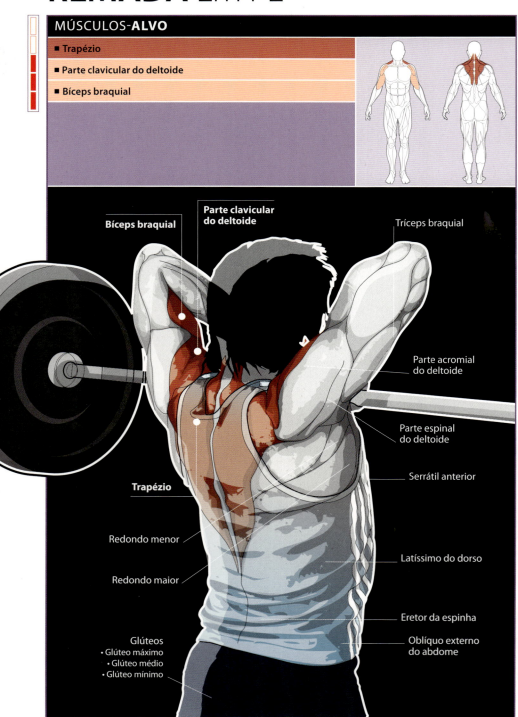

VARIAÇÃO

O uso de halteres para a remada em pé trabalha cada braço de modo isolado e impede que seus cotovelos sejam erguidos muito acima do nível paralelo ao solo, tornando esse exercício indiscutivelmente mais seguro, pois há menor probabilidade de você causar lesões aos manguitos rotadores.

VARIAÇÃO

Quando você utiliza um cabo com polia baixa para executar a remada em pé, o movimento é realizado com maior firmeza e estabilidade do que aquele feito com barra. Mantenha-se próximo à polia, com a barra junto ao corpo. Use pegadas mais próximas para trabalhar mais a parte superior do dorso; ou mais afastadas, para exercitar os ombros.

OMBROS 127

1 Mantenha os pés afastados na largura dos quadris e segure a barra com as mãos próximas e pegada pronada (palmas voltadas para o corpo). Levante a barra de modo que ela fique apoiada em suas coxas.

2 Tracione a barra para cima em direção ao mento com um movimento suave. Puxe-a para perto do corpo, conservando os cotovelos levantados acima da barra. Mantenha o dorso firme e ereto.

3 Continue puxando a barra até ela tocar o mento, mantendo as mãos abaixo do nível do cotovelo. Faça uma pausa breve.

4 Abaixe a barra, com cuidado, até a posição inicial. Execute um movimento suave, mantendo os cotovelos acima da barra e o dorso firme.

5 Retorne à posição inicial com os membros superiores totalmente estendidos e expire durante o movimento. Ao final da série, recoloque a barra no solo.

ATENÇÃO!

Se a remada em pé não for executada com a postura correta, podem ocorrer lesões no dorso e nos ombros. Além disso, você deve evitá-la se apresentar histórico de dor nos ombros. Trabalhe dentro de seus limites e nunca curve o dorso ou balance o peso. Se você estiver com medo de se lesionar, evite levantar a barra acima da parte média do tórax – isso evita a rotação medial exagerada dos ombros no ponto mais alto do movimento. Pare o exercício imediatamente se sentir qualquer dor.

ELEVAÇÃO DOS OMBROS COM HALTERES

MÚSCULOS-ALVO
- Trapézio
- Romboides

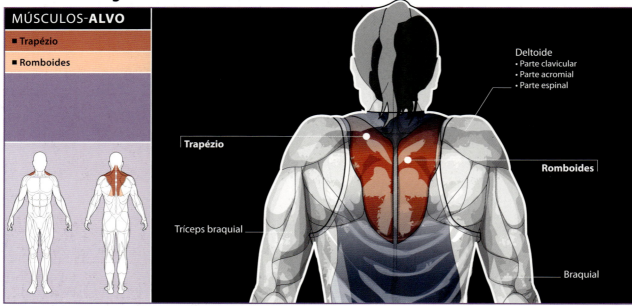

Esse exercício extremamente específico utiliza movimento limitado para trabalhar o trapézio, que se estende através da parte posterior do pescoço. Um trapézio forte ajudará a proteger o pescoço e a coluna vertebral – o que o torna útil para todos os esportes de contato.

VARIAÇÃO

Você pode realizar a elevação dos ombros segurando uma barra com pegada pronada à frente das coxas. O movimento é vertical como na variante com halteres. Evite balançar o peso ou curvar o dorso, pois assim esse movimento será muito menos eficaz para trabalhar o músculo trapézio.

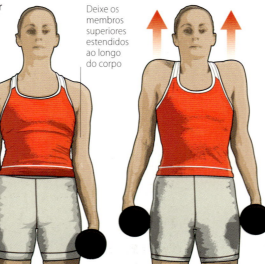

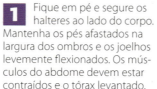

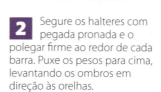

1 Fique em pé e segure os halteres ao lado do corpo. Mantenha os pés afastados na largura dos ombros e os joelhos levemente flexionados. Os músculos do abdome devem estar contraídos e o tórax levantado.

2 Segure os halteres com pegada pronada e o polegar firme ao redor de cada barra. Puxe os pesos para cima, levantando os ombros em direção às orelhas.

3 Mantenha os pesos levantados por 1 a 2 segundos antes de abaixá-los, com cuidado, até a posição inicial, seguindo a mesma trajetória do movimento de levantamento.

ELEVAÇÃO DOS OMBROS COM FLEXÃO PLANTAR

MÚSCULOS-ALVO
- Trapézio
- Romboides
- Gastrocnêmio

Esse exercício de elevação básica dos ombros trabalha o trapézio, mas também proporciona uma extensão adicional de todo o corpo, tornando-se um ótimo exercício para treinamentos que exigem saltos intensos.

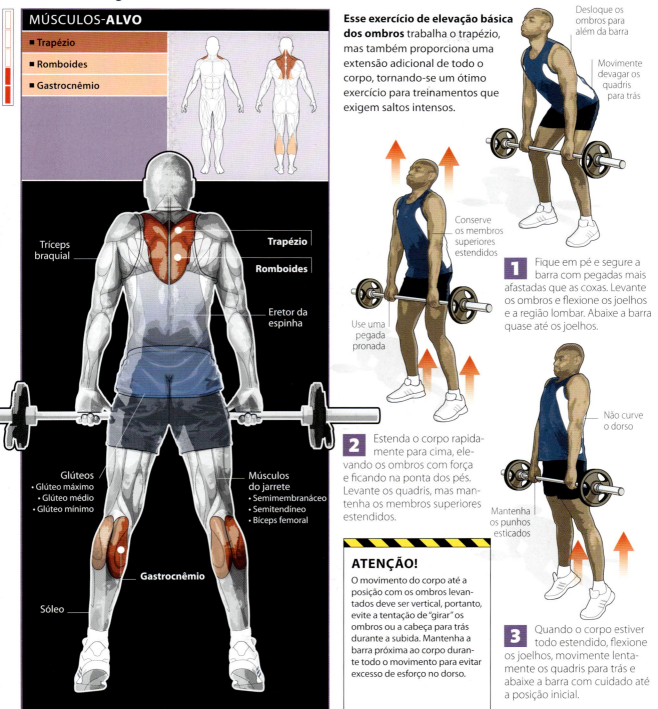

1 Fique em pé e segure a barra com pegadas mais afastadas que as coxas. Levante os ombros e flexione os joelhos e a região lombar. Abaixe a barra quase até os joelhos.

2 Estenda o corpo rapidamente para cima, elevando os ombros com força e ficando na ponta dos pés. Levante os quadris, mas mantenha os membros superiores estendidos.

3 Quando o corpo estiver todo estendido, flexione os joelhos, movimente lentamente os quadris para trás e abaixe a barra com cuidado até a posição inicial.

ATENÇÃO!
O movimento do corpo até a posição com os ombros levantados deve ser vertical, portanto, evite a tentação de "girar" os ombros ou a cabeça para trás durante a subida. Mantenha a barra próxima ao corpo durante todo o movimento para evitar excesso de esforço no dorso.

ELEVAÇÃO PARA FRENTE COM HALTERES

MÚSCULOS-ALVO
- Parte clavicular do deltoide
- Parte acromial do deltoide

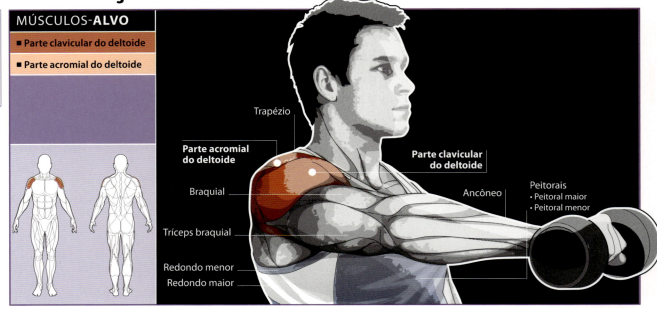

Esse exercício desenvolve e define os pequenos músculos dos ombros, ajudando na execução de outros exercícios com a posição correta. Você pode levantar os dois membros superiores ao mesmo tempo ou de modo alternado.

1 Fique em pé, com os pés afastados na largura dos quadris e os joelhos relaxados. Segure os pesos com pegada pronada.

2 Mantenha os cotovelos levemente flexionados e o dorso reto. Levante devagar um haltere até o nível dos olhos enquanto inspira.

3 Abaixe o haltere de modo lento e controlado até a posição inicial. Repita o movimento com o outro membro.

ATENÇÃO!
Tente não se inclinar para trás e impulsionar o haltere para cima; isso não apenas reduz a eficácia do exercício, como também pode causar lesão na região lombar. Em vez disso, escolha um peso menor, ou tente realizar o movimento com o dorso apoiado em uma parede para melhorar a postura.

ELEVAÇÃO LATERAL COM HALTERES

MÚSCULOS-ALVO
- Parte clavicular do deltoide
- Parte acromial do deltoide

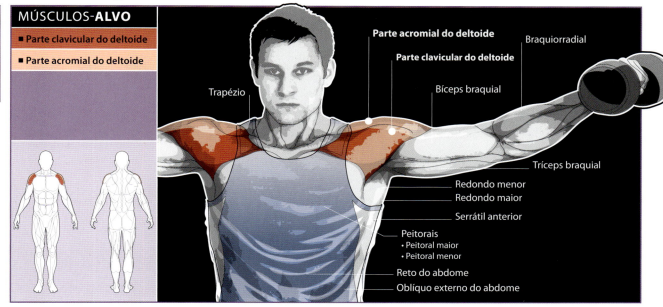

Esse é um bom exercício para desenvolver a dimensão laterolateral da parte superior do dorso, além de constituir um valioso auxiliar para a maioria dos esportes de raquete e de campo, nos quais a potência – a combinação de força e velocidade – pode significar uma vantagem competitiva.

1 Adote uma posição com os pés afastados na largura dos quadris e os joelhos levemente flexionados. Segure os halteres à sua frente com as articulações dos dedos voltadas para o lado.

2 Contraia os músculos do *core*. Com os cotovelos levemente flexionados, levante os halteres para os lados até o nível dos olhos.

3 Faça uma breve pausa e, em seguida, abaixe os halteres devagar e de modo controlado até a posição inicial, expirando durante o movimento.

ELEVAÇÃO LATERAL (TRONCO INCLINADO PARA FRENTE)

MÚSCULOS-ALVO
- Parte espinal do deltoide
- Parte acromial do deltoide
- Parte clavicular do deltoide
- Romboides

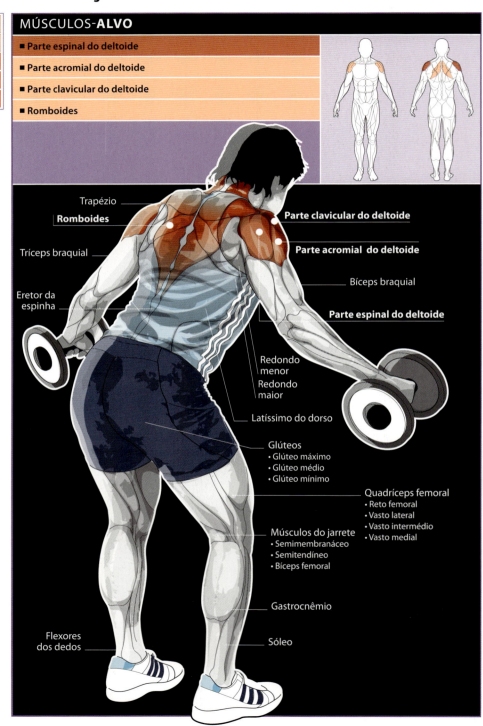

Esse é um ótimo exercício de força pura que desenvolve os ombros e os músculos da porção média do dorso – principalmente os romboides. Você pode realizá-lo em pé, sentado ou deitado, mas em qualquer uma dessas posições não se esqueça de manter a postura correta para evitar envolver os músculos largos do dorso.

VARIAÇÃO

Executar esse exercício deitado, em decúbito ventral, concentra mais esforço na parte acromial dos deltoides e nos romboides. Essa variação é realizada de modo mais eficaz com os membros inferiores fixos, o que faz desse um dos exercícios mais avançados de isolamento. Você também pode executá-lo sentado na extremidade do banco e, nesse caso, mantenha o tronco inclinado, para trabalhar a parte espinal dos deltoides, ou mais ereto para enfatizar a parte acromial desses músculos.

ATENÇÃO!

Realizar esse exercício com o dorso curvado pode causar lesão ao dorso ou à coluna vertebral. Mantenha o movimento dos pesos lento e nivelado em ambos os lados, tentando não mover joelhos, cabeça ou coluna. Os cotovelos devem ficar um pouco flexionados, conservando um ângulo fixo durante todo o movimento. Não deixe os ombros se levantarem.

OMBROS 133

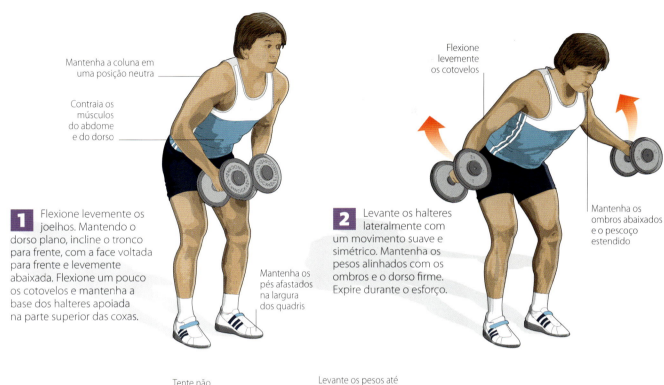

1 Flexione levemente os joelhos. Mantendo o dorso plano, incline o tronco para frente, com a face voltada para frente e levemente abaixada. Flexione um pouco os cotovelos e mantenha a base dos halteres apoiada na parte superior das coxas.

- Mantenha a coluna em uma posição neutra
- Contraia os músculos do abdome e do dorso
- Mantenha os pés afastados na largura dos quadris

2 Levante os halteres lateralmente com um movimento suave e simétrico. Mantenha os pesos alinhados com os ombros e o dorso firme. Expire durante o esforço.

- Flexione levemente os cotovelos
- Mantenha os ombros abaixados e o pescoço estendido

3 Tracione os halteres para cima com os ombros, ao mesmo tempo em que abaixa as escápulas. Mantenha, por um breve instante, a posição no ponto mais alto do movimento, respirando livremente.

- Tente não movimentar o tronco durante o levantamento
- Levante os pesos até o nível dos ombros ou um pouco acima
- Mantenha os músculos do *core* contraídos

4 Realize o movimento em sentido contrário de modo controlado, abaixando os halteres até a posição inicial. Em vez de deixar os pesos caírem livremente, oponha resistência enquanto os abaixa.

- Mantenha a coluna neutra
- Inspire durante a fase de retorno
- Segure os halteres com a palma das mãos voltada para a linha mediana

ROTAÇÃO COM BRAÇO ABDUZIDO

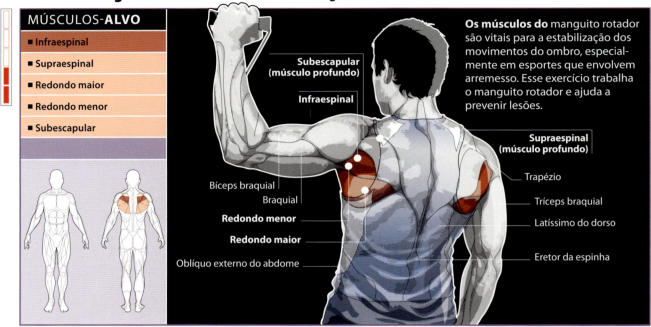

ROTAÇÃO LATERAL COM HALTERE

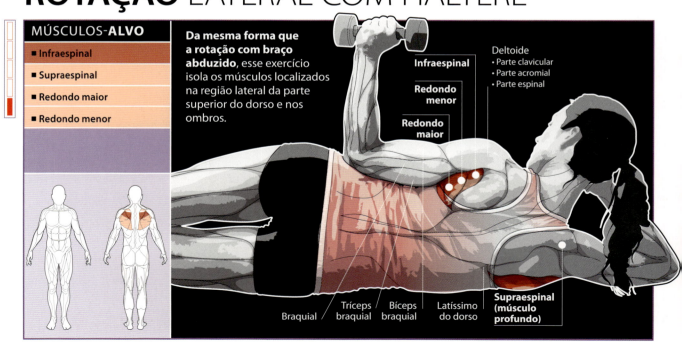

OMBROS 135

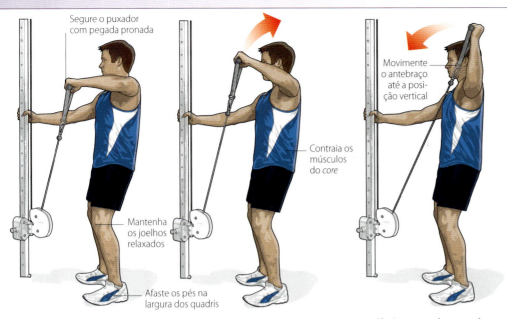

VARIAÇÃO

Você pode aumentar a amplitude de movimento se realizar esse exercício usando halteres e deitado em um banco. Deite em decúbito ventral sobre um banco com inclinação de 45° e movimente os antebraços como descrito no exercício principal. Tente introduzir a rotação com braço abduzido em seu treino. Ele é muitas vezes ignorado porque trabalha músculos profundos, cujo desenvolvimento não melhora diretamente a aparência. No entanto, a lesão do manguito rotador é muito comum e sua reabilitação demora muito tempo.

1 Fique em pé, de frente para a polia baixa, e segure o puxador com uma das mãos. Levante o cotovelo para o lado, alinhando-o com o ombro.

2 Mantenha o braço imóvel na horizontal e, respirando livremente, movimente o antebraço devagar para cima até que esteja vertical.

3 Abaixe o antebraço até a posição inicial, respirando livremente. Complete a série e repita com o outro membro superior.

---

1 Deite de lado em um colchonete, prestando atenção para não se inclinar para frente nem para trás. Com o braço apoiado na lateral do corpo e o antebraço à frente, formando um ângulo de 90° no cotovelo, segure um haltere com pegada pronada.

2 Mantendo o braço o mais imóvel possível e o cotovelo fixo junto ao tronco, levante o antebraço de modo controlado, dentro de uma amplitude de movimento confortável.

3 Sustentando o cotovelo em ângulo reto e apoiado ao lado do tronco, abaixe o haltere lentamente até a posição inicial e complete a série. Repita com o outro membro superior.

ROTAÇÃO MEDIAL

MÚSCULOS-ALVO
- Peitorais
- Supraespinal
- Infraespinal
- Subescapular
- Redondo maior
- Redondo menor

O objetivo desse exercício é desenvolver os músculos do manguito rotador e os peitorais. Esse exercício simples é executado com polia e zé usado principalmente no fisiculturismo e na reabilitação de lesões do manguito rotador.

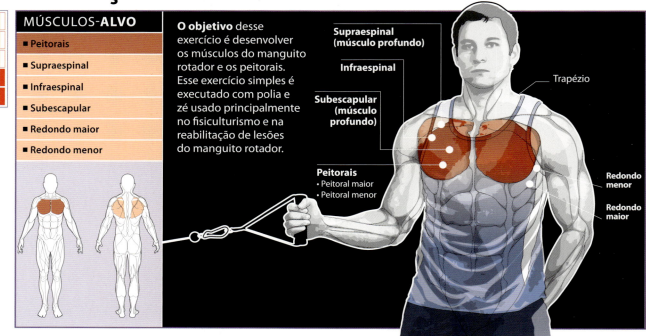

ROTAÇÃO LATERAL

MÚSCULOS-ALVO
- Infraespinal
- Supraespinal
- Subescapular
- Redondo maior
- Redondo menor

Esse exercício desenvolve os músculos na região posterior do ombro. Ele é usado frequentemente na reabilitação do ombro após lesão, mas também serve como ótima preparação para esportes de arremesso e de raquete.

OMBROS 137

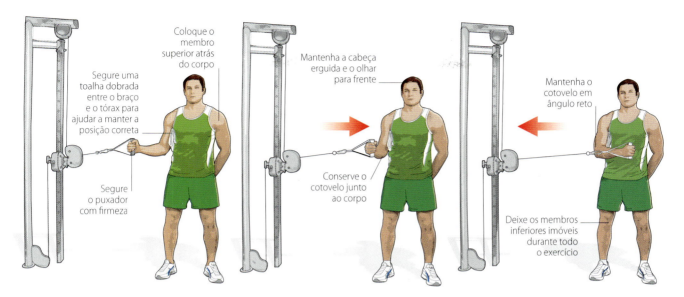

1 Fique de lado para a polia ajustada no nível da sua cintura. Flexione o cotovelo a 90° e gire o braço lateralmente, afastando-o do corpo.

2 Mantenha os ombros, quadris e pés alinhados. Tracione o puxador de forma lenta e controlada em direção ao tronco.

3 Movimente o antebraço em direção ao corpo até onde seja confortável. Retorne devagar à posição inicial. Termine a série e repita com o outro membro.

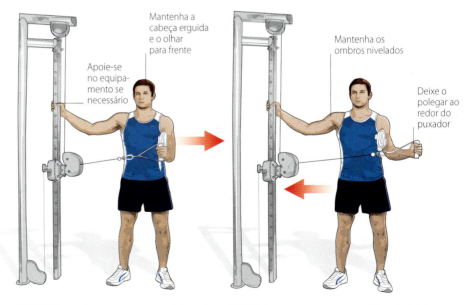

1 Fique de lado para a polia ajustada no nível da cintura. Segure o puxador à frente do corpo com as articulações dos dedos voltadas para a polia.

2 Mantenha os ombros, quadris e pés alinhados. Com o cotovelo flexionado e junto ao tronco, movimente o antebraço na horizontal, afastando-o do corpo.

3 Ao completar sua amplitude total de movimento, retorne de modo controlado à posição inicial. Termine a série e repita com o outro membro.

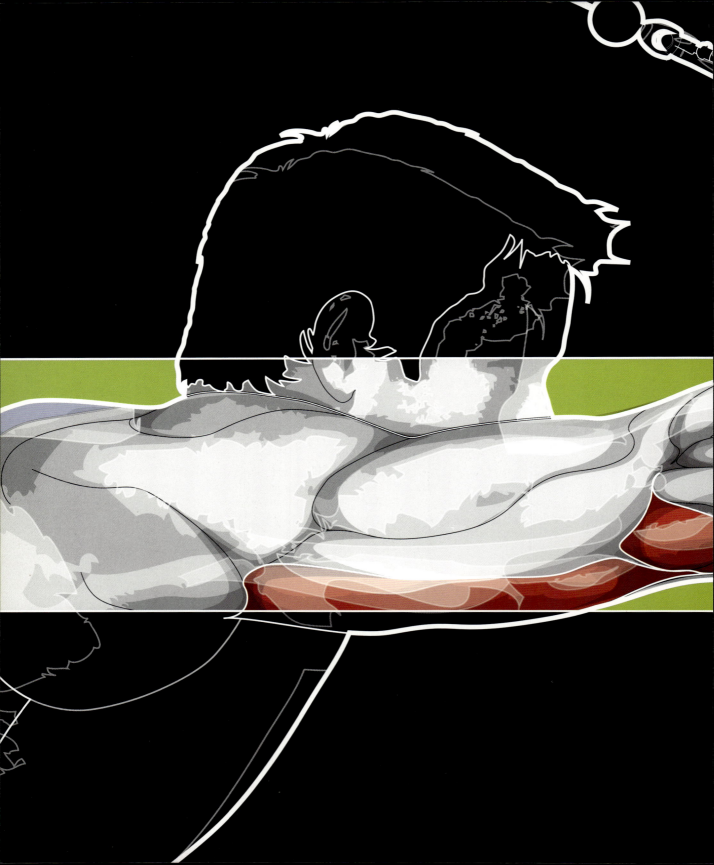

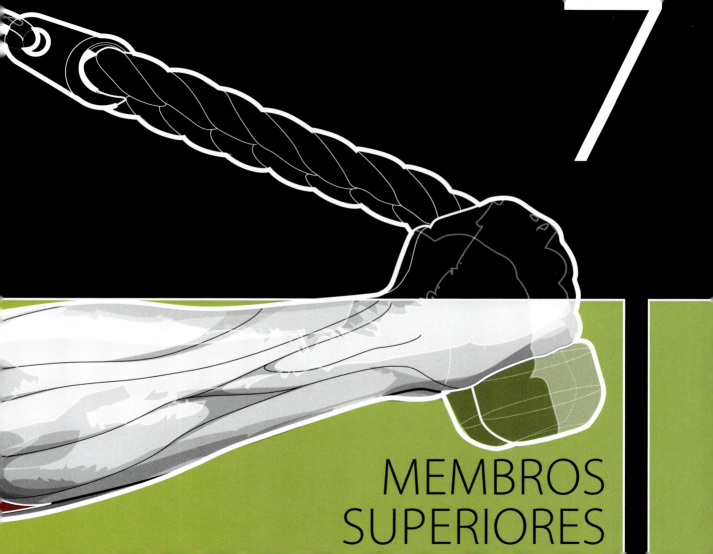

7

MEMBROS SUPERIORES

MERGULHO ENTRE BANCOS

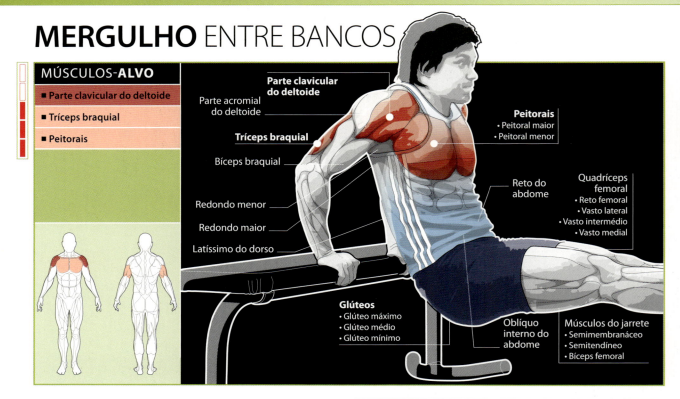

MÚSCULOS-ALVO
- Parte clavicular do deltoide
- Tríceps braquial
- Peitorais

Esse é um bom exercício para a parte superior do corpo e o treinamento ideal para o supino. Você pode executá-lo apenas com um banco para apoiar os membros superiores, embora outro banco, mais baixo, sob seus pés, torne o exercício mais fácil.

ATENÇÃO!
Certifique-se de que os bancos ou outros meios usados como apoio sejam fortes e estáveis o bastante para suportar seu peso e que possuam altura suficiente para permitir total amplitude de movimento. Não force as articulações dos ombros além de sua amplitude de movimento normal e evite curvar o dorso ou afastá-lo demais da borda do banco.

1 Posicione-se entre dois bancos paralelos. Apoie as mãos pronadas no banco mais alto e, no mais baixo, os calcanhares com os pés juntos. Flexione os membros superiores para abaixar o corpo até onde seja confortável. Você deve sentir uma tensão no tórax ou nos ombros.

Mantenha os membros superiores imóveis e a cabeça erguida

Apoie-se no banco com as mãos um pouco mais afastadas que a largura dos ombros

Conserve os membros inferiores estendidos e os quadris firmes

2 A mobilidade de seus ombros determinará o quanto você conseguirá abaixar. No ponto mais baixo, estenda os membros superiores e retorne de modo controlado ao início.

Flexione o cotovelo em 90°

Sinta a tensão nos músculos do jarrete

MEMBROS SUPERIORES 141

MERGULHO ENTRE BARRAS PARALELAS

MÚSCULOS-ALVO
- Tríceps braquial
- Parte clavicular do deltoide
- Peitorais

O mergulho entre barras paralelas ajuda a desenvolver força na parte superior do corpo e é ideal no treinamento para esportes de arremesso. Uma boa postura requer prática e, se você for iniciante, deixe que os apoios almofadados de um aparelho de mergulho ajudem a absorver parte do seu peso, enquanto você desenvolve força.

1 Segure-se nas barras paralelas com pegada pronada. Sustente seu peso com os membros superiores estendidos e cruze os pés para ajudar a manter a estabilidade.

2 Respire fundo. Mantendo o corpo ereto, relaxe os cotovelos e comece a abaixar o corpo entre as barras, tentando manter a postura ereta.

3 Uma vez que você tenha completado a descida e seus braços estejam paralelos ao solo, ou você não consiga abaixar mais, empurre imediatamente as barras para levantar o corpo e retornar à posição inicial, expirando enquanto isso.

EXTENSÃO VERTICAL DO ANTEBRAÇO COM HALTERE

MÚSCULOS-ALVO
- Tríceps braquial
- Ancôneo

Esse exercício tem o objetivo de desenvolver o tríceps braquial, que constitui a maior parte da massa muscular do braço. Quando executado em pé, em vez de sentado ou deitado, ele também trabalha os músculos do *core*, proporcionando o benefício adicional de desenvolver a força do tronco.

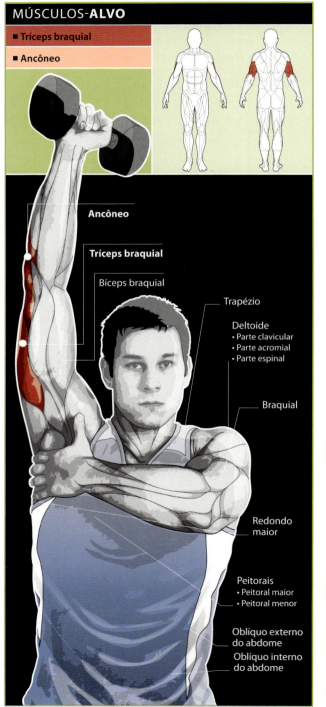

1 Fique em pé, com os pés afastados na largura dos quadris e os joelhos relaxados. Segure o haltere com uma das mãos e erga-o acima da cabeça com o membro superior estendido. Cruze o outro membro à frente do corpo.

2 Abaixe o haltere atrás da cabeça, mantendo o dorso plano. Faça uma pausa breve no ponto mais baixo do movimento e, em seguida, levante devagar o haltere de volta à posição inicial.

VARIAÇÃO

Se você for iniciante, pode ser difícil manter o corpo equilibrado para executar o exercício em pé. Para melhorar a estabilidade, tente apoiar-se em um suporte firme com a mão livre ou executar o exercício sentado em um banco, de preferência com encosto.

MEMBROS SUPERIORES 143

EXTENSÃO DOS ANTEBRAÇOS COM BARRA (SENTADO)

MÚSCULOS-ALVO
- Tríceps braquial
- Ancôneo

Esse exercício trabalha simultaneamente o tríceps braquial dos dois braços. Você pode executá-lo com uma barra reta ou com uma barra W, a qual permite que os punhos e os antebraços fiquem em uma posição mais natural durante o movimento.

1 Sente-se na extremidade de um banco e segure a barra acima da cabeça com as mãos em pegada pronada e afastadas na largura dos ombros.

Contraia os músculos do *core* para ter estabilidade

Mantenha os braços imóveis

Mantenha os braços junto à lateral da cabeça

2 Abaixe a barra devagar e com cuidado atrás da cabeça, em direção à parte superior do dorso, até que os antebraços encontrem os bíceps braquiais.

ATENÇÃO!
Abaixar a barra de modo muito rápido pode "arremessá-la" contra sua nuca e causar problemas graves nas vértebras. Trabalhe sempre dentro de seus limites e abaixe o peso com muito cuidado até a parte superior do dorso.

3 Mantendo os músculos do *core* contraídos, estenda os antebraços de modo lento e controlado de volta à posição inicial.

Braquiorradial
Ancôneo
Bíceps braquial
Tríceps braquial
Deltoide
• Parte clavicular
• Parte acromial
• Parte espinal
Redondo menor
Redondo maior
Peitorais
• Peitoral maior
• Peitoral menor
Serrátil anterior
Reto do abdome
Oblíquo externo do abdome
Oblíquo interno do abdome
Quadríceps femoral
• Reto femoral
• Vasto lateral
• Vasto intermédio
• Vasto medial

EXTENSÃO DOS ANTEBRAÇOS COM BARRA (DEITADO)

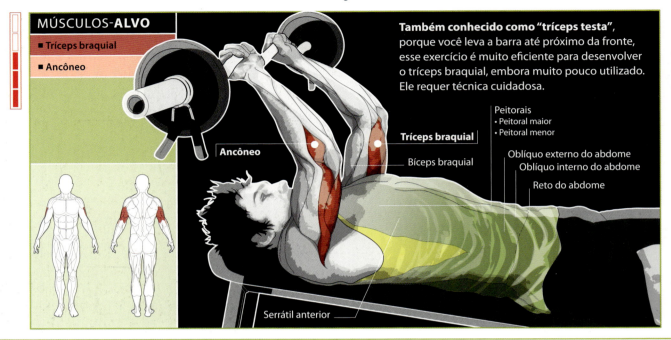

MÚSCULOS-ALVO
- Tríceps braquial
- Ancôneo

Também conhecido como "tríceps testa", porque você leva a barra até próximo da fronte, esse exercício é muito eficiente para desenvolver o tríceps braquial, embora muito pouco utilizado. Ele requer técnica cuidadosa.

EXTENSÃO UNILATERAL DO ANTEBRAÇO COM HALTERE (TRONCO INCLINADO PARA FRENTE)

MÚSCULOS-ALVO
- Tríceps braquial
- Ancôneo

Com o corpo na posição correta, esse exercício isola o tríceps braquial. Uma boa técnica e o dorso plano são fundamentais; use um espelho para verificar se a postura está certa.

MEMBROS SUPERIORES 145

ATENÇÃO!
Não por acaso, esse exercício é denominado tríceps testa. Execute o movimento com cuidado e abaixe a barra mais devagar quanto mais próxima estiver de sua cabeça. Certifique-se de levar a barra em direção à fronte e não ao nariz; isso ajuda a aliviar a tensão nos punhos.

- Posicione as mãos de modo que as palmas fiquem voltadas para cima
- Flexione somente os cotovelos
- Mantenha os músculos do *core* contraídos
- Não deixe os cotovelos saírem da posição

1 Deite-se no banco em decúbito dorsal e os pés no solo. Segure a barra com as mãos afastadas na largura dos ombros e os membros estendidos acima do tórax.

2 Deixe os ombros e o *core* firmes. Flexione apenas os cotovelos – não os ombros – para abaixar lentamente a barra até bem próximo à fronte.

3 Faça uma pausa no ponto mais baixo do movimento e, em seguida, estenda os antebraços de modo controlado até a posição inicial.

ATENÇÃO!
Levante e abaixe o haltere devagar, pois o balanço do peso pode causar rotação do tronco, tornando a região lombar instável e propensa a lesões.

- Ajoelhe-se no banco para estabilizar o corpo
- Mantenha o braço alinhado com o dorso
- Mantenha a parte superior do corpo quase paralela ao solo
- Segure o haltere com pegada pronada

1 Apoie o joelho e a mão esquerda em um banco; flexione os quadris e segure um haltere com a mão direita.

2 Mantenha o corpo firme. Movimente o antebraço para estender o cotovelo, levantando o peso devagar e de modo controlado até a posição horizontal.

3 Faça uma breve pausa no ponto mais alto do movimento e depois leve o haltere devagar de volta à posição inicial. Complete a série e repita com o outro membro.

SUPINO (MÃOS APROXIMADAS)

MÚSCULOS-ALVO
- Tríceps braquial
- Deltoide
- Peitorais

À primeira vista, esse exercício parece ser similar ao supino tradicional, mas as mãos próximas na barra enfatizam mais o trabalho do tríceps braquial e da parte clavicular do deltoide do que do tórax. O supino com mãos aproximadas ajuda a desenvolver tríceps volumosos e é um bom exercício auxiliar para o levantamento básico de competição.

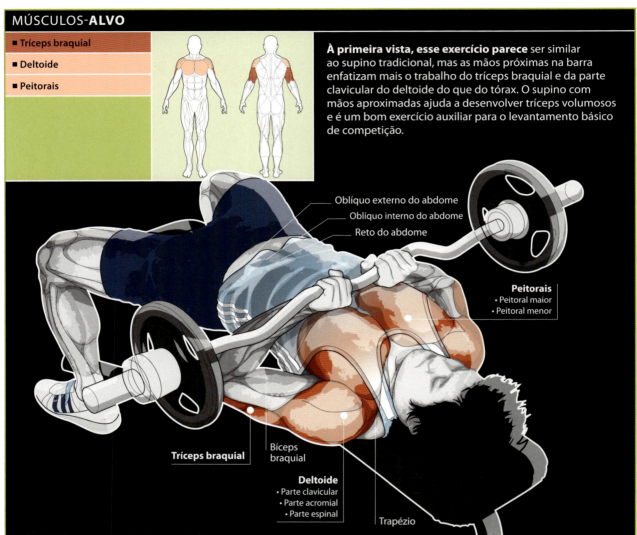

Oblíquo externo do abdome
Oblíquo interno do abdome
Reto do abdome

Peitorais
• Peitoral maior
• Peitoral menor

Tríceps braquial

Bíceps braquial

Deltoide
• Parte clavicular
• Parte acromial
• Parte espinal

Trapézio

VARIAÇÃO

Você pode usar uma barra olímpica ou uma barra reta de treinamento para esse exercício. Segure a barra com as mãos um pouco mais próximas que a distância entre os ombros, mas não muito próximas, porque isso tornará o exercício menos eficaz para o tríceps braquial e, provavelmente, aplicará esforço excessivo nos punhos.

VARIAÇÃO

A flexão no solo com as mãos próximas é um exercício correspondente que trabalha o tríceps braquial com resistência de aproximadamente dois terços do peso corporal. Ajustando a posição das mãos e a direção dos cotovelos, você pode isolar áreas bastante específicas do tríceps braquial e do deltoide. Esse exercício também é muito seguro e não requer o uso de nenhum equipamento.

MEMBROS SUPERIORES 147

1 Deite-se em um banco em decúbito dorsal, com a cabeça apoiada e os pés em contato firme com o solo. Segure uma barra W com as mãos em pegada pronada e mais próximas que a distância entre os ombros e estenda os membros superiores para manter a barra no nível da região superior do tórax.

2 Certifique-se de que a barra está estável e sob controle, então relaxe e flexione os cotovelos, começando a abaixar a barra em direção ao tórax ao mesmo tempo em que inspira.

Flexione os joelhos em ângulo reto

Mantenha o dorso plano durante todo o exercício

3 Continue abaixando a barra até que as mãos toquem o tórax. Não deixe os cotovelos se afastarem do corpo, pois nesse caso a ênfase do exercício passaria para os peitorais.

4 Estenda os membros superiores, elevando a barra e mantendo-a alinhada verticalmente com os ombros. Expire ao empurrar a barra para cima, ao mesmo tempo em que estende os cotovelos e pressiona os pés contra o solo.

As articulações dos dedos entrarão em contato com o tórax no nível das papilas mamárias

Mantenha a barra nivelada e sob controle

5 Estenda os membros superiores até a posição inicial; eles devem ficar imóveis no ponto mais alto do levantamento.

Mantenha a barra verticalmente acima dos ombros

Pressione firmemente o solo com seus pés

ATENÇÃO!

Você estará sujeito a sério risco de lesão se seus músculos falharem durante o levantamento. Execute esse exercício na presença de um observador competente e de confiança – nunca sozinho. Mantenha os pés em contato constante com o solo, do contrário, a região lombar poderá sofrer rotação e consequente lesão. Como sempre, seja sensato e treine dentro de seus limites.

TRÍCEPS COM POLIA ALTA

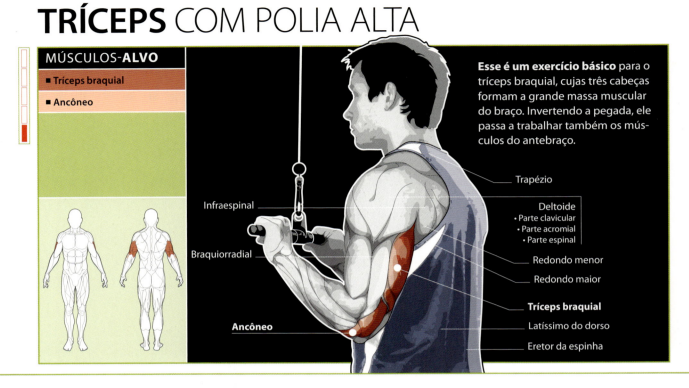

MÚSCULOS-ALVO
- Tríceps braquial
- Ancôneo

Esse é um exercício básico para o tríceps braquial, cujas três cabeças formam a grande massa muscular do braço. Invertendo a pegada, ele passa a trabalhar também os músculos do antebraço.

TRÍCEPS COM POLIA ALTA (DE COSTAS PARA O APARELHO)

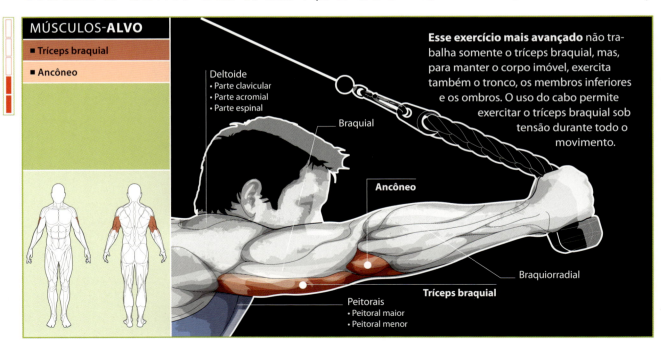

MÚSCULOS-ALVO
- Tríceps braquial
- Ancôneo

Esse exercício mais avançado não trabalha somente o tríceps braquial, mas, para manter o corpo imóvel, exercita também o tronco, os membros inferiores e os ombros. O uso do cabo permite exercitar o tríceps braquial sob tensão durante todo o movimento.

MEMBROS SUPERIORES 149

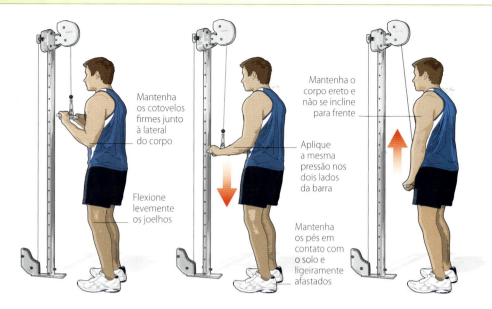

VARIAÇÃO

Você pode executar o tríceps com polia alta utilizando uma corda, uma barra V ou um puxador (para trabalhar um braço de cada vez, se seus braços apresentarem desenvolvimento desigual). Em qualquer caso, o princípio básico é o mesmo: a articulação do cotovelo age como um fulcro e não deve se afastar da lateral do corpo.

1 Ajuste a polia para a posição alta, selecione o peso desejado na pilha e segure a barra com pegada pronada.

2 Empurre a barra para baixo de modo lento e controlado, usando a articulação dos cotovelos como fulcro. Mantenha tronco e membros inferiores imóveis.

3 Faça uma pausa no ponto mais baixo do movimento, com o tríceps totalmente contraído, antes de retornar devagar à posição inicial.

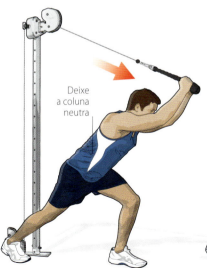

1 Selecione o peso desejado na pilha e conecte uma corda ao cabo com polia alta. Posicione-se de costas para o aparelho, com um membro inferior mais avançado e o outro recuado. Segure a corda de modo que os cotovelos fiquem voltados para frente e os braços fixos junto à lateral da cabeça.

2 A partir de uma posição inicial firme, com os músculos do abdome e do *core* contraídos, estenda os antebraços e contraia os tríceps braquiais puxando lentamente a corda. Mantenha o tronco e os quadris na mesma posição o tempo todo.

3 Enquanto expira, estenda os antebraços até que os tríceps braquiais estejam totalmente contraídos. Retorne à posição inicial devagar e de modo controlado, mantendo as mãos próximas à lateral da cabeça e o corpo bem firme.

ROSCA DIRETA

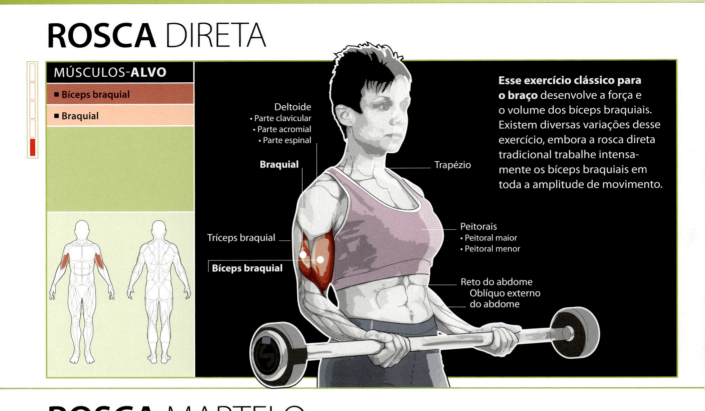

MÚSCULOS-ALVO
- Bíceps braquial
- Braquial

Esse exercício clássico para o braço desenvolve a força e o volume dos bíceps braquiais. Existem diversas variações desse exercício, embora a rosca direta tradicional trabalhe intensamente os bíceps braquiais em toda a amplitude de movimento.

ROSCA MARTELO

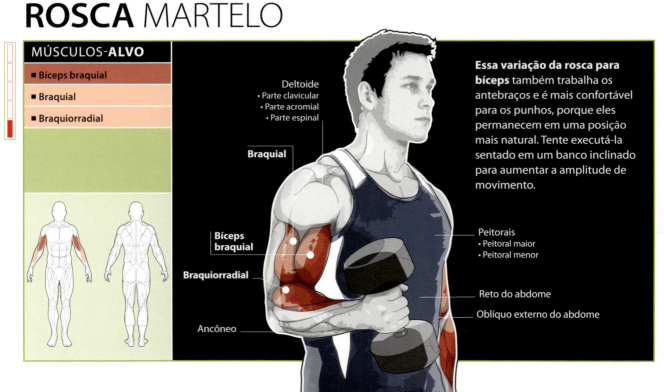

MÚSCULOS-ALVO
- Bíceps braquial
- Braquial
- Braquiorradial

Essa variação da rosca para bíceps também trabalha os antebraços e é mais confortável para os punhos, porque eles permanecem em uma posição mais natural. Tente executá-la sentado em um banco inclinado para aumentar a amplitude de movimento.

MEMBROS SUPERIORES 151

1 Fique firme em pé, com o dorso plano, o tórax levantado e os pés afastados na largura dos ombros, que devem ficar abaixados.

Segure a barra com pegada supinada

2 Inspire e, com o dorso plano e os cotovelos firmes junto à lateral do corpo, movimente a barra para cima descrevendo um arco. Expire durante o esforço.

Mantenha o corpo imóvel e a coluna neutra

3 Aproxime a barra da região superior do tórax. Faça uma breve pausa no ponto mais alto do movimento, quando seus bíceps estiverem completamente contraídos. Os cotovelos devem estar voltados para baixo. Retorne à posição inicial.

Mantenha os cotovelos junto ao corpo

ATENÇÃO!
Seja sensato ao carregar a barra; se colocar peso demais, inevitavelmente você se inclinará para trás, utilizando o balanço do corpo para deslocar o peso e não os bíceps braquiais. Isso pode causar lesão na coluna vertebral.

Comece com os membros superiores estendidos ao lado do corpo

1 Fique em pé, com os membros superiores estendidos segurando os halteres junto à lateral do corpo e os polegares voltados para frente. Mantenha os ombros para trás, o tórax alto e a coluna neutra.

Levante o tórax

Mantenha o haltere próximo ao corpo

2 Movimente o haltere para cima descrevendo um arco em direção ao ombro. Mantenha os músculos abdominais contraídos e o tórax levantado durante todo o movimento.

Direcione os cotovelos para baixo

ATENÇÃO!
Cuidado para não se inclinar para trás – você corre o risco de causar lesão à região lombar, além de tornar o exercício menos eficaz. Não deixe os cotovelos se deslocarem para frente, porque os deltoides realizarão a maior parte do esforço e você não trabalhará adequadamente os bíceps braquiais.

3 Faça uma pausa breve no ponto mais alto do movimento, antes de abaixar o peso, de modo controlado, até a posição inicial. Exercite os membros superiores alternadamente.

ROSCA ALTERNADA NO BANCO INCLINADO

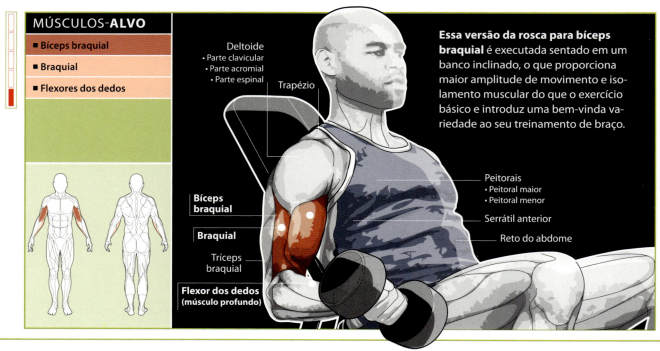

MÚSCULOS-ALVO
- Bíceps braquial
- Braquial
- Flexores dos dedos

Essa versão da rosca para bíceps braquial é executada sentado em um banco inclinado, o que proporciona maior amplitude de movimento e isolamento muscular do que o exercício básico e introduz uma bem-vinda variedade ao seu treinamento de braço.

ROSCA CONCENTRADA

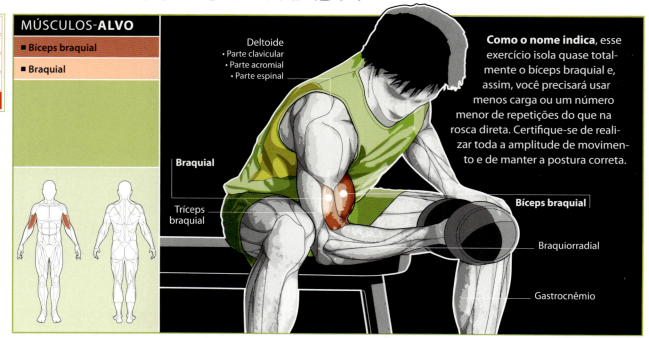

MÚSCULOS-ALVO
- Bíceps braquial
- Braquial

Como o nome indica, esse exercício isola quase totalmente o bíceps braquial e, assim, você precisará usar menos carga ou um número menor de repetições do que na rosca direta. Certifique-se de realizar toda a amplitude de movimento e de manter a postura correta.

MEMBROS SUPERIORES 153

1 Sente-se em um banco inclinado a 45°. Segure um haltere em cada mão e deixe seus membros superiores pendendo para baixo. Certifique-se de que o dorso esteja bem apoiado.

2 Movimente um dos halteres para cima, descrevendo um arco em direção ao ombro, sem balançá-lo. Ao mesmo tempo, gire o antebraço de modo que a face anterior do punho fique voltada para o membro.

3 Faça uma pequena pausa no ponto mais alto do movimento antes de voltar à posição inicial com o membro superior pendendo para baixo. Repita com o outro membro.

1 Sente-se na extremidade de um banco com as coxas paralelas ao solo e o corpo firme. Mantenha o lado posterior do braço encostado contra a face medial da coxa e deixe o braço pender para baixo.

2 Levante o haltere, tomando cuidado para que seu cotovelo não se desloque para frente e o lado posterior do braço fique em contato com a face medial da coxa.

3 Quando seu bíceps braquial estiver completamente contraído, faça uma pausa e flexione o cotovelo a 45°. Retorne de modo controlado e termine a série antes de repeti-la com o outro membro.

ROSCA SCOTT

MÚSCULOS-ALVO
- Bíceps braquial
- Braquial
- Braquiorradial

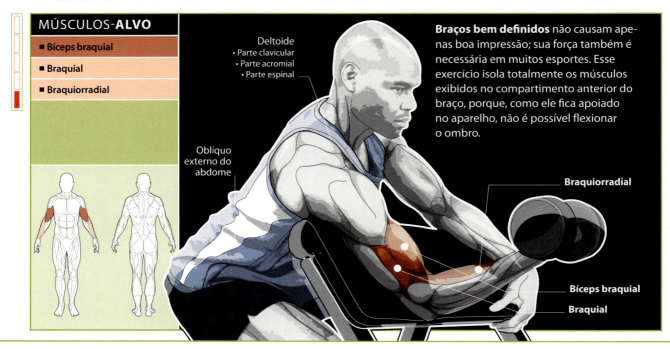

Braços bem definidos não causam apenas boa impressão; sua força também é necessária em muitos esportes. Esse exercício isola totalmente os músculos exibidos no compartimento anterior do braço, porque, como ele fica apoiado no aparelho, não é possível flexionar o ombro.

ROSCA COM POLIA BAIXA

MÚSCULOS-ALVO
- Bíceps braquial
- Braquial
- Braquiorradial

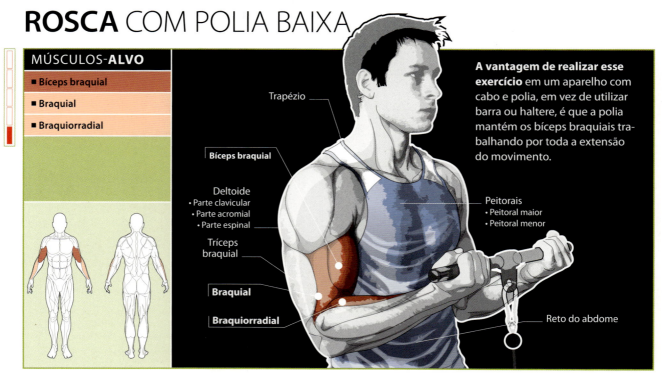

A vantagem de realizar esse exercício em um aparelho com cabo e polia, em vez de utilizar barra ou haltere, é que a polia mantém os bíceps braquiais trabalhando por toda a extensão do movimento.

MEMBROS SUPERIORES 155

1 Sente-se ou ajoelhe-se em um banco com a face posterior do braço contra a mesa. Segure o haltere com pegada supinada.

2 Levante o haltere devagar em direção ao ombro por toda a extensão do movimento, ao mesmo tempo em que inspira profundamente.

3 Abaixe o haltere de forma lenta e controlada até a posição inicial. Repita até completar a série e, em seguida, mude para o outro membro.

1 Regule a polia em posição baixa. Fique em pé, com os pés afastados na largura dos quadris e os joelhos levemente flexionados. Segure a barra com pegada supinada.

2 Puxe a barra para cima em direção ao tórax, flexionando os cotovelos. Expire enquanto realiza o movimento. Não se incline para trás.

3 Faça uma pausa breve no ponto mais alto do movimento e, em seguida, abaixe a barra devagar até a posição inicial, à frente das coxas.

ROSCA DIRETA (PEGADA PRONADA)

MÚSCULOS-ALVO
- Bíceps braquial
- Braquiorradial

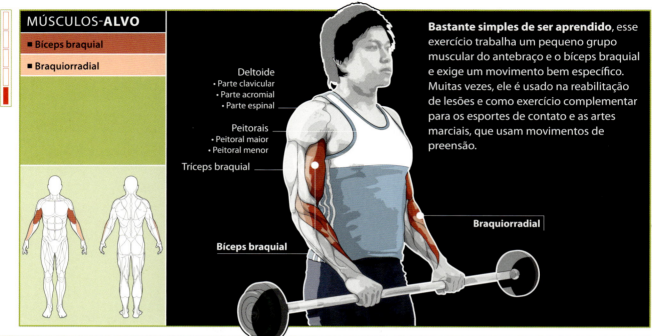

Bastante simples de ser aprendido, esse exercício trabalha um pequeno grupo muscular do antebraço e o bíceps braquial e exige um movimento bem específico. Muitas vezes, ele é usado na reabilitação de lesões e como exercício complementar para os esportes de contato e as artes marciais, que usam movimentos de preensão.

Deltoide
• Parte clavicular
• Parte acromial
• Parte espinal

Peitorais
• Peitoral maior
• Peitoral menor

Tríceps braquial

Bíceps braquial

Braquiorradial

ROSCA COM POLIA BAIXA (PEGADA PRONADA)

MÚSCULOS-ALVO
- Bíceps braquial
- Braquiorradial

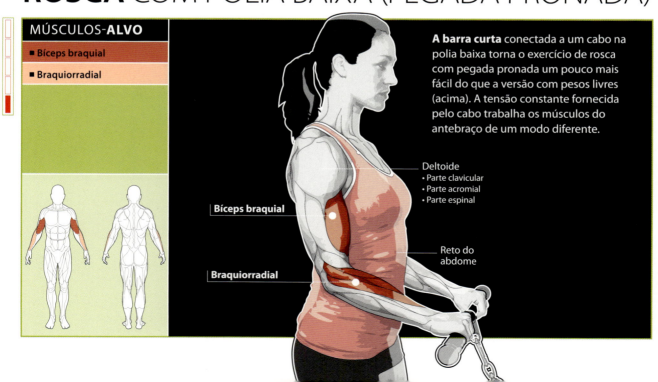

A barra curta conectada a um cabo na polia baixa torna o exercício de rosca com pegada pronada um pouco mais fácil do que a versão com pesos livres (acima). A tensão constante fornecida pelo cabo trabalha os músculos do antebraço de um modo diferente.

Deltoide
• Parte clavicular
• Parte acromial
• Parte espinal

Bíceps braquial

Reto do abdome

Braquiorradial

MEMBROS SUPERIORES 157

1 Fique em pé, com os pés afastados na largura dos quadris e a barra horizontalmente à frente das coxas. Segure a barra com as mãos um pouco mais afastadas que a distância dos ombros. Segure a barra com pegada pronada.

2 Mantendo os cotovelos firmes junto ao tronco e os pés em contato com o solo, comece a levantar a barra em direção à parte superior do tórax. Mantenha os punhos firmes e alinhados com o antebraço.

3 Levante a barra em direção à parte superior do tórax e, em seguida, abaixe-a de forma controlada até a posição inicial. Mantenha os cotovelos junto ao corpo.

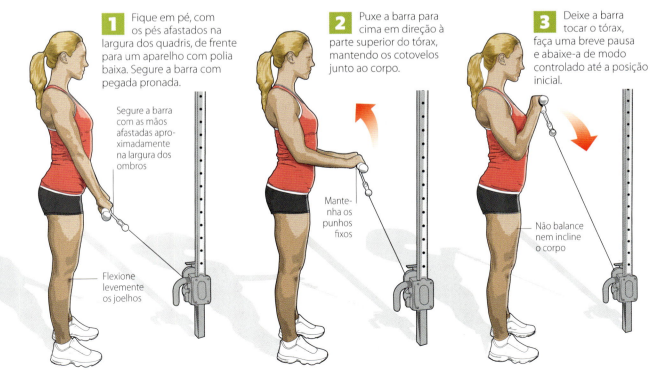

1 Fique em pé, com os pés afastados na largura dos quadris, de frente para um aparelho com polia baixa. Segure a barra com pegada pronada. Segure a barra com as mãos afastadas aproximadamente na largura dos ombros. Flexione levemente os joelhos.

2 Puxe a barra para cima em direção à parte superior do tórax, mantendo os cotovelos junto ao corpo. Mantenha os punhos fixos.

3 Deixe a barra tocar o tórax, faça uma breve pausa e abaixe-a de modo controlado até a posição inicial. Não balance nem incline o corpo.

EXTENSÃO DO PUNHO

MÚSCULOS-ALVO
- Extensor radial longo do carpo
- Extensor radial curto do carpo
- Extensor ulnar do carpo

Quando você trabalha com bastante carga, o elemento vulnerável em seu corpo pode ser a pegada. Esse exercício fortalece os antebraços, permitindo que você segure cargas maiores por períodos mais longos a fim de trabalhar os grandes músculos.

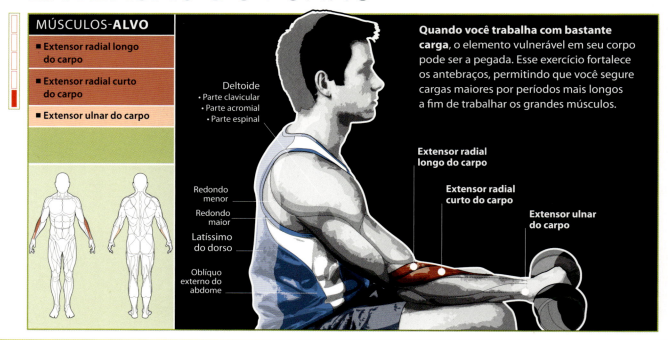

FLEXÃO DO PUNHO

MÚSCULOS-ALVO
- Palmar longo
- Flexor radial do carpo
- Flexor ulnar do carpo
- Flexor profundo dos dedos

Esse exercício, por isolar os antebraços, traz grande benefício a qualquer pessoa que execute movimentos de levantamento, seja no local de trabalho ou em competições.

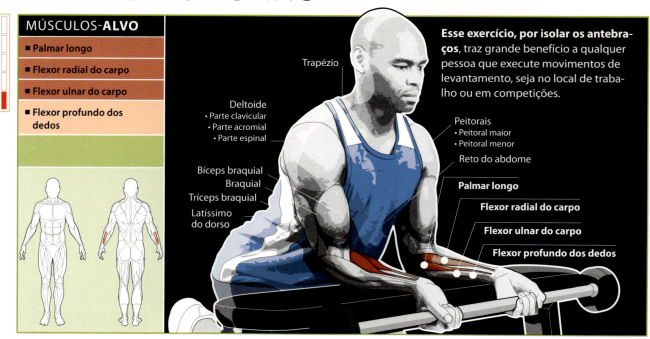

MEMBROS SUPERIORES 159

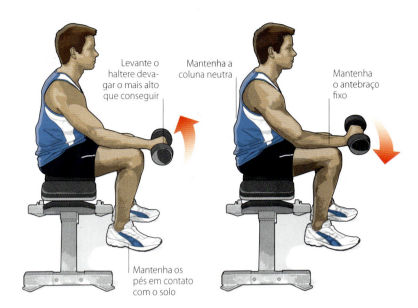

1 Sente-se em um banco segurando um haltere com pegada pronada e apoie o antebraço sobre a coxa.

2 Mantendo o antebraço imóvel, use o punho para levantar o haltere de forma lenta e controlada além da posição horizontal.

3 Abaixe lentamente o haltere até a posição inicial usando apenas o punho. Complete a série antes de repetir com o outro membro.

ATENÇÃO!
Não deixe a barra rolar em direção a seus dedos na fase de descida, porque você corre o risco de sofrer lesão no punho ou de deixar o peso cair.

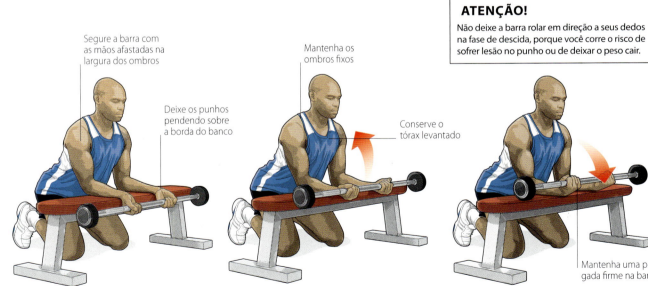

1 Ajoelhe-se no solo ou em um colchonete, ficando de frente para o banco. Segure a barra com a palma das mãos para cima (supinada) e apoie os antebraços sobre o banco.

2 Mantenha os cotovelos imóveis e movimente os punhos para levantar a barra o mais alto possível.

3 Abaixe a barra devagar até a posição inicial, sem estender os cotovelos nem se inclinar para frente. Mantenha uma pegada forte o tempo todo.

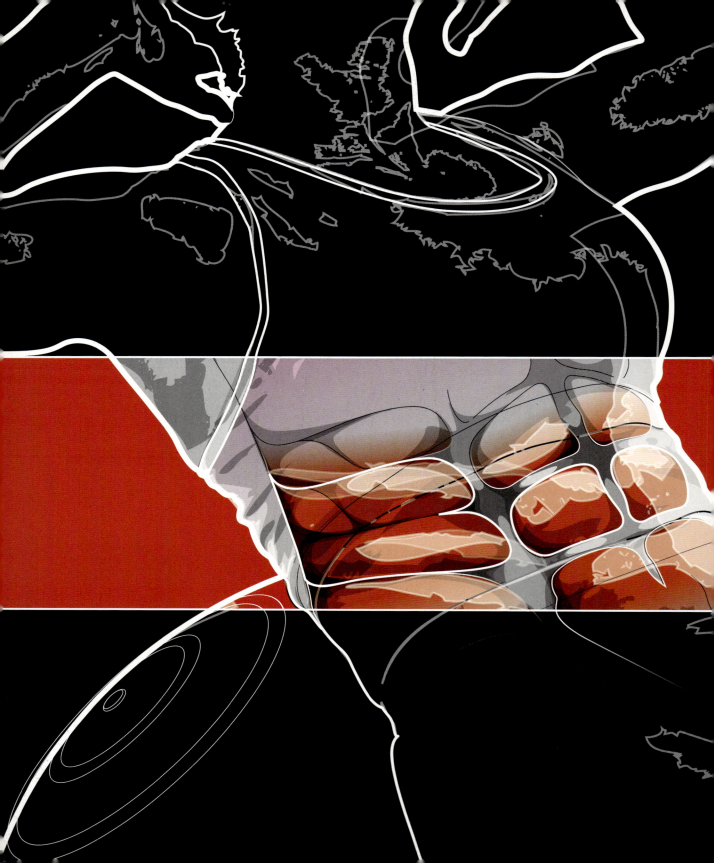

8

CORE E ABDOME

ABDOMINAL SUPRA (CRUNCH)

MÚSCULOS-ALVO
- Reto do abdome
- Oblíquo externo do abdome

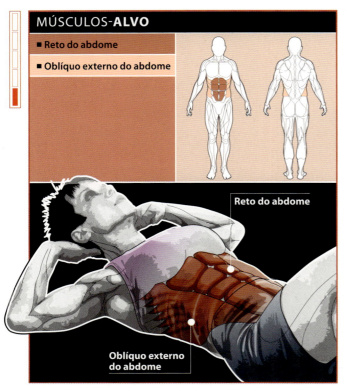

O abdominal supra básico (crunch) é um dos exercícios mais simples e mais populares. Ele ajuda a desenvolver um *core* forte e melhora a postura, mas é necessário que seja adotada uma posição correta.

1 Deite-se em um colchonete com os joelhos flexionados, os pés em contato com o solo e os dedos apoiados nas laterais da cabeça.

Mantenha o mento levantado e o pescoço estendido

2 Contraia o *core* e levante ligeiramente do solo os ombros e o dorso. Mantenha-se nessa posição por um momento.

Mantenha os quadris estáveis o tempo todo

3 Abaixe devagar a parte superior do corpo até o solo, não permitindo que a gravidade ou o impulso do corpo conduzam o movimento.

VARIAÇÃO

Para trabalhar o abdome com maior eficácia, adote uma ação de pulsação. Faça uma pausa no ponto mais alto do abdominal e deslize as mãos para cima e para baixo sobre as coxas. O movimento envolvido em cada pulso é muito pequeno, mas você deve ter como objetivo contrair um pouco mais forte os músculos do abdome a cada vez. Execute cerca de cinco "pulsos" em cada repetição do exercício.

VARIAÇÃO

Para trabalhar os músculos oblíquos externos do abdome na região lateral do tronco, adicione rotações a seus abdominais. Alterne o exercício, aproximando o cotovelo esquerdo do joelho direito e depois o cotovelo direito do joelho esquerdo.

CORE E ABDOME 163

SIT-UP

MÚSCULOS-ALVO
- Reto do abdome
- Oblíquo externo do abdome

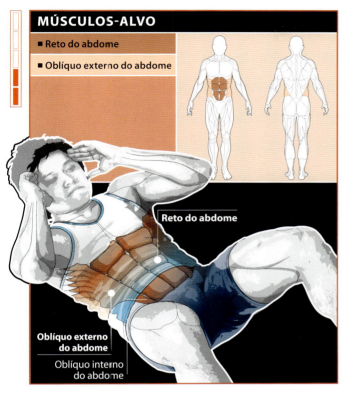

O ***sit-up*** **clássico** ainda é usado em muitos programas de treinamento. Ele é um bom exercício abdominal, mas deve ser evitado se você apresentar qualquer problema na região lombar, ou tiver um *core* fraco.

Flexione os cotovelos e apoie os dedos na região temporal

1 Deite-se em decúbito dorsal, com os pés apoiados no solo e os joelhos flexionados para reduzir o esforço na coluna vertebral.

Evite jogar o corpo para cima

Contraia fortemente os músculos do abdome e expire enquanto levanta

2 Contraia os músculos do *core* e levante o tronco, mantendo apenas as nádegas e os pés em contato com o solo.

Curve os ombros para dentro

3 Faça uma breve pausa quando o tronco estiver ereto e, em seguida, abaixe a parte superior do corpo até a posição inicial no solo.

Mantenha os pés em contato com o solo

VARIAÇÃO

Uma mudança na posição dos membros superiores altera a dificuldade do exercício. Estendê-los à frente dos joelhos proporciona menos resistência, ao passo que cruzá-los sobre o tórax ou apoiá-los na cabeça aumenta a dificuldade. Para um treinamento avançado, coloque uma anilha sobre o tórax.

VARIAÇÃO

Apoiar as pernas sobre um banco ou outra plataforma elevada isola os músculos abdominais, que passam a não contar com o auxílio dos flexores do quadril durante o exercício *sit-up*, sendo assim mais intensamente trabalhados.

ABDOMINAL INFRA (*CRUNCH INVERTIDO*)

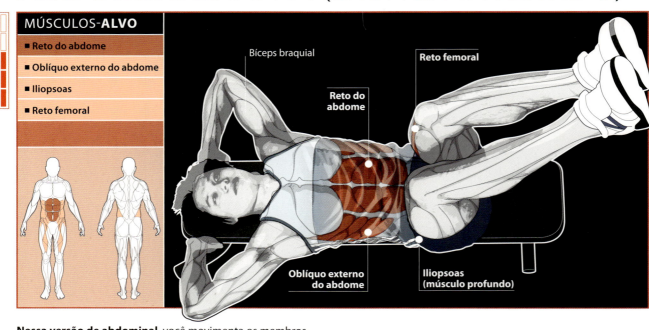

MÚSCULOS-ALVO
- Reto do abdome
- Oblíquo externo do abdome
- Iliopsoas
- Reto femoral

Nessa versão de abdominal, você movimenta os membros inferiores em vez do tronco. Ele é bom para a porção inferior do abdome, assim como para o reto femoral e os flexores do quadril (iliopsoas). É apropriado também como exercício de condicionamento geral para muitos esportes.

1 Deite-se com a cabeça, os ombros e as nádegas apoiadas sobre um banco fixo. Flexione os quadris e os joelhos em ângulo reto.

2 Estenda as pernas e levante lentamente as nádegas do banco. Use para isso os músculos do abdome e não o impulso dos membros inferiores.

3 Contraia com força os músculos do abdome e abaixe os membros inferiores devagar até a posição inicial; as nádegas devem apenas encostar levemente no banco.

CORE E ABDOME

ABDOMINAL OBLÍQUO

MÚSCULOS-ALVO
- Reto do abdome
- Oblíquo externo do abdome

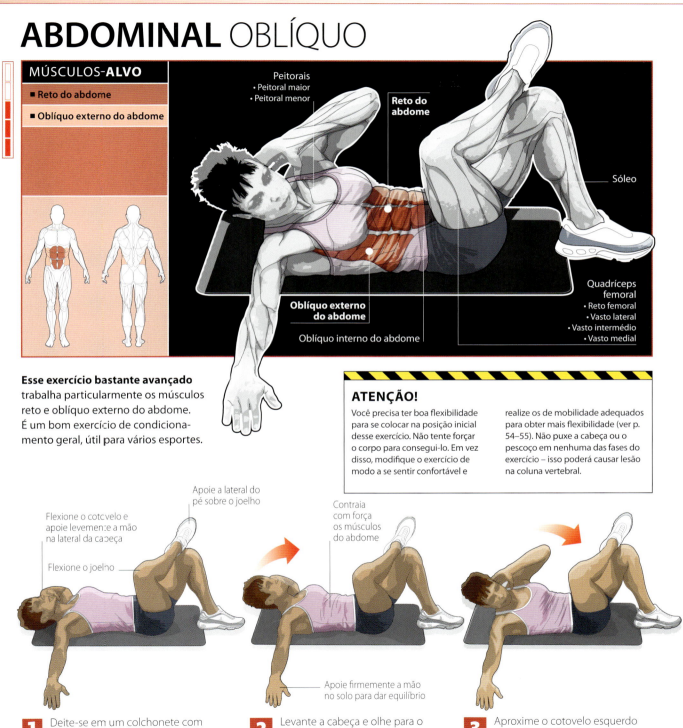

Esse exercício bastante avançado trabalha particularmente os músculos reto e oblíquo externo do abdome. É um bom exercício de condicionamento geral, útil para vários esportes.

ATENÇÃO!
Você precisa ter boa flexibilidade para se colocar na posição inicial desse exercício. Não tente forçar o corpo para consegui-lo. Em vez disso, modifique o exercício de modo a se sentir confortável e realize os de mobilidade adequados para obter mais flexibilidade (ver p. 54–55). Não puxe a cabeça ou o pescoço em nenhuma das fases do exercício – isso poderá causar lesão na coluna vertebral.

1 Deite-se em um colchonete com os joelhos flexionados. Estenda o membro superior direito no solo para dar equilíbrio e cruze o membro inferior direito sobre o esquerdo.

2 Levante a cabeça e olhe para o joelho flexionado; ao mesmo tempo, contraia os músculos do abdome e comece a levantar o cotovelo esquerdo.

3 Aproxime o cotovelo esquerdo do joelho direito. Faça uma breve pausa e, em seguida, retorne com cuidado à posição inicial.

ABDOMINAL 90/90

MÚSCULOS-ALVO
- Reto do abdome
- Oblíquo externo do abdome
- Transverso do abdome

Esse abdominal supra bastante fácil trabalha mais a parte superior do reto do abdome e aplica menos esforço na região lombar. Execute-o com os joelhos flexionados e os pés fixos.

ABDOMINAL SUPRA COM BOLA

MÚSCULOS-ALVO
- Reto do abdome
- Oblíquo externo do abdome

Executar o abdominal supra sobre uma bola de estabilidade ajuda a manter os músculos do abdome contraídos durante todo o exercício. Você precisa trabalhar constantemente para manter o corpo estável sobre uma bola naturalmente instável, usando para isso os músculos profundos do *core*.

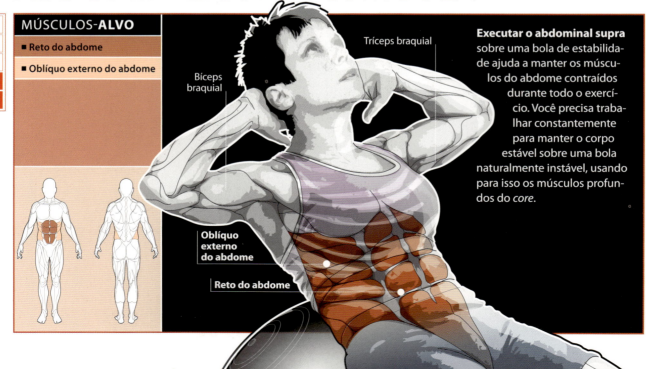

CORE E ABDOME 167

VARIAÇÃO

Tente fazer esse exercício com rotação. Gire ligeiramente o tronco para um lado enquanto levanta, aproximando o cotovelo esquerdo do joelho direito. Essa variação trabalhará também os músculos oblíquos do abdome.

ATENÇÃO!

Certifique-se de que seus pés estejam apoiados sobre o banco e não travados sob a borda de modo a atuarem como alavancas; isso colocará muito estresse na região lombar. Não puxe a cabeça ou o pescoço durante o exercício e tome o cuidado de manter a região lombar e as nádegas em contato com o solo. Não arremesse a cabeça ou os membros superiores para frente quando os músculos do abdome começarem a entrar em fadiga.

1 Deite-se de costas com os quadris e os joelhos flexionados em 90°. Apoie as suras em um banco, deixando os calcanhares apensos na borda.

2 Inspire profundamente e levante os ombros do solo; contraia com força os músculos do abdome, flexionando o tronco em direção aos joelhos.

3 Expire e faça uma pausa no ponto mais alto do movimento por um segundo. Abaixe o tronco e volte à posição inicial com cuidado.

ATENÇÃO!

Certifique-se de que seu corpo esteja equilibrado sobre a bola. Segure-se apoiando firmemente os pés no solo. Não puxe a cabeça para frente enquanto levanta e tenha o cuidado de levantar e abaixar o corpo lenta e concentradamente.

1 Comece com os pés apoiados no solo e os joelhos flexionados em 90°. Coloque as mãos nas laterais da cabeça.

2 Pressione a bola com a região lombar, contraia os músculos do abdome e levante os ombros alguns centímetros, forçando o abdome na direção dos quadris.

3 Abaixe o tronco de modo controlado, mantendo a tensão nos músculos do abdome. Preste atenção para não "cair" sobre a bola.

ABDOMINAL OBLÍQUO COM BOLA

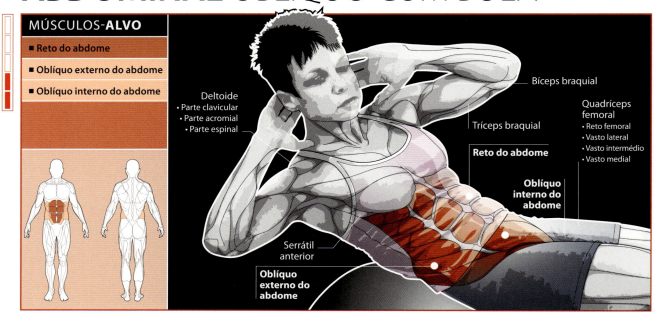

MÚSCULOS-ALVO
- Reto do abdome
- Oblíquo externo do abdome
- Oblíquo interno do abdome

Esse exercício não só desenvolve músculos fortes no abdome, como ainda fortalece os músculos responsáveis pela rotação do tronco. Trabalhar sobre a bola também promove o equilíbrio, tornando esse exercício ótimo para esportes como golfe e surfe.

1 Deite-se sobre a bola de estabilidade com a região lombar bem apoiada, os pés em contato com o solo e os joelhos flexionados em cerca de 90°. Apoie as mãos nas laterais da cabeça.

2 Quando se sentir seguro e estável, comece a fletir o tronco. Na metade da subida, gire-o para um lado – abrindo os cotovelos para dar equilíbrio.

3 Faça uma pausa no alto por cerca de um segundo e, em seguida, retorne à posição inicial. Mantendo a parte inferior do corpo imóvel, abaixe e gire em sentido contrário a parte superior.

CORE E ABDOME 169

FLEXÃO NO SOLO COM BOLA

MÚSCULOS-ALVO
- Reto do abdome
- Peitorais
- Tríceps braquial

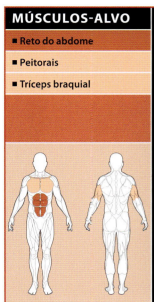

Nesse exercício, você mantém os pés elevados sobre uma bola de estabilidade, o que faz tórax, ombros e braços trabalharem mais do que na flexão no solo (ver p. 120). Os estabilizadores do tronco e dos quadris também participam do movimento de modo intenso, mantendo o corpo alinhado enquanto os pés permanecem apoiados na bola naturalmente instável.

ATENÇÃO!
Seu corpo deve ficar reto durante todo o exercício. Não deixe o terço médio do corpo curvar-se em direção ao solo, pois, nesse caso, seu dorso ficará submetido a grande estresse. Expirar enquanto sobe e inspirar ao abaixar o tronco o ajudará a manter a posição correta.

1 Posicione os pés em cima da bola de modo que seu corpo fique bem apoiado sobre os dedos estendidos e sobre as mãos, que devem estar alinhadas com as articulações dos ombros.

2 Mantendo os músculos do *core* contraídos, abaixe o corpo devagar o máximo que puder antes de levantá-lo até a posição inicial.

CANIVETE COM BOLA

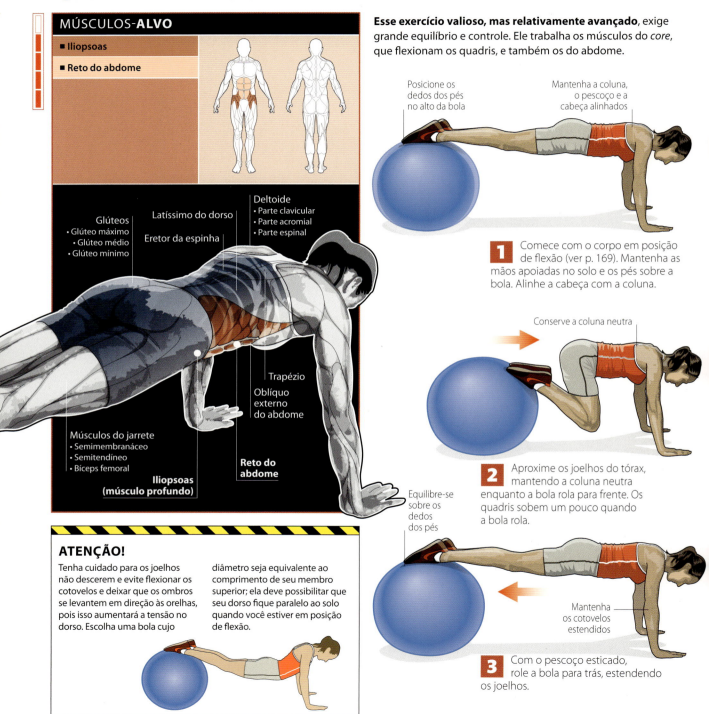

MÚSCULOS-ALVO
- Iliopsoas
- Reto do abdome

Esse exercício valioso, mas relativamente avançado, exige grande equilíbrio e controle. Ele trabalha os músculos do *core*, que flexionam os quadris, e também os do abdome.

1 Comece com o corpo em posição de flexão (ver p. 169). Mantenha as mãos apoiadas no solo e os pés sobre a bola. Alinhe a cabeça com a coluna.

- Posicione os dedos dos pés no alto da bola
- Mantenha a coluna, o pescoço e a cabeça alinhados

2 Aproxime os joelhos do tórax, mantendo a coluna neutra enquanto a bola rola para frente. Os quadris sobem um pouco quando a bola rola.

- Conserve a coluna neutra
- Equilibre-se sobre os dedos dos pés

3 Com o pescoço esticado, role a bola para trás, estendendo os joelhos.

- Mantenha os cotovelos estendidos

Músculos identificados na ilustração:
- Glúteos: Glúteo máximo, Glúteo médio, Glúteo mínimo
- Latíssimo do dorso
- Eretor da espinha
- Deltoide: Parte clavicular, Parte acromial, Parte espinal
- Trapézio
- Oblíquo externo do abdome
- Reto do abdome
- Músculos do jarrete: Semimembranáceo, Semitendíneo, Bíceps femoral
- Iliopsoas (músculo profundo)

ATENÇÃO!

Tenha cuidado para os joelhos não descerem e evite flexionar os cotovelos e deixar que os ombros se levantem em direção às orelhas, pois isso aumentará a tensão no dorso. Escolha uma bola cujo diâmetro seja equivalente ao comprimento de seu membro superior; ela deve possibilitar que seu dorso fique paralelo ao solo quando você estiver em posição de flexão.

CORE E ABDOME 171

EXTENSÃO LOMBAR COM BOLA

MÚSCULOS-ALVO
- Eretor da espinha
- Glúteos
- Músculos do jarrete

Esse exercício ajuda a equilibrar o tronco ao melhorar o condicionamento dos músculos da região lombar que trabalham em oposição aos músculos do abdome. Um tronco forte proporciona boa proteção contra lesões no dorso.

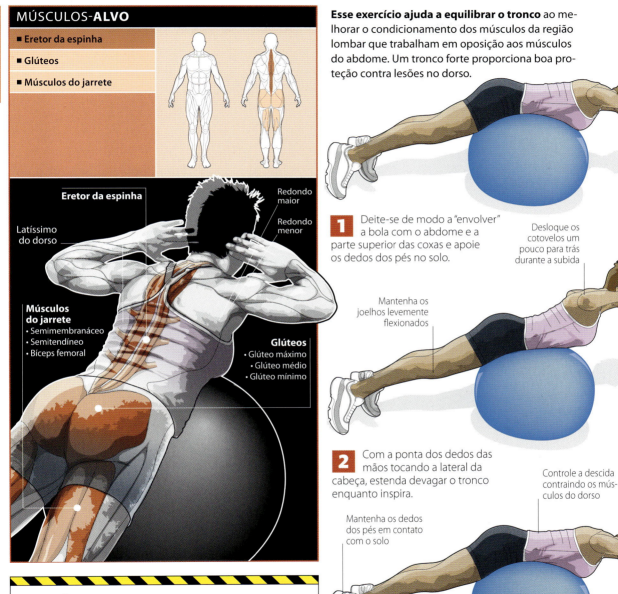

1 Deite-se de modo a "envolver" a bola com o abdome e a parte superior das coxas e apoie os dedos dos pés no solo.

Desloque os cotovelos um pouco para trás durante a subida

Mantenha os joelhos levemente flexionados

2 Com a ponta dos dedos das mãos tocando a lateral da cabeça, estenda devagar o tronco enquanto inspira.

Controle a descida contraindo os músculos do dorso

Mantenha os dedos dos pés em contato com o solo

3 Enquanto expira, abaixe devagar e com cuidado a parte superior do corpo até a posição inicial.

ATENÇÃO!

Antes de começar o exercício, verifique se a bola tem o tamanho ideal para o comprimento de seus membros; você precisa tocar o solo com os membros superiores estendidos. Mantenha o movimento suave e controlado; se estender o dorso muito depressa, você corre o risco de comprimir as vértebras lombares e causar lesão ao nervo isquiático. Não estenda o tronco além da linha natural da coluna – a hiperextensão do dorso pode ser perigosa.

FLEXÃO LATERAL

MÚSCULOS-ALVO
- Oblíquo externo do abdome
- Oblíquo interno do abdome
- Serrátil anterior

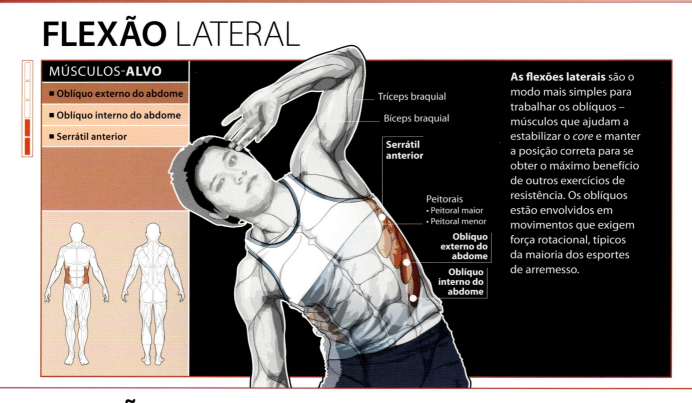

As flexões laterais são o modo mais simples para trabalhar os oblíquos – músculos que ajudam a estabilizar o *core* e manter a posição correta para se obter o máximo benefício de outros exercícios de resistência. Os oblíquos estão envolvidos em movimentos que exigem força rotacional, típicos da maioria dos esportes de arremesso.

FLEXÃO LATERAL NA CADEIRA ROMANA

MÚSCULOS-ALVO
- Oblíquo externo do abdome
- Oblíquo interno do abdome
- Serrátil anterior

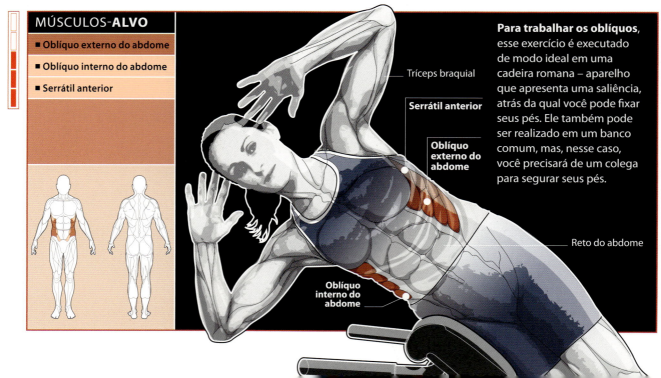

Para trabalhar os oblíquos, esse exercício é executado de modo ideal em uma cadeira romana – aparelho que apresenta uma saliência, atrás da qual você pode fixar seus pés. Ele também pode ser realizado em um banco comum, mas, nesse caso, você precisará de um colega para segurar seus pés.

CORE E ABDOME 173

1 Fique em pé, com os joelhos levemente flexionados, e segure um haltere ao lado da coxa com o membro estendido.

2 Incline-se devagar para um lado e, enquanto inspira, deslize o haltere para baixo, em contato com a coxa, até a altura do joelho. Não deixe o peso balançar.

3 Estenda o tronco contraindo os oblíquos situados no lado oposto ao do peso. Expire enquanto se movimenta até a posição inicial.

1 Apoie-se de lado em uma cadeira romana; ajuste-a de modo que a parte superior do corpo possa se movimentar para baixo confortavelmente na região dos quadris.

2 Incline-se devagar para o lado, em direção ao solo, até onde seja confortável. Tome cuidado para não se inclinar para frente ou para trás. Inspire enquanto desce.

3 Faça uma pausa na flexão lateral completa e, em seguida, levante o corpo até a posição inicial. Complete a série de um lado e repita do outro.

174 TREINAMENTO DE FORÇA

PRANCHA EM PRONAÇÃO

MÚSCULOS-ALVO

- Eretor da espinha
- Oblíquo externo do abdome
- Oblíquo interno do abdome
- Reto do abdome
- Quadríceps femoral

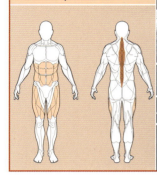

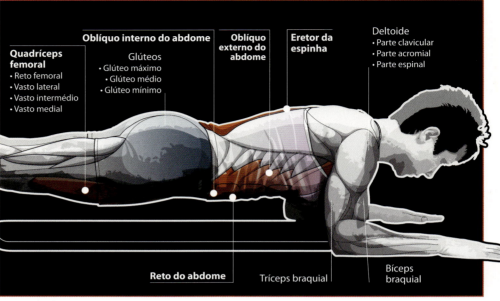

Quadríceps femoral
- Reto femoral
- Vasto lateral
- Vasto intermédio
- Vasto medial

Oblíquo interno do abdome

Glúteos
- Glúteo máximo
- Glúteo médio
- Glúteo mínimo

Oblíquo externo do abdome

Eretor da espinha

Deltoide
- Parte clavicular
- Parte acromial
- Parte espinal

Reto do abdome

Tríceps braquial

Bíceps braquial

Esse exercício estacionário de solo (também denominado ponte), ao sustentar a posição de imobilidade, trabalha os músculos do *core* e diversos dos principais grupos musculares das partes superior e inferior do corpo. Use-o na prevenção de problemas lombares.

Mantenha os pés juntos

1 Deite-se em decúbito ventral sobre um colchonete, com os cotovelos ao lado do corpo e a palma das mãos ao lado da cabeça e voltada para o solo.

Apoie os antebraços no solo

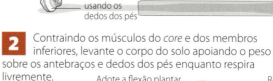

Mantenha o dorso plano e firme

Levante-se usando os dedos dos pés

2 Contraindo os músculos do *core* e dos membros inferiores, levante o corpo do solo apoiando o peso sobre os antebraços e dedos dos pés enquanto respira livremente.

Conserve a palma das mãos em contato com o solo

VARIAÇÃO

Você pode aumentar a dificuldade desse exercício se, quando estiver na posição de prancha, estender simultaneamente um membro superior e o membro inferior do lado oposto. Essa variação, denominada "super-homem", requer um equilíbrio extraordinário. Por outro lado, o exercício pode ser facilitado se a parte inferior do corpo for sustentada sobre os joelhos, em vez dos dedos dos pés.

Adote a flexão plantar no tornozelo

Retorne à posição de decúbito ventral

3 Mantenha a posição de prancha por um curto tempo – tente começar com 20 segundos – e, em seguida, abaixe o corpo até o colchonete.

CORE E ABDOME 175

PRANCHA LATERAL

MÚSCULOS-ALVO

- Oblíquo externo do abdome
- Oblíquo interno do abdome
- Quadríceps femoral

Esse é um exercício excelente para desenvolver os músculos localizados na região lateral do tronco, que são fundamentais para manter a posição correta na maioria das atividades. Esse exercício tonificante para a cintura pode ser executado facilmente em casa.

Bíceps braquial
Tríceps braquial

Deltoide
- Parte clavicular
- Parte acromial
- Parte espinal

Quadríceps femoral
- Reto femoral
- Vasto lateral
- Vasto intermédio
- Vasto medial

Oblíquo externo do abdome
Oblíquo interno do abdome

Apoie o antebraço ao longo dos quadris

1 Deite-se de lado, apoiando o peso nos pés e no antebraço. Certifique-se de que o braço esteja na vertical, o antebraço perpendicular ao corpo e os membros inferiores estendidos.

Equilibre-se sobre a lateral do pés sobrepostos

2 Levante delicadamente os quadris até que a cabeça e a coluna vertebral fiquem alinhadas. Ao mesmo tempo, respirando livremente, abduza o braço até ficar na vertical.

Mantenha os glúteos e o *core* contraídos

3 Faça uma pausa de aproximadamente 20 segundos e, em seguida, abaixe o braço até o lado do corpo e os quadris até o solo. Repita o exercício invertendo o lado.

FLEXÃO DE JOELHOS COM OS MEMBROS INFERIORES ELEVADOS

MÚSCULO-ALVO
- Reto do abdome

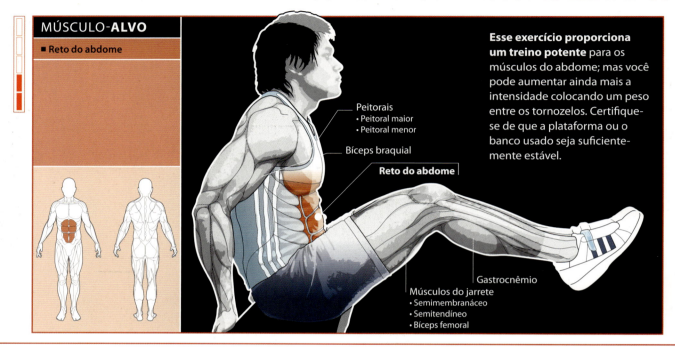

Peitorais
- Peitoral maior
- Peitoral menor

Bíceps braquial

Reto do abdome

Gastrocnêmio

Músculos do jarrete
- Semimembranáceo
- Semitendíneo
- Bíceps femoral

Esse exercício proporciona um treino potente para os músculos do abdome; mas você pode aumentar ainda mais a intensidade colocando um peso entre os tornozelos. Certifique-se de que a plataforma ou o banco usado seja suficientemente estável.

LEVANTAMENTO TERRA UNILATERAL COM *KETTLEBELL*

MÚSCULOS-ALVO
- Quadríceps femoral
- Oblíquo externo do abdome
- Transverso do abdome
- Músculos do jarrete
- Glúteos

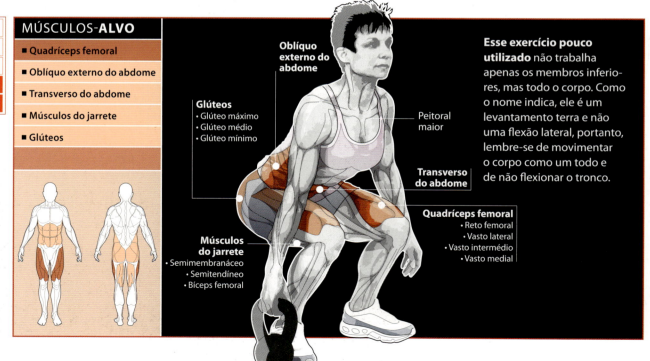

Oblíquo externo do abdome

Glúteos
- Glúteo máximo
- Glúteo médio
- Glúteo mínimo

Músculos do jarrete
- Semimembranáceo
- Semitendíneo
- Bíceps femoral

Peitoral maior

Transverso do abdome

Quadríceps femoral
- Reto femoral
- Vasto lateral
- Vasto intermédio
- Vasto medial

Esse exercício pouco utilizado não trabalha apenas os membros inferiores, mas todo o corpo. Como o nome indica, ele é um levantamento terra e não uma flexão lateral, portanto, lembre-se de movimentar o corpo como um todo e de não flexionar o tronco.

CORE E ABDOME 177

1 Sente-se no banco apoiando-se nas bordas atrás de você. Levante os membros inferiores juntos, com os dedos dos pés apontados para frente.

2 Mantendo os pés e os joelhos juntos, flexione os joelhos e leve-os em direção ao tórax. Projete o tronco um pouco para frente para obter equilíbrio.

3 Aproxime os joelhos do corpo o máximo possível. Retorne à posição inicial, estendendo os quadris e os joelhos e inclinando o tronco para trás para contrabalançar.

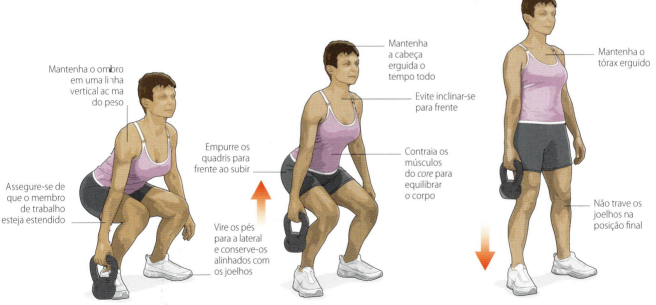

1 Posicione-se para começar, com o kettlebell ao lado do pé, os quadris acima dos joelhos e o dorso plano e firme.

2 Mantendo a posição correta o tempo todo, levante-se com força, usando os membros inferiores: imagine que você esteja empurrando o solo com os pés.

3 Fique em pé, com o peso ao lado da coxa. Retorne à posição inicial e complete a série antes de mudar o lado.

MACHADADA

MÚSCULOS-ALVO

- Oblíquo externo do abdome
- Peitorais
- Serrátil anterior
- Supraespinal
- Redondo maior
- Redondo menor

Esse poderoso exercício rotacional desenvolve os músculos do tronco, sendo portanto ideal para treinamento em esportes que envolvam movimento de rotação, como o de arremessar ou golpear uma bola com bastão ou raquete.

1 Posicione um cabo com polia acima do nível do ombro e selecione o peso desejado na pilha. Fique de lado para a polia e segure o puxador estribo com as duas mãos.

4 Mantenha os membros superiores estendidos e continue a rotação. Certifique-se de que os ombros permaneçam alinhados com os quadris e a face voltada para as mãos.

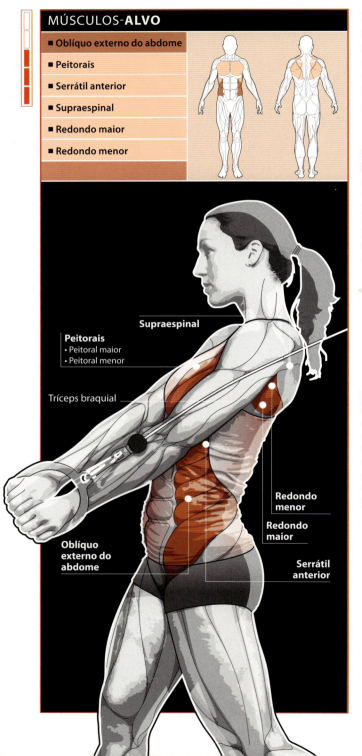

CORE E ABDOME

2 Comece a puxar o estribo para baixo e pela frente do corpo em direção ao lado do quadril mais próximo da polia, como se estivesse dando uma machadada em uma árvore. Gire o corpo em direção à linha mediana.

- Olhe na direção de suas mãos
- Mantenha o tronco ereto
- Gire sobre a região anterior da planta do pé

3 Continue puxando o estribo para baixo e executando um movimento suave de rotação; permita que os joelhos e os quadris girem um pouco.

- Mantenha seu ombro de fora mais alto que o de dentro
- Puxe o cabo suavemente em direção ao quadril mais próximo

5 Gire até que a cabeça, os quadris, os ombros e as mãos estejam alinhados. Retorne à posição inicial, complete a série e repita com o outro lado.

- Alinhe as mãos e os ombros com a polia
- Contraia os glúteos com força
- Gire o pé para fora, sobre os dedos

VARIAÇÃO

Tente usar uma barra reta em vez do estribo. Inicie voltado para o lado oposto ao da polia, com os pés afastados na largura dos quadris. Com os membros superiores estendidos, gire em direção à polia sem movimentar os pés. No final do movimento, você estará olhando para a polia, por cima do ombro. Puxe a barra para baixo, mantendo os membros superiores estendidos, até que a mão mais próxima da polia fique no nível do quadril oposto.

ATENÇÃO!

Não deixe de se aquecer completamente antes de iniciar a machadada. Esse exercício aplica forças rotacionais intensas na região lombar e o aquecimento ajuda a prevenir lesões por torção. A machadada desenvolve potência com muita rapidez, especialmente quando executada em alta velocidade. Portanto, não se esqueça de trabalhar os dois lados da mesma maneira, para prevenir desequilíbrios de desenvolvimento potencialmente perigosos.

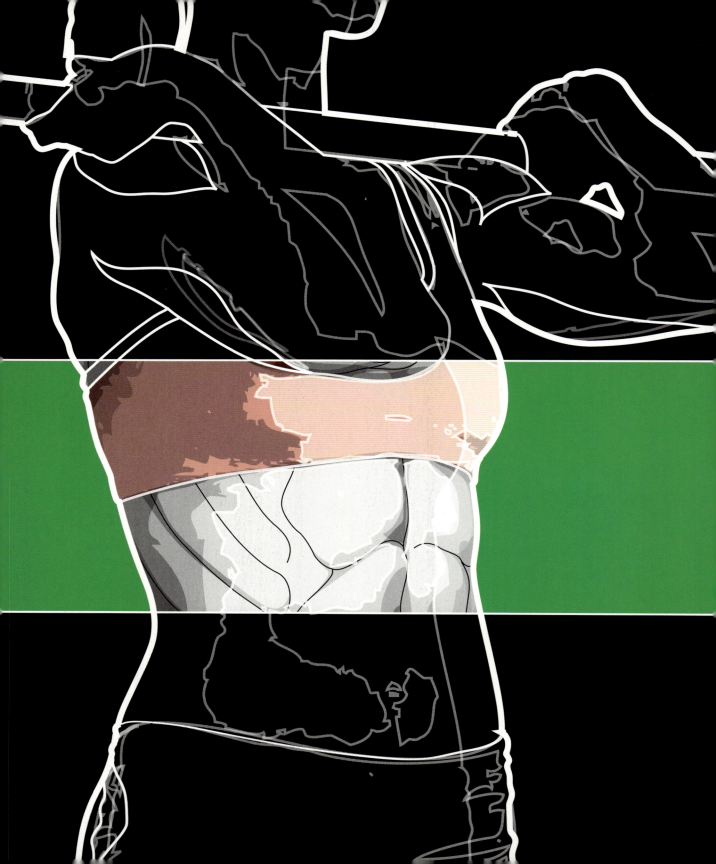

9

LEVANTAMENTOS DINÂMICOS

METIDA AO PEITO

MÚSCULOS-ALVO

- Quadríceps femoral
- Músculos do jarrete
- Gastrocnêmio
- Sóleo
- Glúteos
- Peitorais
- Deltoide

Embora tecnicamente difícil, esse exercício de explosão é um desenvolvedor de potência completo e fantástico e, quando executado com pesos leves, também se torna um excelente exercício de aquecimento.

1 Agache-se com os pés sob a barra e afastados na largura dos quadris, que devem ficar mais elevados que os joelhos. Segure a barra com pegada pronada e as mãos mais afastadas que a largura dos ombros.

4 Após atingir a extensão máxima, abaixe o corpo sob a barra, girando os cotovelos para baixo.

Gire os braços ao redor da barra

Peitorais
• Peitoral maior
• Peitoral menor

Serrátil anterior
Latíssimo do dorso
Oblíquo externo do abdome
Reto do abdome
Oblíquo interno do abdome

Glúteos
• Glúteo máximo
• Glúteo médio
• Glúteo mínimo

Músculos do jarrete
• Semimembranáceo
• Semitendíneo
• Bíceps femoral

Gastrocnêmio

Bíceps braquial

Tríceps braquial

Deltoide
• Parte clavicular
• Parte acromial
• Parte espinal

Quadríceps femoral
• Reto femoral
• Vasto lateral
• Vasto intermédio
• Vasto medial

Sóleo

LEVANTAMENTOS DINÂMICOS 183

> **ATENÇÃO!**
> Execute todos os levantamentos dinâmicos sobre uma plataforma apropriada. Esse movimento complexo requer técnica, equilíbrio e controle excelentes. Pratique com pesos leves até que esteja apto e, se possível, consulte um treinador capacitado.

2 Levante a barra acima dos joelhos; empurre os quadris enquanto se levanta, forçando os membros inferiores para obter impulso.

- Mantenha os ombros acima da barra o máximo que conseguir
- Deixe a barra tocar a parte mais alta de suas coxas

3 Estenda vigorosamente os quadris, joelhos e tornozelos, mantendo a barra próxima ao corpo. Levante os ombros com força.

- Mantenha a barra próxima ao corpo
- Comece a abaixar os cotovelos quando os ombros atingirem o ponto mais alto
- Seus dedos devem deixar o solo quando você levantar de modo explosivo

5 Fique semiagachado, com os quadris e os joelhos flexionados, e leve a barra à parte superior dos ombros. Erga-se, estendendo os membros inferiores.

- Mantenha o *core* firme para estabilizar o corpo
- Empurre os cotovelos para frente para fixar a barra
- Fique semiagachado
- Afaste um pouco os pés para os lados

6 Mantendo o dorso plano, abaixe a barra de modo controlado até as coxas e recoloque-a no solo.

- Controle a descida da barra
- Mantenha os pés em contato com o solo

ARRANQUE

METIDA AO PEITO COM A BARRA SUSPENSA

MÚSCULOS-ALVO
- Quadríceps femoral
- Músculos do jarrete
- Gastrocnêmio
- Sóleo
- Glúteos
- Peitorais
- Deltoide

Esse levantamento dinâmico requer alto grau de coordenação e potência. É um excelente exercício de desenvolvimento de força para o levantamento básico de peso e a maioria dos outros esportes.

Olhe para frente com a face ligeiramente voltada para baixo

1 Agache-se com os pés afastados na largura dos quadris e segure a barra com pegada pronada e separadas na largura dos ombros. Os quadris devem ficar mais elevados que os joelhos e os ombros à frente da barra.

Comece a girar as mãos e os cotovelos em torno da barra

4 Continue puxando a barra, imprimindo a ela o maior impulso possível. À medida que o peso sobe, desça o corpo abaixo da barra.

Peitorais
- Peitoral maior
- Peitoral menor

Serrátil anterior
Latíssimo do dorso
Oblíquo externo do abdome
Reto do abdome
Oblíquo interno do abdome

Glúteos
- Glúteo máximo
- Glúteo médio
- Glúteo mínimo

Músculos do jarrete
- Semimembranáceo
- Semitendíneo
- Bíceps femoral

Gastrocnêmio

Bíceps braquial
Tríceps braquial

Deltoide
- Parte clavicular
- Parte acromial
- Parte espinal

Quadríceps femoral
- Reto femoral
- Vasto lateral
- Vasto intermédio
- Vasto medial

Sóleo

LEVANTAMENTOS DINÂMICOS 187

ATENÇÃO!

Esse é um exercício avançado que sobrecarrega a região lombar, portanto, você deve estar sempre bem aquecido antes de iniciá-lo. Trabalhe dentro de seus limites e nunca sacrifique a boa técnica em prol do aumento de peso. Não puxe primeiro com os membros superiores – o trabalho deve ser executado pelos membros inferiores e pelos quadris.

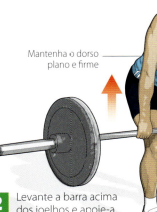

Mantenha o dorso plano e firme

Pare com a barra logo acima dos joelhos flexionados

2 Levante a barra acima dos joelhos e apoie-a de leve sobre as coxas, segurando-a com os membros superiores estendidos. Mantenha o dorso plano. Essa é a posição inicial da barra "suspensa" para o exercício.

Certifique-se de que a barra permaneça na horizontal

Projete-se para cima contraindo os quadríceps femorais

3 Começando com os membros superiores estendidos, levante os quadris em direção à barra e estenda os membros inferiores rapidamente para impulsioná-la para cima.

Levante bem os ombros

Mantenha a barra o mais próxima possível do corpo o tempo todo

Estenda completamente o corpo, levantando-se sobre os dedos dos pés

Mantenha os quadris acima dos joelhos em posição semiagachada

5 Quando a barra atingir o nível dos ombros, jogue os cotovelos para frente e segure-a sobre os ombros. Flexione os joelhos para absorver o impacto e, em seguida, estenda os membros inferiores até se equilibrar em pé.

Conserve a cabeça erguida e o dorso plano

Direcione os cotovelos para frente

Contraia os músculos do *core* para estabilizar o corpo

6 Para voltar à posição inicial (passo 2), gire os punhos e os cotovelos em torno da barra, mantendo-a próxima ao corpo. Abaixe a barra devagar e de modo controlado até apoiá-la sobre as coxas.

Flexione os joelhos e os quadris quando estiver abaixando o peso

ARRANQUE COM A BARRA SUSPENSA

MÚSCULOS-ALVO
- Quadríceps femoral
- Músculos do jarrete
- Gastrocnêmio
- Sóleo
- Glúteos
- Peitorais
- Deltoide
- Tríceps braquial

Esse movimento explosivo requer ótima técnica, mas ajuda a desenvolver a potência em todo o corpo e a condição atlética.

Conserve os quadris mais elevados que os joelhos

1 Agache-se com os pés sob a barra e afastados na largura dos quadris. Segure firme a barra com as mãos bem afastadas (ver p. 184), mantendo a face voltada para frente e para baixo, os membros superiores estendidos e o dorso plano.

5 Continue puxando a barra com os cotovelos voltados para os lados e para cima. Enquanto levanta a barra, comece a abaixar o corpo e flexionar os joelhos, girando os punhos e os cotovelos sob a barra.

LEVANTAMENTOS DINÂMICOS 189

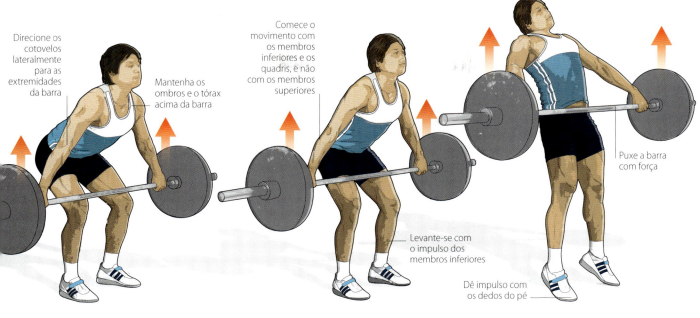

2 Levante a barra do solo e leve-a até acima dos joelhos ligeiramente flexionados, apoiando-a na parte inferior das coxas. Essa é a posição inicial com a barra "suspensa".

3 Inicie o movimento de explosão, movendo os quadris em direção à barra, estendendo os membros inferiores e levantando os ombros.

4 Continue se levantando com toda força, estendendo quadris, joelhos e tornozelos e levantando vigorosamente os ombros para impulsionar a barra.

6 Fique semiagachado com o dorso plano e os pés em contato com o solo. Segure a barra acima da cabeça com os membros superiores estendidos e levante-se até ficar ereto com a barra nessa posição.

7 Retorne à posição inicial (passo 2), mantendo o dorso firme e abaixando a barra de modo controlado até apoiá-la sobre as coxas. Conserve a barra próxima ao corpo.

METIDA AO PEITO E AGACHAMENTO À FRENTE

MÚSCULOS-ALVO

- Quadríceps femoral
- Músculos do jarrete
- Gastrocnêmio
- Sóleo
- Glúteos
- Peitorais
- Deltoide

Nesse movimento contínuo e explosivo, você agacha bem para conseguir posicionar-se sob a barra. Esse exercício é bom para desenvolver força dinâmica.

1 Comece com os pés sob a barra, afastados na largura dos quadris, o dorso plano e a face voltada para frente. Segure a barra com as mãos afastadas na largura dos ombros.

Apoie a barra sobre a parte superior dos ombros, mantendo o tórax ereto

Agache-se profundamente, com os quadris mais baixos que os joelhos

4 Solte o corpo em um agachamento profundo, mantendo o dorso ereto, os joelhos alinhados com os pés e os cotovelos levantados.

LEVANTAMENTOS DINÂMICOS

AGACHAMENTO COM BARRA NA FRENTE (PESADO)

MÚSCULOS-ALVO
- Quadríceps femoral
- Músculos do jarrete
- Glúteos
- Gastrocnêmio
- Sóleo
- Peitorais
- Deltoide

Esse exercício de puro aumento de potência desenvolve o físico para muitos esportes, particularmente aqueles que envolvem saltos e impulsos dinâmicos.

1 Posicione-se com os ombros embaixo de uma barra apoiada em suporte. Segure-a com as mãos um pouco mais afastadas que a largura dos ombros e mantenha-a encostada na parte superior do tórax e nos ombros.

4 Com os cotovelos levantados, agache-se devagar o máximo que puder, conservando a postura correta.

LEVANTAMENTOS DINÂMICOS 193

ATENÇÃO!
Ao fazer agachamentos com carga pesada, peça auxílio a uma pessoa competente, em especial nos momentos em que for retirar a barra do suporte e recolocá-la. Desça de modo lento e evite "rechaçar" quando chegar à posição final. Mantenha sempre o dorso firme e ereto durante todo o movimento.

- Mantenha a cabeça erguida durante todo o exercício
- Segure a barra com pegada pronada (palmas voltadas para cima) e os cotovelos levantados
- Posicione os quadris diretamente sob a barra
- Afaste os pés na largura dos quadris, com os dedos ligeiramente voltados para os lados
- Levante os cotovelos para manter a barra fixa sobre os ombros e a parte superior do tórax

2 Levante a barra, fique ereto e dê alguns passos para trás a fim de liberá-la do suporte.

3 Flexione os quadris e os joelhos para abaixar o corpo. Mantenha o dorso firme e ereto e os joelhos alinhados com os pés.

- Contraia os músculos do *core* para estabilizar o corpo
- Levante-se contraindo os quadríceps femorais
- Mantenha a barra nivelada e estável ao recolocá-la no suporte

5 Levante-se estendendo os quadris e os joelhos e mantendo o peso equilibrado pelos cotovelos levantados. Movimente os cotovelos para cima e para frente enquanto se levanta.

6 Repita os passos 3 a 5 até completar a série e, em seguida, dê alguns passos à frente e apoie a barra no suporte, mantendo a cabeça erguida, os cotovelos levantados e o dorso ereto e firme.

AGACHAMENTO PROFUNDO

MÚSCULOS-ALVO
- Quadríceps femoral
- Músculos do jarrete
- Gastrocnêmio
- Sóleo
- Glúteos
- Tríceps braquial
- Deltoide

O agachamento profundo é um exercício que ajuda a desenvolver força, equilíbrio e flexibilidade nos membros inferiores, na parte superior do corpo e no cíngulo do membro superior, o que faz dele uma valiosa atividade de condicionamento.

Antes de se agachar, certifique-se de que a barra esteja estável e mantenha uma pegada firme

Estenda totalmente os cotovelos

Contraia os músculos do *core* para estabilizar o corpo

Vire os pés ligeiramente para os lados

3 Empurre a barra para cima da cabeça até ficar com os membros superiores estendidos. Estenda completamente os cotovelos, mantendo o dorso firme durante todo o exercício.

LEVANTAMENTOS DINÂMICOS 195

1 Posicione-se sob a barra, com os joelhos flexionados e apoie-a sobre a parte superior do dorso, segurando-a com as mãos um pouco mais afastadas que a largura dos ombros.

Apoie a barra sobre a parte espinal do deltoide e a parte descendente do trapézio

2 Fique em pé, com os pés afastados na largura dos quadris e os dedos voltados ligeiramente para os lados. Dê um passo para trás e aproxime as mãos das anilhas (ver p. 184), com os cotovelos flexionados em cerca de 90°.

Certifique-se de estar suficientemente afastado do suporte

Mantenha o dorso plano e o *core* contraído

Conserve o tórax e a cabeça levantados

Flexione os joelhos enquanto empurra as nádegas para trás

Segure a barra alinhada verticalmente com os pés

Vire os joelhos para fora, de forma a ficarem alinhados com os pés

4 Mantendo o dorso firme, flexione os quadris e os joelhos e abaixe o corpo até a posição de agachamento profundo, pressionando os calcanhares para baixo enquanto desce.

5 A partir da posição de agachamento profundo, levante-se estendendo os quadris e os joelhos para voltar à posição inicial (passo 3). Termine a série antes de devolver a barra ao suporte.

ATENÇÃO!

Esse exercício é considerado um dos movimentos mais difíceis do treinamento de força e testa tanto a estabilidade como o equilíbrio. É importante começar com pesos leves ou com uma barra sem carga para aperfeiçoar sua técnica. Ao executar o movimento, não se esqueça de ter sempre alguém competente por perto para auxiliá-lo.

ARREMESSO (2ª FASE)

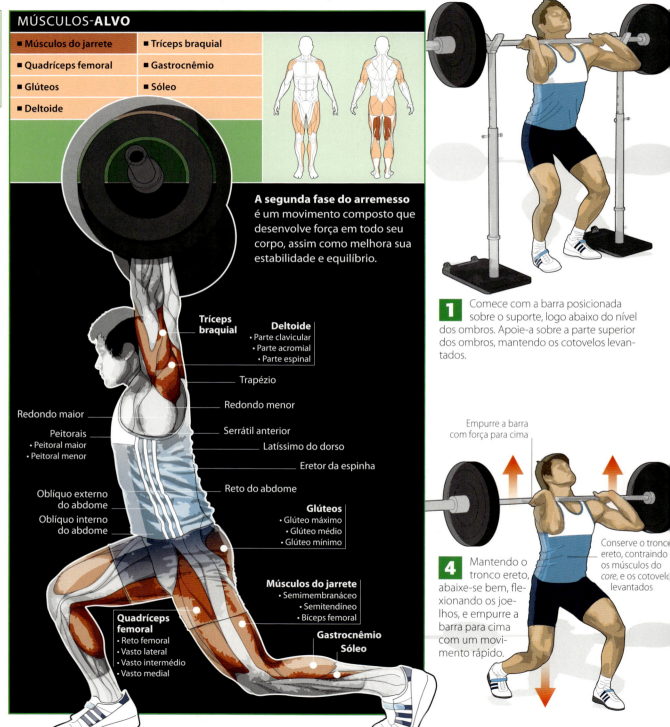

MÚSCULOS-ALVO

- Músculos do jarrete
- Quadríceps femoral
- Glúteos
- Deltoide
- Tríceps braquial
- Gastrocnêmio
- Sóleo

A segunda fase do arremesso é um movimento composto que desenvolve força em todo seu corpo, assim como melhora sua estabilidade e equilíbrio.

1 Comece com a barra posicionada sobre o suporte, logo abaixo do nível dos ombros. Apoie-a sobre a parte superior dos ombros, mantendo os cotovelos levantados.

Empurre a barra com força para cima

4 Mantendo o tronco ereto, abaixe-se bem, flexionando os joelhos, e empurre a barra para cima com um movimento rápido.

Conserve o tronco ereto, contraindo os músculos do core, e os cotovelos levantados

LEVANTAMENTOS DINÂMICOS 197

Segure a barra com as mãos um pouco mais afastadas que a largura dos ombros

2 Levante-se com a barra sobre os ombros e dê alguns passos para trás para afastar-se do suporte.

Apoie a barra sobre a parte superior do tórax e dos ombros

Coloque seu peso sobre a parte anterior da planta do pé recuado

Conserve o pé avançado em contato com o solo

3 Fique em pé, com os pés afastados na largura dos quadris. Mantendo os cotovelos levantados e o dorso ereto e firme, dê um longo passo adiante para ficar na posição inicial do movimento de segunda fase do arremesso.

Estenda completamente os cotovelos

Conserve o joelho acima do pé e alinhado com ele

5 Levante a barra acima da cabeça, estendendo os membros superiores, enquanto dá um passo curto para frente com o pé avançado. A barra, os ombros e os quadris devem ficar alinhados.

Mantenha o calcanhar do pé recuado levantado e alinhado com a sura (panturrilha)

Comece a abaixar a barra, mantendo controle total sobre ela

Conserve os músculos do *core* contraídos para estabilizar o tronco

6 Mantendo os pés imóveis nessa posição, estenda o membro inferior avançado e retorne à posição inicial. Abaixe a barra de modo lento e controlado até apoiá-la na parte superior do tórax e dos ombros. Repita os passos 3 a 6 para completar a série antes de recolocar a barra cuidadosamente no suporte.

Mantenha a posição do pé

ARRANQUE COM AGACHAMENTO

MÚSCULOS-ALVO
- Quadríceps femoral
- Músculos do jarrete
- Glúteos
- Deltoide
- Tríceps braquial
- Gastrocnêmio
- Sóleo

Esse exercício global multiarticular é um derivado do agachamento profundo. Use-o para desenvolver potência, particularmente no cíngulo do membro superior, na parte superior do dorso e nos membros inferiores.

1 Posicione a barra em um suporte logo abaixo do nível dos ombros. Apoie-a sobre a parte superior do dorso.

4 Continue a abaixar até a posição de agachamento profundo. Mantenha o tronco ereto, o dorso plano, contraindo os músculos do *core* e mantendo a cabeça erguida à frente da barra.

LEVANTAMENTOS DINÂMICOS 199

2 Dê um passo para trás e fique ereto, com os pés afastados na largura dos quadris. Movimente as mãos com cuidado para os lados, aproximando-as das anilhas (ver p. 184).

3 Levante a barra acima da cabeça e, ao mesmo tempo, agache-se, deixando-a descer. Agarre a barra com os membros superiores estendidos.

5 A partir do agachamento profundo, movimente-se com força para cima, usando o impulso dos membros inferiores. Ajuste o ângulo dos ombros para manter o equilíbrio. Levante-se completamente com a barra acima da cabeça.

6 Para retornar, abaixe o peso devagar e de modo controlado até a parte superior do dorso e reposicione os pés. Repita os passos 3 a 6 para terminar a série antes de recolocar a barra no suporte.

ARRANQUE COM OS PÉS AFASTADOS

MÚSCULOS-ALVO
- Quadríceps femoral
- Músculos do jarrete
- Glúteos
- Deltoide

Esse levantamento requer velocidade e aumentará sua agilidade. Trabalhe alternando os membros inferiores, para equilibrar os músculos.

Bíceps braquial
Tríceps braquial
Redondo menor
Redondo maior

Deltoide
- Parte clavicular
- Parte acromial
- Parte espinal

Glúteos
- Glúteo máximo
- Glúteo médio
- Glúteo mínimo

Peitorais
- Peitoral maior
- Peitoral menor

Serrátil anterior
Reto do abdome
Oblíquo externo do abdome
Oblíquo interno do abdome

Quadríceps femoral
- Reto femoral
- Vasto lateral
- Vasto intermédio
- Vasto medial

Gastrocnêmio
Sóleo

Músculos do jarrete
- Semimembranáceo
- Semitendíneo
- Bíceps femoral

1 Posicione seus pés sob a barra, afastados na largura dos quadris. Segure a barra com as mãos em pegada pronada e mais afastadas que a distância entre os ombros, mantendo os quadris mais altos que os joelhos.

Mantenha o dorso plano e a face voltada para frente

Comece com a barra em cima dos dedos dos pés

4 À medida que a barra sobe, separe rapidamente os pés, deslocando um para frente e o outro para trás. Comece a flexionar os cotovelos e os punhos para abaixar os membros superiores e posicioná-los sob a barra.

Separe os pés

LEVANTAMENTOS DINÂMICOS

Mova os quadris para frente enquanto levanta a barra acima dos joelhos

Mantenha os membros superiores estendidos

Mantenha o tórax elevado e levante os ombros com força

Conserve a barra próxima ao corpo

2 Empurre a barra para cima, usando a força dos membros inferiores para impulsioná-la. Mantenha-a próxima ao corpo, com o dorso plano.

3 Continue estendendo os membros inferiores e mantendo os membros superiores esticados. Levante os ombros com força para ajudar a impulsionar a barra para cima.

Segure a barra sobre o centro do corpo, alinhada com os quadris

Estenda os cotovelos

Mantenha o joelho recuado ligeiramente flexionado e o calcanhar levantado

Contraia os músculos do *core* para estabilizar o tronco

5 Segure a barra acima da cabeça com os cotovelos completamente estendidos. Os membros inferiores devem estar separados (um avançado e o outro recuado) e os pés afastados na largura dos quadris. Para retornar, estenda primeiro o membro avançado e depois o recuado e abaixe o peso com cuidado até apoiá-lo nas coxas. A partir dessa posição, agache-se e recoloque a barra no solo.

ATENÇÃO!

Como todos os levantamentos dinâmicos, o arranque com os pés afastados deve ser executado sobre uma plataforma adequada para levantamentos com discos inteiros de 2,5 kg ou 5 kg. Isso é necessário porque sempre há risco de o levantamento falhar e a barra cair. Nesse caso, é importante afastar o corpo da linha de queda da barra. Tente manter a pegada na barra até que ela encoste no solo. Uma vez no solo, afaste-se da barra e deixe-a parar sobre a plataforma antes de dar início à próxima tentativa. Lembre-se de trabalhar sempre dentro dos seus limites; pratique e aperfeiçoe o movimento com pesos leves.

DESENVOLVIMENTO EM PÉ

MÚSCULOS-ALVO
- Tríceps braquial
- Deltoide
- Quadríceps femoral
- Glúteos
- Músculos do jarrete
- Gastrocnêmio
- Sóleo

Esse é um bom exercício de aquecimento quando executado com pesos leves e ótimo para desenvolver potência global quando realizado com carga maior.

1 Agache-se com os pés sob a barra e afastados na largura dos quadris, que devem ficar mais elevados que os joelhos. Mantenha o dorso plano e os ombros acima da barra.

Segure a barra com pegada pronada

Mantenha a barra no nível dos ombros

Conserve o tronco ereto e não curve o dorso

4 Flexionando rapidamente os joelhos e os quadris, abaixe-se em um semiagachamento. Mantenha a barra sobre os ombros enquanto agacha.

Deltoide
- Parte clavicular
- Parte acromial
- Parte espinal

Peitorais
- Peitoral maior
- Peitoral menor

Serrátil anterior
Latíssimo do dorso
Oblíquo externo do abdome
Oblíquo interno do abdome

Tríceps braquial
Bíceps braquial
Reto do abdome

Glúteos
- Glúteo máximo
- Glúteo médio
- Glúteo mínimo

Quadríceps femoral
- Reto femoral
- Vasto lateral
- Vasto intermédio
- Vasto medial

Músculos do jarrete
- Semimembranáceo
- Semitendíneo
- Bíceps femoral

Gastrocnêmio
Sóleo

LEVANTAMENTOS DINÂMICOS 203

2 Retire a barra do solo e segure-a sobre os ombros (ver p. 182–3). Você também pode pegar a barra diretamente de um suporte.

Mantenha a barra próxima ao corpo

Empurre os cotovelos para frente a fim de manter a barra na posição

Contraia os músculos do *core*

3 Levante o tórax para equilibrar a barra sobre a parte mais alta dos ombros e estenda os membros inferiores. Essa é a posição inicial para o desenvolvimento em pé.

Estenda completamente os cotovelos no ponto mais alto do movimento

Levante a barra até ela ficar verticalmente alinhada com os pés

Mantenha os músculos do *core* contraídos

Estenda os quadris e os membros inferiores

Mantenha o *core* forte para estabilizar o corpo

5 Logo que atingir a posição semiagachada, abaixe-se mais e, em seguida, estenda com força e rapidez os quadris e os membros inferiores, apoiando-se nos dedos dos pés, enquanto empurra a barra para cima da cabeça. Mantenha-a nessa posição com os membros superiores estendidos e levante-se.

6 Retorne à posição inicial (passo 3), abaixando a barra de modo lento e controlado até os ombros. Repita os passos 3 a 6 para completar a série antes de abaixar a barra até as coxas e se agachar para recolocá-la no solo.

PUXADA VERTICAL COM *KETTLEBELL*

MÚSCULOS-ALVO

- Quadríceps femoral
- Glúteos
- Trapézio
- Deltoide
- Bíceps braquial
- Eretor da espinha
- Músculos do jarrete
- Gastrocnêmio
- Sóleo

A puxada vertical com *kettlebell* é um exercício global para o corpo e desenvolve a potência. É um ótimo treinamento para os movimentos explosivos da corrida de curta distância, do salto, do pugilismo e do caratê.

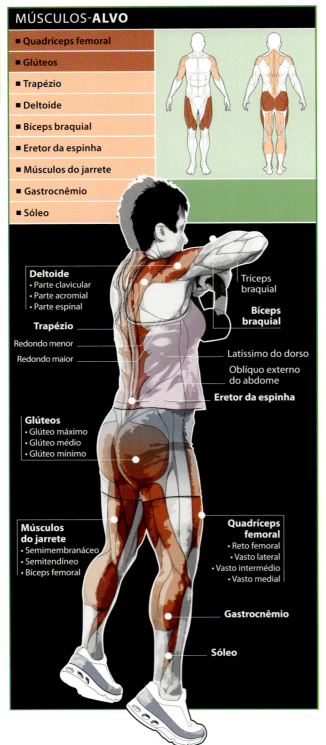

1 Agache-se com a coluna neutra, os ombros à frente do peso, os pés afastados na largura dos ombros e os quadris mais elevados que os joelhos.

Mantenha a cabeça erguida e o olhar para frente

Certifique-se de que os ombros estejam à frente do peso

Mantenha os membros superiores estendidos durante a primeira parte do movimento

2 Comece a puxar o peso forçando os pés contra o solo e movimentando os quadris para cima e para frente.

Levante os cotovelos acima do peso

Mantenha o dorso plano

3 Use a força dos membros inferiores para estender o corpo para cima. Levante o *kettlebell* até o nível do tórax. Com o impulso do movimento, levante-se sobre os dedos dos pés e, em seguida, agache-se até a posição inicial.

Deltoide
- Parte clavicular
- Parte acromial
- Parte espinal

Trapézio
Redondo menor
Redondo maior

Tríceps braquial
Bíceps braquial
Latíssimo do dorso
Oblíquo externo do abdome
Eretor da espinha

Glúteos
- Glúteo máximo
- Glúteo médio
- Glúteo mínimo

Músculos do jarrete
- Semimembranáceo
- Semitendíneo
- Bíceps femoral

Quadríceps femoral
- Reto femoral
- Vasto lateral
- Vasto intermédio
- Vasto medial

Gastrocnêmio
Sóleo

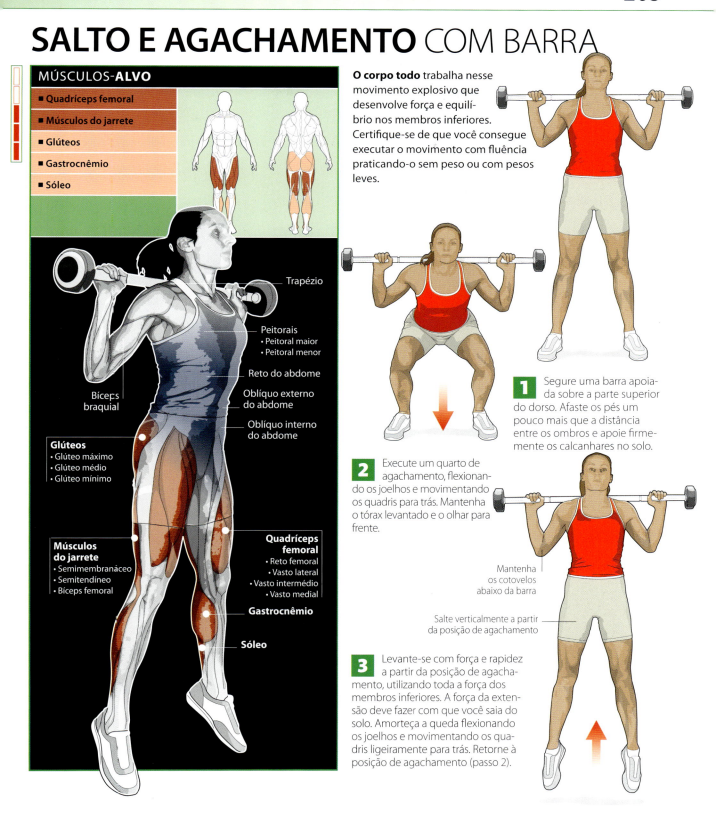

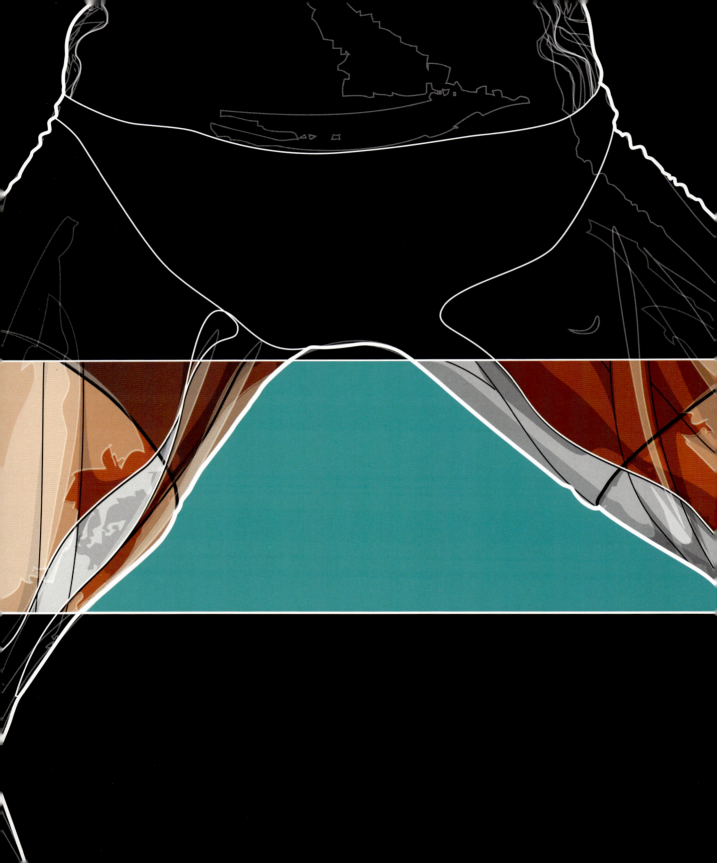

ALONGAMENTOS

ALONGAMENTO DO BÍCEPS

Simples de executar, esse alongamento bastante específico é particularmente útil para ginastas e nadadores. Movimente-se devagar e de modo controlado para evitar lesões potenciais.

Sinta o alongamento do bíceps braquial

Comece com os membros superiores estendidos na altura dos ombros e force-os gradualmente para trás. Para melhores resultados, leve os membros para frente, entre os alongamentos, e aumente aos poucos a amplitude de movimento. Nunca os arremesse para trás com muita rapidez.

ALONGAMENTO DA PARTE SUPERIOR DO DORSO

Esse alongamento fácil trabalha especificamente os músculos da parte superior do dorso, o que o torna útil para diversos esportes, em especial aqueles que envolvem arremesso.

Projete os membros superiores para frente, sentindo o alongamento do dorso

Cruze os dedos com a palma das mãos voltada para longe do corpo. Traga as mãos até o nível do tórax, estendendo os membros superiores e protraindo os ombros.

ALONGAMENTO DO OMBRO

Esse alongamento fácil e eficaz trabalha especificamente os músculos situados ao redor da articulação do ombro. Ele é bastante útil para halterofilistas e atletas que praticam esportes de arremesso.

Estenda um membro superior à frente do corpo e posicione o antebraço do outro sobre o cotovelo dele. Aplique uma pressão suave até sentir uma tensão no ombro do membro estendido. Repita com o outro lado.

ALONGAMENTO DO ERETOR

Esse alongamento trabalha os músculos eretores da espinha que se estendem nas laterais da coluna vertebral, desde a parte posterior da cabeça até a pelve.

Puxe levemente os joelhos em direção ao tórax

Deite-se em decúbito dorsal sobre um colchonete. Aproxime os joelhos do tórax envolvendo-os com os membros superiores. Puxe levemente até sentir a tensão do alongamento em seu dorso.

ALONGAMENTOS 209

ALONGAMENTO DO LATÍSSIMO

Trabalhando especificamente os latíssimos do dorso, esse exercício é útil para halterofilistas, remadores e atletas de campo.

Sinta o alongamento dos latíssimos

Empurre os quadris para trás

Mantenha os joelhos ligeiramente flexionados

Posicione-se de frente para um suporte forte o bastante para aguentar o seu peso. Segure-se nele com as duas mãos e se incline para trás, flexionando os joelhos. Empurre com os membros inferiores e puxe com os superiores.

ALONGAMENTO DO TIT – 1

O trato iliotibial (TIT) é uma faixa de tecido conectivo que se estende para baixo pela superfície lateral da coxa. Corredores, praticantes de pedestrianismo, ginastas e dançarinos devem executar esse alongamento regularmente para ajudar a prevenir inflamações na área acima do joelho – uma causa comum de dor.

Você deve sentir tensão na face lateral do membro inferior recuado

Cruze um membro inferior pela frente do outro

Fique em pé com os pés afastados na largura dos quadris. Cruze um membro inferior à frente do outro e, ao mesmo tempo, levante o membro superior oposto acima da cabeça para obter equilíbrio. Repita com o outro lado.

ALONGAMENTO DOS PEITORAIS

Esse alongamento trabalha os músculos peitorais na parte superior do tórax, aliviando a tensão e aumentando a flexibilidade. Também é útil se você treina para esportes de arremesso.

Apoie a mão livre no quadril

Fique em pé, de lado para um suporte vertical rígido. Apoie um membro superior atrás do suporte, mantendo o braço alinhado com o ombro. Desloque o corpo levemente para frente até sentir o alongamento no tórax.

ALONGAMENTO DO TIT – 2

Essa versão sentada do alongamento do trato iliotibial é mais avançada que aquela mostrada acima, porque você precisa ter maior flexibilidade na articulação do quadril para executá-la corretamente.

Sente-se no solo com os membros inferiores estendidos. Flexione um deles e cruze-o sobre o que está estendido, de modo que a planta do pé fique em contato com o solo. Apoiando-se com um membro superior, segure a face lateral do joelho com a mão livre, pressionando-a de leve até sentir o alongamento do TIT.

Sinta o alongamento na face lateral da coxa

ALONGAMENTO DO QUADRÍCEPS COM 3 PONTOS

O objetivo desse alongamento é trabalhar os músculos quadríceps femorais do compartimento anterior das coxas e melhorar a flexibilidade na articulação do joelho. Relativamente simples de ser executado, é útil após qualquer trabalho para os membros inferiores.

1 Fique em pé, de costas para um banco ou outro suporte apropriado. Flexione um joelho e apoie o pé sobre o banco, mantendo o corpo ereto e a cabeça erguida.

- Apoie a ponta do pé sobre o banco
- Mantenha os quadris alinhados com os ombros
- Flexione o joelho cerca de 90°

2 Flexione devagar o membro inferior de sustentação, abaixando o corpo até sentir o alongamento na coxa oposta.

- Mantenha o corpo ereto e a cabeça erguida
- Sinta o alongamento do quadríceps femoral

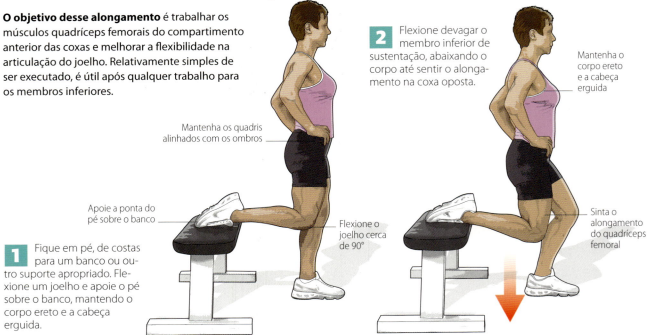

ALONGAMENTO DOS MÚSCULOS DO JARRETE – 1

Atividades que envolvem flexões repetidas do joelho, como corrida ou ciclismo, podem provocar rigidez nos músculos do jarrete. Esse alongamento ajuda a proteger essa área vulnerável.

- Mantenha o membro estendido e em contato com o solo
- Sinta o alongamento dos músculos do jarrete
- Segure com as duas mãos o membro alongado

Deite-se em decúbito dorsal com os membros inferiores estendidos. Levante um membro inferior de cada vez, mantendo o joelho estendido e os dedos do pé voltados para trás em direção ao corpo. Se você tiver bastante flexibilidade, tente aumentar o alongamento puxando a perna para trás.

ALONGAMENTO DOS MÚSCULOS DO JARRETE – 2

Esse alongamento é simples, de uso geral e trabalha todos os músculos do jarrete, aliviando a rigidez que pode aumentar o estresse na região lombar. Alongue devagar e evite "rechaçar" quando atingir a extensão completa.

- Segure a perna logo abaixo do joelho
- Sinta o alongamento dos músculos do jarrete

Deite-se em decúbito dorsal com os membros inferiores estendidos e flexione um joelho. Puxe de leve o membro, fazendo o joelho se aproximar do tórax, até sentir o alongamento. Mantenha a parte posterior da cabeça apoiada no solo.

ALONGAMENTOS 211

ALONGAMENTO DO QUADRÍCEPS – 1

O alongamento dos grandes músculos do compartimento anterior da coxa ajudará a prevenir lesões e reduzir o desconforto. Ele pode ser realizado com um membro inferior de cada vez ou com os dois ao mesmo tempo.

Deite-se em decúbito ventral sobre um colchonete e flexione um joelho. Segure o tornozelo desse membro com a mão que estiver do mesmo lado e puxe-o de leve para trás até sentir o alongamento do quadríceps femoral.

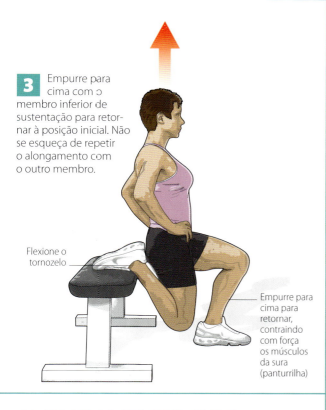

3 Empurre para cima com o membro inferior de sustentação para retornar à posição inicial. Não se esqueça de repetir o alongamento com o outro membro.

Flexione o tornozelo

Empurre para cima para retornar, contraindo com força os músculos da sura (panturrilha)

Mantenha o dorso plano, sem curvá-lo

Puxe de leve sua perna

ALONGAMENTO DOS MÚSCULOS DO JARRETE – 3

Você pode realizar essa versão do alongamento dos músculos do jarrete em um espaço restrito, em uma pista ou no local da competição.

Dê um passo à frente com um pé e, em seguida, flexione o membro inferior de sustentação. Mantenha o membro avançado firme e os dois pés com as plantas apoiadas no solo. Incline ligeiramente a pelve para frente. Mantenha a posição por alguns segundos e inverta os lados.

Conserve a cabeça erguida, o dorso plano e os músculos do abdome contraídos

Sinta o alongamento dos músculos do jarrete

Mantenha os dois pés com as plantas apoiadas no solo

ALONGAMENTO DO QUADRÍCEPS – 2

Esse alongamento avançado requer boa flexibilidade dos quadris. É um exercício com dupla finalidade, que trabalha também os músculos adutores no compartimento medial da coxa.

Sente-se com o tronco ereto. Vire os pés para dentro, de modo que as plantas se toquem. Leve as mãos para frente e segure os pés, de modo a mantê-los juntos.

Empurre de leve os joelhos em direção ao solo

Sinta o alongamento do quadríceps femoral

ALONGAMENTO DOS **ADUTORES – 1**

Alongar os adutores, ou "músculos da virilha", é o segredo para manter a flexibilidade dos quadris, necessária em muitos esportes.

Mantenha o corpo ereto e posicione as mãos nos quadris. Flexione um dos membros inferiores de modo que o joelho fique alinhado com o pé. Mantenha o membro estendido com a planta do pé apoiada no solo. Abaixe devagar para o lado.

Sinta o alongamento dos adutores

ALONGAMENTO DOS **ADUTORES – 2**

Essa versão avançada do alongamento dos adutores requer mais agilidade para atingir a posição estendida. Ela é ideal para ginastas e atletas que disputam corridas com barreiras.

Agache-se e, em seguida, estenda lateralmente um dos membros inferiores apoiando-o sobre o calcanhar. "Sente-se" para alongar os adutores, mas não "rechace".

Estenda os dedos para trás em direção ao corpo

Sinta o alongamento dos adutores

ALONGAMENTO DOS **MÚSCULOS DO JARRETE**

A rigidez dos glúteos muitas vezes se manifesta como dor na região lombar após um treino. Esse alongamento bastante avançado trabalha os glúteos, assim como os músculos da região lombar e do jarrete.

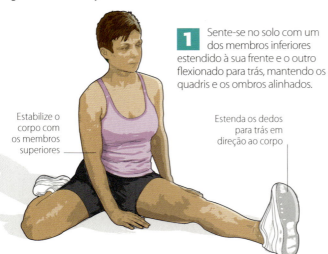

1 Sente-se no solo com um dos membros inferiores estendido à sua frente e o outro flexionado para trás, mantendo os quadris e os ombros alinhados.

Estabilize o corpo com os membros superiores

Estenda os dedos para trás em direção ao corpo

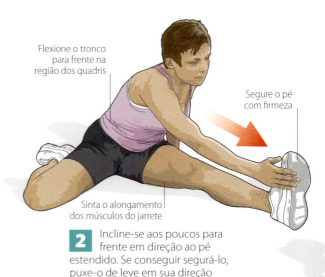

Flexione o tronco para frente na região dos quadris

Segure o pé com firmeza

Sinta o alongamento dos músculos do jarrete

2 Incline-se aos poucos para frente em direção ao pé estendido. Se conseguir segurá-lo, puxe-o de leve em sua direção para aumentar o alongamento.

ALONGAMENTO DA SURA (PANTURRILHA)

Músculos surais rígidos são mais propensos à lesão durante movimentos explosivos como as corridas de curta distância, portanto, esse alongamento fácil para os membros inferiores é obrigatório se você for corredor.

Em pé, dê um passo longo para frente, mantendo os pés afastados na largura dos quadris. Flexione o membro avançado, conservando o joelho alinhado com o pé.

ALONGAMENTO CARPADO

Os músculos da sura (panturrilha) – gastrocnêmio e sóleo (profundo) – são alongados nesse movimento avançado.

Assuma uma posição carpada, com o tronco flexionado para frente e os membros inferiores estendidos. Coloque o pé direito atrás do tornozelo esquerdo. Com os membros estendidos, pressione o calcanhar esquerdo contra o solo. Repita com o outro lado.

ALONGAMENTO COM AVANÇO

Esse alongamento de uso geral é altamente eficaz e simples, além de mobilizar toda a região dos quadris.

1 Fique ereto, com os pés afastados na largura dos quadris e os ombros, quadris e pés alinhados.

2 Com o tronco ereto, dê um longo passo à frente. Abaixe-se e flexione os joelhos.

3 Dê um passo com o membro inferior que estava recuado, mantendo o corpo ereto e a cabeça erguida.

4 Avance e alterne os membros, mantendo o tempo todo a postura da parte superior do corpo.

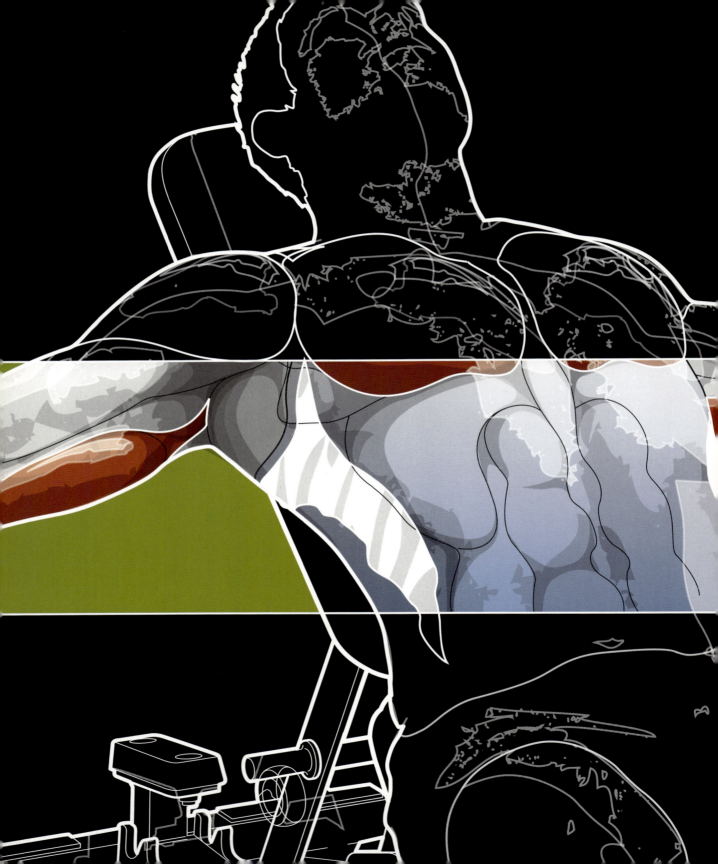

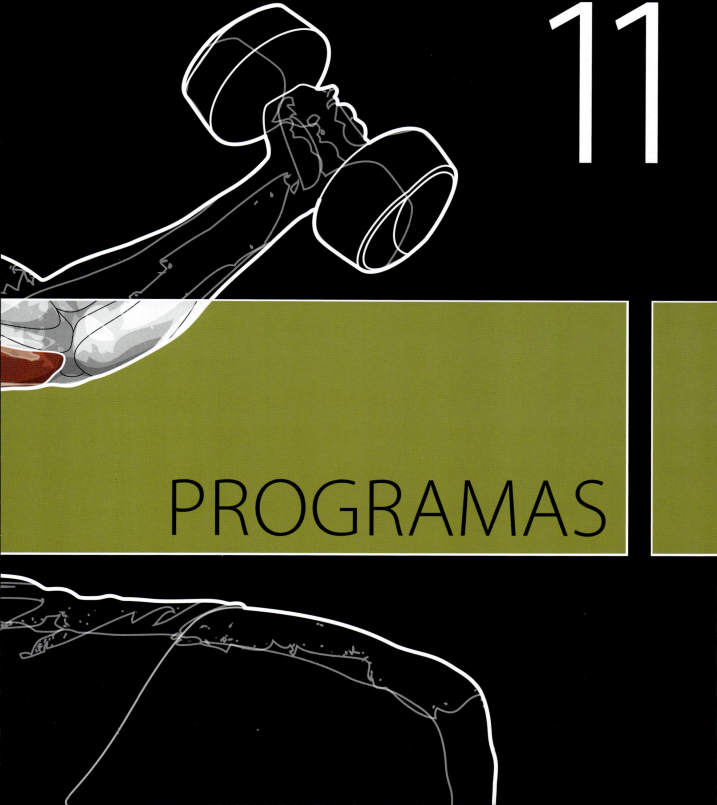

11

PROGRAMAS

INTRODUÇÃO

Os programas descritos neste capítulo foram planejados para ajudá-lo a obter o melhor de seu treinamento, independentemente de sexo, idade, experiência, força existente ou metas gerais – sejam elas aumento de força, desenvolvimento físico, fisiculturismo ou treino para esportes. Esses programas foram testados e aprovados e abrangem três objetivos principais do treinamento contra resistência – força, definição corporal e fisiculturismo, com uma variedade de exercícios básicos e avançados para cada um deles. Com um pequeno número de exercícios focados em certas áreas do corpo, cada programa dura em média de 30 a 40 minutos e reduz o risco de sobretreinamento.

> **ATENÇÃO!**
> Nunca faça além do que o programa sugere – isso pode levar ao sobretreinamento e ao risco de desenvolver lesões ou doenças. Sempre consulte um profissional de saúde qualificado antes de começar a treinar (ver p. 256).

P | **O que posso esperar dos programas?**

R | Os programas aqui descritos permitem que você adapte seu treinamento aos seus objetivos. Esse método lhe dá condições de alcançar os melhores resultados possíveis e é conhecido como "especificidade" (ver p. 33).

Os programas básicos neste capítulo fornecem variações com pesos livres, com o peso do corpo e com aparelhos de resistência, e nenhum deles é excessivamente longo. Os dias de treinamento com inúmeros exercícios obscuros são passado. Os cientistas do esporte reconhecem que programas funcionais, simples, organizados de acordo com objetivos específicos e realizados cerca de 2 a 3 vezes por semana constituem uma maneira muito mais eficaz (e menos demorada) de você atingir suas metas.

Quando possível, os programas também são projetados levando-se em conta altos níveis de "funcionalidade" (ver p. 43) – ou seja, em vez de trabalhar cada músculo isoladamente, os exercícios podem ser praticados nos movimentos da vida real, em casa, no trabalho ou em uma arena de esportes. Em suma, eles movimentam seu corpo do modo que ele foi projetado para se mover, o que significa que você obterá resultados melhores mais rapidamente.

P | **Qual a diferença entre treinar com pesos livres, com o peso do corpo e com aparelhos de resistência?**

R | Entre os três, os pesos livres oferecem o mais alto nível de "funcionalidade"; isso porque eles possibilitam executar exercícios que simulam com grande proximidade os movimentos da "vida real", sem o apoio e a uniformidade proporcionados pelos aparelhos de resistência. Não contando com apoio, seu corpo precisa de pequenos músculos adicionais para se equilibrar – trabalhando, portanto, outros músculos além daqueles diretamente relacionados com o movimento, o que proporciona "benefício extra" ao treinamento.

Treinar com o peso do próprio corpo, apesar do limite claro que ele impõe, é outro modo altamente funcional e eficaz de desenvolver força, em especial porque isso significa poder praticar em qualquer lugar, com pouco ou nenhum equipamento. Não assuma, entretanto, que o uso do peso do corpo tornará o exercício mais fácil que os outros métodos.

Aparelhos de resistência em geral oferecem apoios almofadados para o corpo e permitem que você realize os exercícios sentado, o que indica uma tendência a trabalhar os músculos isoladamente. Eles podem ser uma ferramenta útil para iniciantes e para aqueles que desejam trabalhar músculos específicos. Os exercícios baseados em aparelho incluídos nestes programas foram escolhidos porque oferecem a máxima funcionalidade possível.

P | **Por que preciso fazer o aquecimento e o esfriamento?**

R | Aquecer os músculos é fundamental, pois isso prepara o corpo para o treinamento ao mesmo tempo em que minimiza o risco de lesões e maximiza seu potencial para aprender e se aperfeiçoar. O esfriamento é igualmente importante porque leva o corpo de modo controlado a

---

PRINCÍPIOS BÁSICOS

Alguns princípios básicos do treinamento se aplicam sempre, independentemente do programa adotado:

■ **SOBRECARGA:** seu programa deve exigir mais de seus músculos do que nas atividades diárias.

■ **RECUPERAÇÃO:** é um componente fundamental de qualquer regime de treinamento e literalmente significa descanso. É durante o descanso que o seu corpo se adapta e se fortalece, preparando-se para ser submetido a nova sobrecarga no próximo treino.

■ **PROGRESSÃO:** seu corpo se adapta ao esforço a que é submetido. Se você não impuser esforço adicional, os resultados do treinamento se estabilizarão. Portanto, você deve aumentar gradualmente (e com cuidado) o número de séries, de repetições e a quantidade de peso (ou uma combinação dos três) para notar um progresso contínuo (ver p. 33).

um estado de repouso. Portanto, não tente ignorar o aquecimento antes da sessão de treinamento ou o esfriamento ao final dela, visto que isso aumentará o risco de lesões e reduzirá sua capacidade de completar o próximo treinamento sem as restrições e os desconfortos causados por músculos enrijecidos e doloridos.

- Um bom aquecimento básico compreende 10 minutos pulando corda, correndo ou se exercitando em um elíptico, seguidos por 10 minutos de trabalho de mobilidade dinâmica (ver p. 46–47). Você também pode adaptar o aquecimento se precisar de algo mais específico. Um treinador qualificado ou instrutor de *fitness* poderá orientá-lo.
- Do mesmo modo, o esfriamento pode ser obtido através de 5 a 10 minutos de corrida leve ou caminhada. Ele diminui a temperatura do corpo e a frequência cardíaca e ajuda os músculos a eliminarem resíduos metabólicos, como o ácido lático.
- Finalmente, execute 5 a 10 minutos de alongamentos de desenvolvimento, que ajudam seus músculos a relaxar e as fibras musculares a se realinharem e restabelecerem seu comprimento normal de repouso e amplitude de movimento (ver p. 208–13)

P | **Os resultados diferem de uma pessoa para outra?**

R | Sim, não há duas pessoas iguais, e existe uma gama de fatores que afeta a velocidade do seu progresso:

- **Idade:** além do tempo decorrido em anos, a idade também está relacionada à maturidade emocional e biológica, assim como ao número de anos de experiência em treinamento – sua "idade de treinamento".
- **Sexo:** homens e mulheres têm fisiologias e capacidades diferentes.
- **Hereditariedade:** é a capacidade inata, determinada geneticamente.
- **Capacidade física:** é constituída por dois fatores: a hereditariedade e o histórico de treinamento.
- **Estilo de vida:** o modo como você se cuida, entre as sessões de treinamento, tem um grande efeito em seu desenvolvimento global (ver também p. 17).

ENTENDENDO AS TABELAS

A seguir, estão os termos que você precisa compreender para utilizar corretamente as tabelas:

- **Séries:** grupo de repetições. Por exemplo, duas séries de cinco repetições.
- **Repetições:** número de vezes que um peso deve ser levantado – abreviada como "reps".
- **Peso:** carga a ser levantada, representada em RM. Por exemplo, 1RM indica um peso que você pode levantar apenas uma vez. 12RM representa um peso que você pode levantar 12 vezes antes da falha muscular.
- **Falha muscular:** é o ponto em que você não pode executar outra repetição de um exercício em uma série.
- **Duração do programa:** o programa deve ser seguido durante um determinado número de semanas, que não deve ser ultrapassado.
- **Frequência do programa:** número de treinos que você deve realizar por semana, com a quantidade de dias de recuperação entre os treinos.
- **Tempo de recuperação:** tempo de descanso em segundos ou minutos que você deve ter entre os exercícios.
- **Aplicação de programa dividido:** essa informação se aplica aos programas divididos e detalha os dias da semana em que cada metade do treinamento, identificada como sessão A ou B, deve ser realizada. As sessões são executadas em um padrão de alternância bissemanal.

P | **Por quanto tempo eu devo seguir um programa?**

R | Cada programa tem uma duração predeterminada (6 a 14 semanas). Você deve segui-lo pelo tempo especificado, atendo-se às normas por ele estabelecidas. Se você ultrapassar esse tempo, seu corpo se adaptará ao esforço e os resultados serão insatisfatórios. Na verdade, nesse caso você poderá regredir e ficar mais fraco.

" Os programas aqui descritos permitem que você adapte seu treinamento aos seus objetivos. Esse método lhe dá condições de alcançar os melhores resultados possíveis. "

218 TREINAMENTO DE FORÇA

MATRIZ DE FUNCIONALIDADE DOS EXERCÍCIOS

Os exercícios podem ser classificados por "funcionalidade". Um exercício "funcional" é aquele que representa movimentos da vida real, necessários no dia-a-dia e na maioria dos esportes – movimentos repetidos de puxar, empurrar, subir, fazer levantamentos ou ficar em pé. Ele trabalha vários músculos ao mesmo tempo e não um de cada vez, isoladamente.

P | O que a matriz apresenta?

R | A matriz abaixo e nas páginas 220 e 221 relaciona todos os exercícios do livro (incluindo o número da página em que se encontram e algumas variações) e os apresenta em uma escala de funcionalidade. Na extremidade direita estão os exercícios mais funcionais – aqueles que trabalham vários músculos ao mesmo tempo. Na extremidade esquerda estão os mais isolados – os que se concentram em um mús-

GRUPO DE EXERCÍCIOS	MAIS ISOLADO	
MEMBROS INFERIORES	■ **Flexão dos joelhos (sentado)** (p. 80–81) ■ **Flexão dos joelhos na polia** (p. 81 var.) ■ **Extensão dos joelhos (sentado)** (p. 80–81) ■ **Abdução das coxas no aparelho (sentado)** (p. 82–83) ■ **Adução das coxas no aparelho (sentado)** (p. 82–83)	■ *Leg press* **inclinado** (p. 78–79) ■ *Leg press* **inclinado unilateral** (p. 79 var.) ■ **Flexão plantar no aparelho (em pé)** (p. 84 var.)
DORSO		■ **Puxada pela frente** (p. 93) ■ **Remada sentada com cabo** (p. 96–97) ■ **Extensão lombar** (p. 104–05) ■ **Remada pronada** (p. 106–07) ■ **Puxada com os membros superiores estendidos com polia alta** (p. 106–07)
TÓRAX	■ *Cross-over* (p. 116–17) ■ *Cross-over* **com polia baixa** (p. 116 var.) ■ *Cross-over* **com polia média** (p. 116 var.) ■ **Crucifixo no aparelho** (p. 118–19)	■ **Crucifixo inclinado com halteres** (p. 114–15) ■ **Crucifixo deitado com halteres** (p. 114 var.) ■ **Supino reto no aparelho** (p. 118–19) ■ **Flexão com bola de estabilidade** (p. 120 var.)

PROGRAMAS 219

culo isoladamente. Como você pode ver, existem muitos outros entre esses dois extremos e eles são posicionados na escala de acordo com o mesmo critério.

Os exercícios mais funcionais são os mais eficazes para o treinamento de força integrado, enquanto os mais isolados são úteis quando o objetivo é o fortalecimento de uma debilidade ou o desenvolvimento muscular com propósitos estéticos, como no caso da definição corporal ou fisiculturismo. Tanto os isolados como os funcionais são utilizados em todos os programas.

Para facilitar a consulta, todos os exercícios são agrupados por regiões do corpo – seis no total –, seguidos por uma seção de levantamentos dinâmicos. Considerando que estes últimos trabalham simultaneamente uma grande quantidade de músculos no corpo inteiro, eles aparecem na extremidade funcional da escala.

MAIS FUNCIONAL ▷

- Afundo com barra (pé apoiado no banco) (p. 70)
- Afundo com halteres (pé apoiado no banco) (p. 71)
- Subida no banco com barra (p. 76–77)
- Subida no banco com halteres (p. 76 var.)
- Flexão plantar (em pé) (p. 84)
- Levantamento terra com joelhos estendidos – Stiff (p. 85)
- Levantamento terra romano (p. 88–89)
- Levantamento terra romano com suporte (p. 88 var.)

- Agachamento estilo "sumô" (p. 64 var.)
- Agachamento Hack com barra (p. 67)

- Agachamento com barra (p. 64–65)
- Agachamento com barra na frente (p. 66)
- Afundo com halteres (p. 68)
- Afundo com barra acima da cabeça (p. 69)
- Avanço com barra (p. 72)
- Avanço com barra acima da cabeça (p. 73)
- Avanço à frente (p. 74)
- Avanço lateral (p. 75)
- Levantamento terra (p. 86–87)
- Levantamento terra com halteres (p. 87 var.)

- Remada em pé com cabo (p. 98–99)
- Remada unilateral (p. 98–99)
- Pull-over com barra (p. 102–03)
- Pull-over com barra W (p. 102 var.)
- Pull-over com haltere (p. 102 var.)
- Flexão do tronco com barra (p. 104–05)

- Tração na barra fixa com auxílio (p. 92)
- Tração na barra fixa (p. 94–95)
- Tração na barra fixa com variação de pegada (p. 94 var.)
- Remada inclinada com barra (p. 100–01)

- Supino plano com barra (p. 110–11)
- Supino plano com halteres (p. 110–11)
- Supino inclinado com barra (p. 112)
- Supino inclinado com halteres (p. 113)

- Flexão no solo (p. 120)
- Flexão no solo sobre apoios (p. 121)
- Flexão no solo sobre apoios com os pés apoiados no banco (p. 121 var.)

TREINAMENTO DE FORÇA

GRUPO DE EXERCÍCIOS — MAIS ISOLADO

OMBROS

- Elevação lateral em decúbito ventral (p. 132 var.)
- Rotação com braço abduzido (p. 134–35)
- Rotação com braço abduzido em decúbito ventral (p. 135 var.)
- Elevação dos ombros com halteres (p. 128)
- Elevação dos ombros com flexão plantar (p. 129)
- Elevação para frente com halteres (p. 130)
- Elevação lateral com halteres (p. 131)
- Elevação lateral (tronco inclinado para frente) (p. 132–33)
- Desenvolvimento no aparelho (p. 125 var.)

MEMBROS SUPERIORES

- Rosca alternada no banco inclinado (p. 152–53)
- Rosca concentrada (p. 152–53)
- Rosca *Scott* (p. 154–55)
- Flexão do punho (p. 158–59)
- Extensão do punho (p. 158–59)
- Extensão vertical do antebraço com haltere (p. 142)
- Extensão unilateral do antebraço com haltere (tronco inclinado para frente) (p. 144–45)
- Tríceps com polia alta (p. 148–49)
- Tríceps com polia alta (de costas para o aparelho) (p. 148–49)
- Rosca direta (p. 150–51)
- Rosca martelo (p. 150–51)
- Rosca com polia baixa (p. 154–55)
- Rosca direta (pegada pronada) (p. 156–57)
- Rosca com polia baixa (pegada pronada) (p. 156–57)
- Extensão dos antebraços com barra (sentado) (p.143)
- Extensão dos antebraços com barra (deitado) (p. 144–45)

ABDOME E *CORE*

- Abdominal supra (*crunch*) (p. 162)
- Variação do abdominal supra (p. 162 var. 1)
- Abdominal 90/90 (p. 166–67)
- Abdominal 90/90 com rotação (p. 167 var.)
- Abdominal supra com bola (p. 166–67)
- Abdominal oblíquo (p. 165)
- Abdominal oblíquo com bola (p. 168)
- Flexão no solo com bola (p. 169)
- Canivete com bola (p. 170)
- Extensão lombar com bola (p. 171)
- Flexão lateral na cadeira romana (p. 172–73)
- Abdominal supra com rotação (p. 162 var. 2)
- *Sit-up* (p. 163)
- Variação 2 do *sit-up* (p. 163)

LEVANTAMENTOS DINÂMICOS

PROGRAMAS 221

MAIS FUNCIONAL

- Remada em pé (p. 126–27)
- Remada em pé com halteres (p. 126 var.)
- Remada em pé com polia (p. 126 var.)
- Rotação lateral com haltere (p. 134–35)
- Rotação medial (p. 136–37)
- Rotação lateral (p. 136–37)
- Desenvolvimento pela frente com barra (sentado) (p. 124 var.)

- Desenvolvimento pela frente com barra (em pé) (p. 124)
- Desenvolvimento sentado com halteres (p. 125)

- Mergulho entre bancos (p. 140)
- Supino (mãos aproximadas) (p. 146–47)
- Supino com barra reta (mãos aproximadas) (p. 146 var.)

- Mergulho entre barras paralelas (p. 141)
- Flexão no solo com as mãos aproximadas (p. 146 var.)

- Prancha em pronação (p. 174)
- Variação da prancha em pronação (p. 174)
- Prancha lateral (p. 175)
- Flexão de joelhos com os membros inferiores elevados (p. 176–77)

- Flexão lateral (p. 172–73)

- Levantamento terra unilateral com *kettlebell* (p.176–77)
- Machadada (p. 178–79)
- Machadada com polia baixa (p. 179 var.)

- Puxada vertical com *kettlebell* (p. 204)

- Metida ao peito (p. 182–83)
- Arranque (p. 184–85)
- Metida ao peito com a barra suspensa (p. 186–87)
- Arranque com a barra suspensa (p. 188–89)
- Metida ao peito e agachamento à frente (p. 190–91)
- Agachamento com barra na frente (pesado) (p. 192–93)
- Agachamento profundo (p. 194–95)
- Arremesso (2ª fase) (p. 196–97)
- Arranque com agachamento (p. 198–99)
- Arranque com os pés afastados (p. 200–01)
- Desenvolvimento em pé (p. 202–03)
- Salto e agachamento com barra (p. 205)

RESISTÊNCIA MUSCULAR

O treinamento de força visa basicamente garantir o desenvolvimento da força que necessitamos para conseguir, sem fadiga excessiva ou qualquer lesão, fazer frente às exigências da vida diária – movimentos repetidos de puxar, empurrar, subir, fazer levantamentos ou ficar em pé.

P | O que eu ganho com isso?
R | Os programas são idealizados para desenvolver sua resistência de força – a capacidade de deslocar muitas vezes um peso relativamente pequeno dentro de uma determinada amplitude de movimento.

P | O que as tabelas apresentam?
R | As tabelas oferecem três programas diferentes de treinamento, com aparelhos de resistência, o peso do corpo ou pesos livres. Escolha apenas um tipo de treinamento, de acordo com sua preferência pessoal, experiência e equipamento disponível. Não tente mais que um programa em uma única sessão de treinamento, tampouco "combine" exercícios.

P | Como devo utilizar as tabelas?
R | Você deve seguir cada programa de treinamento de cima para baixo, sempre depois de aquecer os músculos. Cada exercício listado inclui a referência da página onde são fornecidas as instruções detalhadas. Em seguida, aparecem o número de séries e de repetições, a quantidade de carga que você deve utilizar e uma rotina de esfriamento. A carga para os exercícios com aparelhos e pesos livres é expressa em termos da RM (Repetição Máxima) pessoal e para aqueles feitos com o peso do próprio corpo, com base na FMI (Falha Muscular Iminente). A duração aproximada, a frequência de cada programa e o tempo de recuperação entre as séries são indicados na parte inferior da tabela.

P | Como progredir?
R | Dois conceitos básicos em treinamento de resistência são a sobrecarga e a progressão. Ao completar uma série com facilidade, você pode aumentar um pouco a carga utilizada – acrescentando 1 a 2 kg para a parte superior do corpo e 2 a 4 kg para a parte inferior –, ou o número de repetições em cada série, até o máximo de 20 repetições. Opcionalmente, você pode reduzir 5 segundos em seu tempo de recuperação, se tiver começado com um minuto de descanso entre os exercícios ou séries. Observe o limite mínimo de 30 segundos de descanso. Ao término de seis semanas, analise seu progresso e decida se deve mudar para outro programa.

APARELHO

Trabalho de aquecimento (p. 46–47) 10 min.

EXERCÍCIO	P.	SÉRIES	REPS.	PESO (RM)
Supino reto no aparelho	118–19	2–3	12+	12
Remada sentada com cabo ou	96–97	2–3	12+	12
Desenvolvimento no aparelho	125	2–3	12+	12
Remada em pé com polia	126	2–3	12+	12
Puxada pela frente	93	2–3	12+	12
Leg press inclinado	78–79	2–3	12+	12
Flexão plantar	84	2–3	12+	12

ROTINA DE ESFRIAMENTO

Esfriamento 5 min.

Alongamento de desenvolvimento (p. 208–13) 15 min.

■ **DURAÇÃO DO PROGRAMA**
6 semanas

■ **FREQUÊNCIA DO PROGRAMA**
3 treinos/semana, 1 a 2 dias de descanso entre os treinos

■ **TEMPO DE RECUPERAÇÃO**
de 30 s a 1 min. entre os exercícios

PROGRAMAS BÁSICOS

PESO DO CORPO				PESOS LIVRES				
Trabalho de aquecimento (p. 46–47) 10 min.				**Trabalho de aquecimento** (p. 46–47) 10 min.				
EXERCÍCIO	**P.**	**SÉRIES**	**PESO**	**EXERCÍCIO**	**P.**	**SÉRIES**	**REPS.**	**PESO** (RM)
Flexão no solo	120	2–3	FMI*	Agachamento com barra	64–65	2–3	12+	12
Tração na barra fixa ou Tração na barra fixa com auxílio	94–95 92	2–3	FMI*	Supino plano com halteres	110–11	2–3	12+	12
Agachamento	58	2–3	FMI*	Tração na barra fixa (pegada afastada)	94 (*var.*)	2–3	12+	12
Abdominal infra (*crunch* invertido)	164	2–3	FMI*	Desenvolvimento sentado com halteres	125	2–3	12+	12
Prancha em pronação	174	2–3	FMI*	Remada unilateral	98–99	2–3	12+	12
Prancha lateral	175	2–3	FMI*	Levantamento terra	86–87	2–3	12+	12
Sit-up	163	2–3	FMI*					

*FMI – Falha Muscular Iminente

ROTINA DE ESFRIAMENTO	**ROTINA DE ESFRIAMENTO**
Esfriamento 5 min.	Esfriamento 5 min.
Alongamento de desenvolvimento (p. 208–13) 15 min.	**Alongamento de desenvolvimento** (p. 208–13) 15 min.

■ **DURAÇÃO DO PROGRAMA**
 6 semanas

■ **FREQUÊNCIA DO PROGRAMA**
 3 treinos/semana, 1 a 2 dias de descanso entre os treinos

■ **TEMPO DE RECUPERAÇÃO**
 de 30 s a 1 min. entre os exercícios

■ **DURAÇÃO DO PROGRAMA**
 6 semanas

■ **FREQUÊNCIA DO PROGRAMA**
 3 treinos/semana, 1 a 2 dias de descanso entre os treinos

■ **TEMPO DE RECUPERAÇÃO**
 de 30 s a 1 min. entre os exercícios

DEFINIÇÃO CORPORAL

Muitas pessoas que realizam treinamentos de resistência desejam desenvolver um "físico" melhor. Com isso, elas esperam aumentar a musculatura e obter melhor definição muscular, não somente graças a músculos maiores, mas também por meio de níveis reduzidos de gordura. Uma boa analogia é imaginar a diferença entre uma bola de golfe sob um edredom e uma bola de futebol sob uma folha. Conseguir um corpo "sarado" é o objetivo dos programas de treinamento físico.

P | O que as tabelas apresentam?

R | São oferecidos três programas – uma rotina básica que utiliza aparelhos de resistência, o peso do corpo e pesos livres (p. 224–227), e duas rotinas divididas (p. 228–229) que permitem dividir o treinamento entre diferentes dias e tipos de exercícios.

P | Como devo usar os programas básicos?

R | Você deve seguir cada programa de treinamento de cima para baixo, sempre depois de aquecer os músculos. Cada exercício listado inclui a referência da página onde são dadas as instruções detalhadas. Em seguida aparecem o número de séries e repetições, a quantidade de carga a ser utilizada e uma rotina de esfriamento. A carga para os exercícios com aparelhos e pesos livres é expressa em termos da RM (Repetição Máxima) pessoal e para aqueles feitos com o peso do próprio corpo, com base na FMI (Falha Muscular Iminente). A duração aproximada, a frequência de cada programa e o tempo de recuperação entre as séries são indicados na parte inferior da tabela.

P | O que é a tabela "*pick and mix*" para pesos livres?

R | A tabela "*pick and mix*" (pegue e combine) agrupa os exercícios por partes do corpo, começando com o tórax e terminando com o bíceps. Você pode criar seu próprio programa escolhendo um exercício para cada parte do corpo e executando o número de séries e repetições especificado. A duração, a frequência do programa e o tempo de recuperação são indicados no final. Você pode trocar os exercícios em cada sessão de treinamento se quiser. Como de costume, a tabela começa com um aquecimento e termina com um esfriamento.

P | O que é um programa dividido?

R | Um programa dividido permite distribuir seu treino em mais de um dia de modo que você possa treinar mais intensamente – por exemplo, no dia 1 você exercita tórax, ombros e membros superiores, e no dia 2, dorso e membros inferiores, enquanto as partes treinadas no dia anterior estão em fase de recuperação. Nas páginas 228 e 229 são apresentados dois programas divididos.

P | Como devo utilizar o programa dividido (opção 1)?

R | A opção 1 oferece um programa a ser seguido em 2 dias ("divisão em 2 dias"). A informação é apresentada do mesmo modo que para os programas básicos; porém, os dias da semana em que você treina ou descansa seguem um período alternado de duas semanas (mostrado no quadro inferior). As letras A e B indicam que partes do corpo serão treinadas. Quando chegar ao final do período de duas semanas, apenas repita tudo novamente enquanto durar o programa.

P | Como devo utilizar o programa dividido (opção 2)?

R | A opção 2 oferece um programa dividido em exercícios funcionais e de isolamento. Os funcionais trabalham mais de um músculo ao mesmo tempo; e os de isolamento apenas um músculo de cada vez. Portanto, esse programa dividido permite adequar o tempo de recuperação trabalhando o corpo de maneiras diferentes. A informação é apresentada do mesmo modo que na opção 1 – os dias da semana em que você treina ou descansa seguem um período alternado de duas semanas (mostrado no quadro inferior). As letras A e B indicam se você está em um dia funcional ou de isolamento. Ao completar o período de duas semanas, apenas repita tudo enquanto durar o programa.

P | O que eu ganho com isso?

R | Os programas são idealizados para aumentar sua massa muscular e ajudá-lo a reduzir a gordura corporal.

P | Os exercícios de treinamento físico são funcionais?

R | Sim, na medida do possível. Na maioria dos casos, é melhor realizar exercícios que aumentem o desempenho funcional do corpo e minimizem o risco de desenvolver desequilíbrios musculares posturais. De modo geral, quanto mais "isolado" – concentrado em um músculo – for um exercício, menos funcional ele será. Os aparelhos de resistência, por sua natureza, também proporcionam um modo muito menos funcional de treinamento. Os exercícios compostos multiarticulares, movimentos de puxar, empurrar, agachar etc., podem ser considerados mais funcionais. Os exercícios de isolamento, entretanto, foram incluídos em alguns programas complementares – podem ser usados desde que suas limitações sejam reconhecidas.

PROGRAMAS 225

PROGRAMAS BÁSICOS

APARELHO				
Trabalho de aquecimento (p. 46–47) 10 min.				
EXERCÍCIO	**P.**	**SÉRIES**	**REPS.**	**PESO** (RM)
Supino reto no aparelho ou **Crucifixo no aparelho***	118–19	3–6	6–12	12
Remada sentada com cabo	96–97	3–6	6–12	12
Desenvolvimento no aparelho ou **Remada em pé com cabo***	125 98–99	3–6 3–6	6–12 6–12	12 12
Puxada pela frente	93	3–6	6–12	12
Extensão dos joelhos (sentado) ou *Leg press* **inclinado***	80–81 78–79	3–6	6–12	12
Flexão plantar no aparelho	84	3–6	6–12	12
Rosca com polia baixa ou Rosca com polia baixa (pegada pronada)*	154–55 156–57	3–6	6–12	12
Tríceps com polia alta	148–49	3–6	6–12	12

*Alternar a cada sessão

ROTINA DE ESFRIAMENTO

Esfriamento 5 min.

Alongamento de desenvolvimento (p. 208–13) 15 min.

- ■ **DURAÇÃO DO PROGRAMA**
  6 a 8 semanas
- ■ **FREQUÊNCIA DO PROGRAMA**
  3 treinos/semana, 2 dias de descanso entre os treinos
- ■ **TEMPO DE RECUPERAÇÃO**
  de 30 s a 1,5 min. entre os exercícios

PESO DO CORPO			
Trabalho de aquecimento (p. 46–47) 10 min.			
EXERCÍCIO	**P.**	**SÉRIES**	**PESO**
Flexão no solo	120	3–6	FMI*
Tração na barra fixa ou **Tração na barra fixa com auxílio**	94–95 92	3–6 3–6	FMI* FMI*
Agachamento	58	3–6	FMI*
Mergulho entre barras paralelas	141	3–6	FMI*
Abdominal infra (*crunch* invertido)	164	3–6	FMI*
Prancha em pronação	174	3–6	FMI*
Prancha lateral	175	3–6	FMI*
Sit-up	163	3–6	FMI*

*FMI – Falha Muscular Iminente

ROTINA DE ESFRIAMENTO

Esfriamento 5 min.

Alongamento de desenvolvimento (p. 208–13) 15 min.

- ■ **DURAÇÃO DO PROGRAMA**
  6 a 8 semanas
- ■ **FREQUÊNCIA DO PROGRAMA**
  3 treinos/semana, 2 dias de descanso entre os treinos
- ■ **TEMPO DE RECUPERAÇÃO**
  de 30 s a 1,5 min. entre os exercícios

CONTINUA

PROGRAMAS BÁSICOS (CONTINUAÇÃO)

PESOS LIVRES *"PICK AND MIX"*

Trabalho de aquecimento (p. 46–47) 10 min.

EXERCÍCIO	P.	SÉRIES	REPS.	PESO (RM)
EXERCÍCIOS PARA TÓRAX (ESCOLHA UM…)				
Supino plano com halteres	110–11	3–6	6–12	12–14
Supino plano com barra	110–11	3–6	6–12	12–14
Crucifixo plano com halteres	114 (*Var.*)	3–6	6–12	12–14
Crucifixo inclinado com halteres	114–15	3–6	6–12	12–14
EXERCÍCIOS PARA DORSO (ESCOLHA UM…)				
Remada unilateral	98–99	3–6	6–12	12–14
Remada inclinada com barra	100–01	3–6	6–12	12–14
Puxada pela frente	93	3–6	6–12	12–14
Pull-over com barra	102–03	3–6	6–12	12–14
EXERCÍCIOS PARA OMBRO (ESCOLHA UM…)				
Desenvolvimento sentado com halteres	125	3–6	6–12	12–14
Desenvolvimento pela frente com barra (em pé)	124	3–6	6–12	12–14
Variação da remada em pé	126 (var.)	3–6	6–12	12–14
Qualquer elevação de ombros	130–33	3–6	6–12	12–14

PESOS LIVRES *"PICK AND MIX"* (continuação)

EXERCÍCIO	P.	SÉRIES	REPS.	PESO (RM)
EXERCÍCIOS PARA MEMBROS INFERIORES (ESCOLHA UM…)				
Agachamento com barra	64–65	3–6	6–12	12–14
Agachamento com barra na frente	66	3–6	6–12	12–14
Avanço à frente ou Afundo com halteres	74 68	3–6	6–12	12–14
Subida no banco com barra	76–77	3–6	6–12	12–14
EXERCÍCIOS PARA REGIÃO LOMBAR (ESCOLHA UM…)				
Flexão do tronco com barra	104–05	3–6	6–12	12–14
Extensão lombar	104–05	3–6	6–12	12–14
Levantamento terra com joelhos estendidos – *Stiff*	85	3–6	6–12	12–14
Extensão lombar com bola	171	3–6	6–12	12–14
EXERCÍCIOS PARA TRONCO (ESCOLHA UM…)				
Abdominal supra (*crunch*) ou *Sit-up*	162–63	3–6	6–12	12–14
Prancha em pronação	174	3–6	6–12	12–14
Prancha lateral	175	3–6	6–12	12–14
Flexão de joelhos com os membros inferiores elevados	176–77	3–6	6–12	12–14

PESOS LIVRES "*PICK AND MIX*" (continuação)

EXERCÍCIO	P.	SÉRIES	REPS.	PESO (RM)
EXERCÍCIOS PARA O TRÍCEPS BRAQUIAL (ESCOLHA UM…)				
Extensão vertical do antebraço com haltere ou **extensão dos antebraços com barra (sentado)**	142–43	3–6	10–12	12–14
Supino (mãos aproximadas)	146–47	3–6	10–12	12–14
Tríceps com polia alta	148–49	3–6	10–12	12–14
Mergulho entre bancos ou **entre barras paralelas**	140–41	3–6	10–12	12–14
EXERCÍCIOS PARA O BÍCEPS BRAQUIAL (ESCOLHA UM…)				
Qualquer exercício de rosca para bíceps	150–57	3–6	10–12	12–14

ROTINA DE ESFRIAMENTO

Esfriamento 5 min.

Alongamento de desenvolvimento (p. 208–13) 15 min.

- **DURAÇÃO DO PROGRAMA**
  8 semanas

- **FREQUÊNCIA DO PROGRAMA**
  3 treinos/semana, 2 dias de descanso entre os treinos

- **TEMPO DE RECUPERAÇÃO**
  de 30 s a 1,5 min. entre os exercícios

P | **O treinamento físico e aquele para proporcionar um aspecto "tonificado" são a mesma coisa?**
R | Não. Muitas vezes as pessoas entendem o treinamento físico como uma versão menos intensa do fisiculturismo. Na maioria dos casos, o objetivo é aumentar a massa muscular e reduzir os níveis de gordura corporal, o que resulta no ilusório aspecto "tonificado", no qual a definição muscular é visível. No entanto, o "tônus" muscular é aumentado com todas as formas de treinamento de resistência, e, assim, dizer que é "tonificado" um corpo definido e com pouca gordura é tecnicamente enganoso. Lutadores de sumô, por exemplo, possuem altos níveis de tônus muscular, porém poucos os descrevem como "tonificados".

P | **Ficarei muito musculoso?**
R | Muitas pessoas têm medo de ficar com músculos exageradamente desenvolvidos em decorrência do treinamento de resistência. A realidade é que são poucos os indivíduos geneticamente capazes de ganhar muita massa muscular e, portanto, é improvável que isso seja um problema para a maioria daqueles que seguem um programa de treinamento. Essa é uma questão menos problemática para as mulheres do que para os homens, já que elas possuem níveis muito mais baixos de hormônios que ajudam no desenvolvimento dos músculos, como a testosterona.

P | **Quanto perderei de gordura corporal?**
R | O aumento da massa muscular através do treinamento de resistência elevará o metabolismo de modo significante, o que tem benefícios cumulativos importantes para manter mais baixos os níveis de gordura corporal. Se uma pessoa possui mais gordura no corpo do que gostaria, o treinamento de resistência então a ajudará a resolver esse problema.

P | **Como posso variar o treinamento?**
R | O atrativo desse treino é sua flexibilidade. Se em cada sessão de treinamento você exercitar cada parte do corpo listada, será possível variar exercícios específicos. Isso impede que seus músculos se adaptem a qualquer movimento e, comprovadamente, ajuda no desenvolvimento mais rápido – em especial do ponto de vista funcional.

PROGRAMAS DIVIDIDOS AVANÇADOS

PROGRAMA DIVIDIDO (OPÇÃO 1)

SESSÃO A – TÓRAX, OMBROS E MEMBROS SUPERIORES

Trabalho de aquecimento (p. 46–47) 10 min.

EXERCÍCIO	P.	SÉRIES	REPS.	PESO (RM)
Supino plano com halteres	110–11	3–6	6–12	12–14
Crucifixo inclinado com halteres	114–15	3–6	6–12	12–14
Desenvolvimento sentado com halteres	125	3–6	6–12	12–14
Elevação lateral (tronco inclinado para frente)	132–33	3–6	6–12	12–14
Flexão do tronco com barra	104–05	3–6	6–12	12–14
Rosca direta	150–51	3–6	6–12	12–14
Mergulho entre bancos ou entre barras paralelas	140–41	3–6	6–12	12–14

ROTINA DE ESFRIAMENTO

Esfriamento 5 min.

Alongamento de desenvolvimento (p. 208–13) 15 min.

SESSÃO B – MEMBROS INFERIORES E DORSO

Trabalho de aquecimento (p. 46–47) 10 min.

EXERCÍCIO	P.	SÉRIES	REPS.	PESO (RM)
Agachamento com barra	64–65	3–6	6–12	12–14
Puxada pela frente	93	3–6	6–12	12–14
Levantamento terra com joelhos estendidos – *Stiff*	85	3–6	6–12	12–14
Remada sentada com cabo	96–97	3–6	6–12	12–14
Flexão plantar (em pé)	84	3–6	6–12	12–14
Pull-over com barra	102–03	3–6	10–12	12–14
Extensão lombar	104–05	3–6	6–12	12–14

ROTINA DE ESFRIAMENTO

Esfriamento 5 min.

Alongamento de desenvolvimento (p. 208–13) 15 min.

- **DURAÇÃO DO PROGRAMA**
  6 a 8 semanas
- **TEMPO DE RECUPERAÇÃO**
  de 30 s a 1,5 min. entre os exercícios

APLICAÇÃO DOS PROGRAMAS DIVIDIDOS

DIA DA SEMANA	SEG	TER	QUA	QUI	SEX	SÁB	DOM
SEMANA 1,3,5…etc.	A	B	Descanso	A	B	Descanso	A
SEMANA 2,4,6…etc.	B	A	Descanso	B	A	Descanso	B

PROGRAMA DIVIDIDO (OPÇÃO 2)

SESSÃO A – DIA FUNCIONAL

Trabalho de aquecimento (p. 46–47) 10 min.

EXERCÍCIO	P.	SÉRIES	REPS.	PESO (RM)
Supino plano com barra	110–11	2	10–12	12–14
Tração na barra fixa	94–95	2	10–12	12–14
Desenvolvimento sentado com halteres	125	2	10–12	12–14
Agachamento com barra	64–65	2	10–12	12–14
Levantamento terra com joelhos estendidos – *Stiff*	85	2	10–12	12–14
Qualquer remada em pé	126–27	2	10–12	12–14

SESSÃO B – DIA DE ISOLAMENTO

Trabalho de aquecimento (p. 46–47) 10 min.

EXERCÍCIO	P.	SÉRIES	REPS.	PESO (RM)
Cross-over	116–17	2	10–12	12–14
Puxada com os membros superiores estendidos com polia alta	106–07	2	10–12	12–14
Qualquer elevação de ombros	130–33	2	10–12	12–14
Extensão dos joelhos (sentado)	80–81	2	10–12	12–14
Flexão dos joelhos (sentado)	80–81	2	10–12	12–14
Elevação dos ombros com halteres	128	2	10–12	12–14
Qualquer exercício de rosca para bíceps	150–57	2	10–12	12–14
Tríceps com polia alta	148–49	2	10–12	12–14
Flexão plantar (em pé)	84	2	10–12	12–14

ROTINA DE ESFRIAMENTO

Esfriamento 5 min.

Alongamento de desenvolvimento (p. 208–13) 15 min.

ROTINA DE ESFRIAMENTO

Esfriamento 5 min.

Alongamento de desenvolvimento (p. 208–13) 15 min.

- ■ **DURAÇÃO DO PROGRAMA**
  6 a 8 semanas

- ■ **TEMPO DE RECUPERAÇÃO**
  de 30 s a 1,5 min. entre os exercícios

APLICAÇÃO DOS PROGRAMAS DIVIDIDOS

DIA DA SEMANA	SEG	TER	QUA	QUI	SEX	SÁB	DOM
SEMANA 1,3,5…etc.	A	B	Descanso	A	B	Descanso	A
SEMANA 2,4,6…etc.	B	A	Descanso	B	A	Descanso	B

FISICULTURISMO

Fisiculturismo é o processo de aumento de massa muscular até a máxima hipertrofia possível. Ele também visa reduzir a gordura corporal de modo que o músculo fique claramente perceptível através da pele. O fisiculturismo é tanto um método para melhorar o aspecto físico, como um esporte competitivo – seu campeão mais famoso, Arnold Schwarzenegger, foi um dos primeiros Mister Universo e Mister Olímpia.

P | **O que as tabelas apresentam?**
R | Os programas descritos aqui e no verso têm como fundamento o treinamento de musculação de alta intensidade e pequena duração. Os básicos oferecem a possibilidade de escolha entre planos altamente eficazes que utilizam aparelhos de resistência ou pesos livres. Depois, são apresentadas ainda duas opções de programas divididos.

P | **Como devo usar os programas básicos?**
R | Os programas básicos fornecem um plano de treinamento para o corpo todo. Você deve seguir cada um deles de cima para baixo, sempre depois de aquecer os músculos. Cada exercício listado inclui a referência da página, onde se encontram as instruções detalhadas. Em seguida, aparecem o número de séries e de repetições, a quantidade de carga que você deve utilizar e uma rotina de esfriamento. A carga a ser usada em cada exercício é expressa em termos da RM (Repetição Máxima) pessoal para aparelhos e pesos livres. A duração aproximada, a frequência de cada programa e o tempo de recuperação entre as séries são indicados na parte inferior da tabela.

P | **O que são programas divididos?**
R | Rotinas divididas são uma progressão das rotinas básicas encontradas na página 231 e oferecem sessões com exercícios mais avançados e específicos. Você perceberá que o volume total de trabalho não aumenta, embora a atividade direcionada a grupos musculares específicos seja um método de treinamento mais avançado. Você deve completar o programa básico de fisiculturismo antes de partir para as rotinas divididas.

P | **Como funciona a opção 1 do programa dividido?**
R | A opção 1 permite trabalhar intensamente determinados grupos musculares por meio da rotina dividida, mas utiliza exercícios mais isolados. A informação é apresentada do mesmo modo que para os programas básicos, porém os dias da semana em que você treina ou descansa seguem um período alternado de duas semanas (mostrado no quadro inferior). As letras A e B indicam que partes do corpo serão treinadas. Quando chegar ao final do período de duas semanas, apenas repita tudo novamente enquanto durar o programa.

ATENÇÃO!

Você precisa ser realista em relação à quantidade de massa muscular que pode desenvolver, já que só algumas pessoas são geneticamente dotadas da capacidade de ter músculos muito volumosos. Na verdade, um indivíduo comum, em termos genéticos, sofreria os malefícios do exercício em excesso se tentasse seguir os programas dos fisiculturistas de elite. Mesmo conseguindo executar o treinamento sem sucumbir fisiologicamente, ele teria de se esforçar muito para ganhar massa muscular. Isso ocorre pelo simples fato de que os músculos da maioria das pessoas não conseguem se recuperar rapidamente entre sessões frequentes e intensas demais, muito menos crescer em volume.

P | **Como funciona a opção 2?**
R | A opção 2 oferece uma rotina mais desafiadora que a opção 1, utilizando exercícios mais funcionais.

P | **Devo treinar com mais vigor para obter músculos mais desenvolvidos?**
R | Não. No fisiculturismo, o segredo do sucesso é treinar de modo mais inteligente e não exagerado. É mais comum encontrar praticantes bem intencionados e apaixonados por fisiculturismo trabalhando mais e não menos do que o necessário.

P | **Por que não há exercícios com o peso do corpo?**
R | Em qualquer programa de fisiculturismo não são incluídos exercícios feitos com o peso do próprio corpo, porque é muito difícil aumentar a quantidade de peso levantado – você fica limitado ao peso de seu corpo, que não é suficiente para esse tipo de treinamento de resistência.

PROGRAMAS BÁSICOS

APARELHO					PESOS LIVRES				
Trabalho de aquecimento (p. 46–47) 10 min.					**Trabalho de aquecimento** (p. 46–47) 10 min.				
EXERCÍCIO	**P.**	**SÉRIES**	**REPS.**	**PESO** (RM)	**EXERCÍCIO**	**P.**	**SÉRIES**	**REPS.**	**PESO** (RM)
Supino reto no aparelho	118–19	3–6	6–12	12	Supino (mãos aproximadas)	146–47	3–6	6–12	12
Remada sentada com cabo	96–97	3–6	6–12	12	Agachamento com barra	64–65	3–6	6–12	12
Desenvolvimento no aparelho ou Remada em pé com polia	125 126	3–6 3–6	6–12 6–12	12 12	Remada inclinada com barra	100–01	3–6	6–12	12
Puxada pela frente	93	3–6	6–12	12	Crucifixo inclinado com halteres	114–15	3–6	6–12	12
Leg press inclinado	78–79	3–6	6–12	12	Tração na barra fixa (pegada afastada)	94 (*Var.*)	3–6	6–12	12
Flexão plantar (em pé)	84	3–6	6–12	12	Desenvolvimento pela frente com barra (em pé)	124	3–6	6–12	12
Rosca com polia baixa	154–5	3–6	6–12	12	Flexão plantar (em pé)	84	3–6	6–12	12
Tríceps com polia alta ou Mergulho entre barras paralelas	148–49 141	3–6 3–6	6–12 6–12	12 12	Rosca direta	150–51	3–6	6–12	12
ROTINA DE ESFRIAMENTO					**ROTINA DE ESFRIAMENTO**				
Esfriamento 5 min.					**Esfriamento** 5 min.				
Alongamento de desenvolvimento (p. 208–13) 15 min.					**Alongamento de desenvolvimento** (p. 208–13) 15 min.				

- **DURAÇÃO DO PROGRAMA**
  6 a 8 semanas

- **FREQUÊNCIA DO PROGRAMA**
  2 a 3 treinos/semana, 1 a 2 dias de descanso entre os treinos

- **TEMPO DE RECUPERAÇÃO**
  de 30 s a 1,5 min. entre os exercícios

- **DURAÇÃO DO PROGRAMA**
  6 a 8 semanas

- **FREQUÊNCIA DO PROGRAMA**
  2 a 3 treinos/semana, 1 a 2 dias de descanso entre os treinos

- **TEMPO DE RECUPERAÇÃO**
  de 30 s a 1,5 min. entre os exercícios

PROGRAMAS DIVIDIDOS

PROGRAMA DIVIDIDO BÁSICO (OPÇÃO 1)

SESSÃO A: TÓRAX, OMBROS E MEMBROS SUPERIORES

SESSÃO B: MEMBROS INFERIORES E DORSO

Trabalho de aquecimento (p. 46–47) 10 min.

Trabalho de aquecimento (p. 46–47) 10 min.

EXERCÍCIO	P.	SÉRIES	REPS.	PESO (RM)	EXERCÍCIO	P.	SÉRIES	REPS.	PESO (RM)
Supino reto no aparelho	118–19	3–6	6–12	10–12	Extensão dos joelhos (sentado)	80–81	3–6	6–12	10–12
Desenvolvimento no aparelho	125 (*var.*)	3–6	6–12	10–12	Remada sentada com cabo	96–97	3–6	6–12	10–12
Cross-over	116–17	3–6	6–12	10–12	Flexão dos joelhos (sentado)	80–81	3–6	6–12	10–12
Qualquer elevação lateral	131–33	3–6	6–12	10–12	*Pull-over* com haltere	102 (*var.*)	3–6	6–12	10–12
Rosca *Scott*	154–55	3–6	6–12	10–12	Flexão plantar (em pé)	84	3–6	6–12	10–12
Extensão unilateral do antebraço com haltere (tronco inclinado para frente)	144–45	3–6	6–12	10–12	Remada unilateral	98–99	3–6	6–12	10–12

ROTINA DE ESFRIAMENTO

ROTINA DE ESFRIAMENTO

Esfriamento 5 min.

Esfriamento 5 min.

Alongamento de desenvolvimento (p. 208–13) 15 min.

Alongamento de desenvolvimento (p. 208–13) 15 min.

- ■ **DURAÇÃO DO PROGRAMA**
  6 a 8 semanas
- ■ **TEMPO DE RECUPERAÇÃO**
  de 30 s a 1,5 min. entre os exercícios

APLICAÇÃO DOS PROGRAMAS DIVIDIDOS

DIA DA SEMANA	SEG	TER	QUA	QUI	SEX	SÁB	DOM
SEMANA 1,3,5...etc.	A	B	Descanso	A	B	Descanso	A
SEMANA 2,4,6...etc.	B	A	Descanso	B	A	Descanso	B

PROGRAMA DIVIDIDO AVANÇADO (OPÇÃO 2)

SESSÃO A: TÓRAX, OMBROS E MEMBROS SUPERIORES

Trabalho de aquecimento (p. 46–47) 10 min.

EXERCÍCIO	P.	SÉRIES	REPS.	PESO (RM)
Supino plano com barra	110–11	3–6	6–12	10–12
Desenvolvimento pela frente com barra (em pé)	124	3–6	6–12	10–12
Crucifixo inclinado com halteres	114–15	3–6	6–12	10–12
Remada em pé	126–27	3–6	6–12	10–12
Rosca concentrada	152–53	3–6	6–12	10–12
Rosca direta	150–51	3–6	6–12	10–12

ROTINA DE ESFRIAMENTO

Esfriamento 5 min.

Alongamento de desenvolvimento (p. 208–13) 15 min.

SESSÃO B: MEMBROS INFERIORES E DORSO

Trabalho de aquecimento (p. 46–47) 10 min.

EXERCÍCIO	P.	SÉRIES	REPS.	PESO (RM)
Agachamento com barra	64–65	3–6	6–12	10–12
Pull-over com barra	102–03	3–6	6–12	10–12
Levantamento terra romano	88–89	3–6	6–12	10–12
Remada inclinada com barra	100–01	3–6	6–12	10–12
Flexão plantar (em pé)	84	3–6	6–12	10–12

ROTINA DE ESFRIAMENTO

Esfriamento 5 min.

Alongamento de desenvolvimento (p. 208–13) 15 min.

■ **DURAÇÃO DO PROGRAMA**
6 a 8 semanas

■ **TEMPO DE RECUPERAÇÃO**
de 30 s a 1,5 min. entre os exercícios

APLICAÇÃO DOS PROGRAMAS DIVIDIDOS

DIA DA SEMANA	SEG	TER	QUA	QUI	SEX	SÁB	DOM
SEMANA 1,3,5…etc.	A	B	Descanso	A	B	Descanso	A
SEMANA 2,4,6…etc.	B	A	Descanso	B	A	Descanso	B

FORÇA MÁXIMA

Os programas a seguir, por meio de vários exercícios funcionais, o ajudarão a desenvolver alto nível de força, da cabeça aos pés, capacitando-o a executar qualquer movimento da vida real que possa vir a ser exigido de você. Eles são baseados no programa de resistência de força descrito nas páginas 222 e 223 e desenvolvem sua potência em um período de 14 semanas.

P | **O que as tabelas apresentam?**

R | Existem dois programas a serem seguidos. O primeiro é um plano global básico e muito eficaz, e o segundo, um programa dividido mais avançado. Ambos são igualmente eficazes para atingir seus objetivos de força, porém os divididos permitem trabalhar um determinado grupo de músculos durante uma sessão de treinamento, possibilitando uma abordagem mais específica. A informação é apresentada do mesmo modo que para os programas básicos, porém os dias da semana em que você treina ou descansa seguem um período alternado de duas semanas (mostrado no quadro inferior). As letras A e B indicam quais partes do corpo serão treinadas. Quando chegar ao final do período de duas semanas, apenas repita tudo novamente enquanto durar o programa.

P | **Como devo utilizar os programas?**

R | Inicie o ciclo de seis repetições levantando um peso difícil, mas que permita a você completar satisfatoriamente todas as séries. O objetivo do programa é progredir até atingir a carga mais pesada que você puder levantar apenas uma vez. A cada duas semanas, o número de repetições diminui, porém com aumento semanal de peso: 1 a 2,5 kg para a parte superior do corpo; 2 a 4 kg para a parte inferior. Seu propósito deve ser o de levantar o maior peso possível uma única vez, na última semana (14ª).

PROGRAMA GLOBAL

Trabalho de aquecimento (p. 46–47) 10 min.

EXERCÍCIO	P.	SÉRIES	REPS.	PESO (RM)
Supino plano com halteres	110–11	3	6	6
Agachamento com barra	64–65	3	6	6
Puxada pela frente	93	3	6	
Desenvolvimento pela frente com barra (em pé)	124	3	6	6
Remada inclinada com barra	100–01	3	6	6

CARGAS E INTENSIDADES

SEMANA	SÉRIES	REPS.	PESO (RM)
Semanas 1–2	3	6	6
Semanas 3–4	3	4	4
Semanas 5–6	4	3	3
Semanas 7–8	4	1–2	2

ROTINA DE ESFRIAMENTO

Esfriamento 5 min.

Alongamento de desenvolvimento (p. 208–13) 15 min.

- **DURAÇÃO DO PROGRAMA**
  8 semanas

- **FREQUÊNCIA DO PROGRAMA**
  3 treinos/semana, 2 dias de descanso entre os treinos

- **TEMPO DE RECUPERAÇÃO**
  de 2 a 5 min. entre os exercícios

PROGRAMAS 235

PROGRAMA DIVIDIDO AVANÇADO

SESSÃO A: TÓRAX, OMBROS E MEMBROS SUPERIORES

Trabalho de aquecimento (p. 46–47) 10 min.

EXERCÍCIO	P.	SÉRIES	REPS.	PESO (RM)
Supino plano com halteres	110–11	3	6	6
Elevação dos ombros com flexão plantar	129	3	6	6
Crucifixo inclinado com halteres	114–15	3	6	6
Rosca alternada no banco inclinado	152–53	3	6	6
Extensão dos antebraços com barra (deitado)	144–45	3	6	6

CARGAS E INTENSIDADES

SEMANA	SÉRIES	REPS.	PESO (RM)
Semanas 1–2	3	6	6
Semanas 3–4	3	4	4
Semanas 5–6	4	3	3
Semanas 7–8	4	1–2	2

ROTINA DE ESFRIAMENTO

Esfriamento 5 min.

Alongamento de desenvolvimento (p. 208–13) 15 min.

SESSÃO B: MEMBROS INFERIORES E DORSO

Trabalho de aquecimento (p. 46–47) 10 min.

EXERCÍCIO	P.	SÉRIES	REPS.	PESO (RM)
Puxada com os membros superiores estendidos com polia alta	106–07	3	6	6
Agachamento com barra na frente	66	3	6	6
Flexão do tronco com barra	104–05	3	6	6
Subida no banco com barra	76–77	3	6	6
Remada pronada	106–07	3	6	6

CARGAS E INTENSIDADES

SEMANA	SÉRIES	REPS.	PESO (RM)
Semanas 1–2	3	6	6
Semanas 3–4	3	4	4
Semanas 5–6	4	3	3
Semanas 7–8	4	2	2

ROTINA DE ESFRIAMENTO

Esfriamento 5 min.

Alongamento de desenvolvimento (p. 208–13) 15 min.

■ **DURAÇÃO DO PROGRAMA**
8 semanas

■ **TEMPO DE RECUPERAÇÃO**
de 2 a 5 min. entre os exercícios

APLICAÇÃO DOS PROGRAMAS DIVIDIDOS

DIA DA SEMANA	SEG	TER	QUA	QUI	SEX	SÁB	DOM
SEMANA 1,3,5…etc.	A	B	Descanso	A	B	Descanso	A
SEMANA 2,4,6…etc.	B	A	Descanso	B	A	Descanso	B

FORÇA DO *CORE*

O termo "*core*" (ou "tronco") diz respeito aos músculos situados na região central do corpo. Para muitas pessoas, ele compreende o grupo mais exigido dos músculos do abdome ou "*six pack*" (seis gomos), mas a realidade é mais complexa que isso. Na verdade, existem duas camadas de músculos no *core*; a superficial (que contém o reto do abdome), visível em um indivíduo magro, e a dos estabilizadores, mais profunda, que não pode ser vista.

P | O que as tabelas apresentam?
R | As tabelas oferecem dois tipos de programas – o primeiro trabalha os músculos do *core* de forma isolada, e o segundo adota um método mais integrado, fornecendo duas opções diferentes, mas igualmente eficazes.

P | Como funciona o programa de condicionamento para isolamento do *core*?
R | Nesse método, o *core* é visto como uma região quase separada, que pode ser treinada e fortalecida por meio de exercícios específicos. Comece executando 1 ou 2 séries de 10 repetições para cada exercício. Mantendo uma boa técnica, vá aumentando 2 repetições em cada exercício, em todas as sessões, até completar 2 séries de 50 repetições. Não adicione repetições se não estiver preparado – prefira qualidade à quantidade.

P | Como funcionam os programas funcionais para o *core*?
R | Recomendados por muitos treinadores de elite, esses programas constituem um método integrado de treinamento. O condicionamento integrado é o treinamento do *core* por meio de outros movimentos com o objetivo de aumentar o desempenho global desse movimento-chave, e não só desenvolver simplesmente um *core* forte.

P | Qual deles eu devo escolher?
R | Os programas funcionais para o *core* são os melhores em todos os aspectos. Halterofilistas, por exemplo, obtêm sua força fenomenal executando, em pé, movimentos funcionais desafiadores. Porém, isso não deve ser considerado uma exclusividade dos atletas – qualquer pessoa pode aprender a executar exercícios como agachamentos, arremessos, arranques e levantamentos terra. Por sua natureza, o método do programa de isolamento para o *core* é menos funcional e aparentemente menos útil, mas é bom para o desenvolvimento físico ou fisiculturismo, no qual o resultado desejado é isolar o músculo e fazê-lo crescer.

PROGRAMA PARA ISOLAMENTO DO *CORE*

Trabalho de aquecimento (p. 46–47) 10 min.

EXERCÍCIO	P.	SÉRIES	REPS.
Abdominal supra (*crunch*) ou *Sit-up* (solo ou bola de estabilidade)	162–63 167	1–2	10–50
Abdominal infra (*crunch* invertido)	164	1–2	10–50
Abdominal oblíquo	165	1–2	10–50
Canivete com bola	170	1–2	10–50
Flexão lateral	172	1–2	10–50
Flexão de joelhos com os membros inferiores elevados	176–77	1–2	10–50
Prancha em pronação	174	1	FMI*
Prancha lateral	175	1	FMI*

*FMI – Falha Muscular Iminente

ROTINA DE ESFRIAMENTO

Esfriamento 5 min.

Alongamento de desenvolvimento (p. 208–13) 15 min.

■ **DURAÇÃO DO PROGRAMA**
4 a 6 semanas

■ **FREQUÊNCIA DO PROGRAMA**
2 a 3 treinos/semana, 1 a 2 dias de descanso entre os treinos

■ **TEMPO DE RECUPERAÇÃO**
de 30 s a 1 min. entre os exercícios

PROGRAMAS FUNCIONAIS PARA O *CORE*

OPÇÃO 1

Trabalho de aquecimento (p. 46–47) 10 min.

EXERCÍCIO	P.	SÉRIES	REPS.	PESO (RM)
Metida ao peito	182–83	2–6	6	6
Remada em pé com cabo	98–99	2–6	6	6
Supino plano com barra	110–11	2–6	6	6
Remada inclinada com barra	100–01	2–6	6	6
Desenvolvimento pela frente com barra (em pé)	124	2–6	6	6
Agachamento profundo	194–95	2–6	6	6
Agachamento com barra na frente	66	2–6	6	6
Levantamento terra	86–87	2–6	6	6

ROTINA DE ESFRIAMENTO

Esfriamento 5 min.

Alongamento de desenvolvimento (p. 208–13) 15 min.

- **DURAÇÃO DO PROGRAMA**
  4 a 6 semanas

- **FREQUÊNCIA DO PROGRAMA**
  2 a 3 treinos/semana, 1 a 2 dias de descanso entre os treinos

- **TEMPO DE RECUPERAÇÃO**
  de 2 a 5 min. entre os exercícios

OPÇÃO 2

Trabalho de aquecimento (p. 46–47) 10 min.

EXERCÍCIO	P.	SÉRIES	REPS.	PESO (RM)
Arranque	184–85	2–6	6	6
Flexão no solo sobre apoios	121	2–6	6	6
Remada unilateral	98–99	2–6	6	6
Levantamento terra unilateral com *kettlebell*	177–78	2–6	6	6
Agachamento com barra	64–65	2–6	6	6
Avanço com barra acima da cabeça	73	2–6	6	6
Levantamento terra com joelhos estendidos – *Stiff*	85	2–6	6	6

ROTINA DE ESFRIAMENTO

Esfriamento 5 min.

Alongamento de desenvolvimento (p. 208–13) 15 min.

AUMENTO DE CARGA E VOLUME
Mantendo a boa técnica o tempo todo, você pode adicionar:
1 a 2 kg para a parte superior do corpo
2 a 4 kg para a parte inferior do corpo
Ou acrescentar, no máximo, até 6 séries.

EXERCÍCIOS ESPECÍFICOS PARA UM ESPORTE

Todos os exercícios neste livro proporcionam excelentes treinamentos de força. No entanto, grande parte deles também oferece ótimos benefícios nos treinos para um determinado esporte. Quase todos os atletas, independentemente do esporte que pratiquem, passam um tempo grande na academia fazendo exercícios de fortalecimento e condicionamento que os ajudam a se destacar em suas modalidades.

P | Como devo utilizar as tabelas?

R | Os principais exercícios específicos para um esporte aqui descritos estão organizados em grupos. Os "tipos" dentro de cada grupo são listados logo adiante, acompanhados do número da página correspondente para facilitar a consulta ao longo do livro, e, em seguida, é discutido cada grupo separadamente. Descubra como um grupo de exercícios trabalha os vários músculos, por que ele é importante para a capacidade esportiva e para quais esportes é particularmente útil.

GRUPO DE EXERCÍCIOS:
AGACHAMENTOS

Tipos
Agachamento com barra (p. 64–65)
Agachamento estilo "sumô" (p. 64 var.)
Agachamento com barra na frente (p. 66)
Agachamento *Hack* com barra (p. 67)
Agachamento com barra na frente (pesado) (p. 192–93)
Agachamento profundo (p. 194–95)

P | Como funcionam os agachamentos?

R | Agachamentos são exercícios básicos de desenvolvimento de força para todo o pilar de sustentação do corpo. São, muitas vezes, considerados exercícios para os membros inferiores ou, mais especificamente, para o quadríceps femoral, mas, na verdade, eles trabalham os músculos dos pés, os estabilizadores dos tornozelos, os músculos dos membros inferiores, os estabilizadores dos joelhos, os músculos do jarrete, os abdutores e adutores, os músculos das regiões inguinal (virilha) e glútea e quase todos os do *core*.

GRUPO DE EXERCÍCIOS:
AFUNDOS E AVANÇOS

Tipos
Afundo com halteres (p. 68)
Afundo com barra acima da cabeça (p. 69)
Afundo com barra (pé apoiado no banco) (p. 70)
Afundo com halteres (pé apoiado no banco) (p. 71)
Avanço com barra (p. 72)
Avanço com barra acima da cabeça (p. 73)
Avanço à frente (p. 74)
Avanço lateral (p. 75)
Subida no banco com barra (p. 76–77)

P | Como funcionam os afundos e avanços?

R | Afundos e avanços desenvolvem força em um membro inferior. A maior parte dos esportes envolve movimentos nos quais o peso corporal é deslocado para o membro inferior projetado, que desacelera o atleta para que ele, em seguida, acelere rapidamente na direção contrária ("corte"). Isso exige grande força e potência em um único membro inferior e, portanto, treinar para desenvolver essa força é fundamental.

GRUPO DE EXERCÍCIOS:
LEVANTAMENTOS TERRA (MEMBROS INFERIORES FLEXIONADOS)

Tipos
Levantamento terra (p. 86–87)
Levantamento terra com halteres (p. 87 var.)
Levantamento terra unilateral com *kettlebell* (p. 176–77)

P | Como funcionam os levantamentos terra (membros inferiores flexionados)?

R | Eles são similares aos agachamentos, diferindo quanto à posição da barra. Sendo a barra levantada do solo, a mecânica do exercício difere dos agachamentos no grau de flexão dos joelhos e do tronco. No levantamento terra, a barra é posicionada à frente do centro de equilíbrio do atleta.

P | **Esses exercícios são importantes só para atletas?**
R | Não. Eles são úteis para qualquer pessoa interessada em melhorar seu desempenho esportivo, desde os iniciantes até os atletas de alto nível.

P | **Por que esses exercícios são ditos específicos para um esporte?**

R | Os exercícios funcionais, que simulam a ação das articulações e as forças a que os atletas ficam submetidos, são conhecidos também como específicos para um esporte. É o caso particularmente dos levantamentos dinâmicos, preferidos por muitos treinadores e atletas de elite envolvidos em esportes que exigem movimentos altamente explosivos, como jogadores de futebol americano e praticantes de atletismo.

P | **Por que os agachamentos são importantes?**
R | Agachamentos são fundamentais para o desenvolvimento de força nos membros inferiores para esportes específicos, força essa que, além de útil por si só, também é a base para a potência explosiva do salto e da corrida de curta distância. Os agachamentos podem tornar você mais forte e mais potente e melhorar sua postura. Também se destacam entre os melhores exercícios de força para o *core*. Existem muitas variações de agachamento, e sua escolha dependerá do que exatamente seu esporte requer.

P | **A quais esportes os agachamentos se aplicam?**
R | A lista de esportes que se beneficiam dos agachamentos é bastante abrangente e inclui quase todos os esportes conhecidos. Se você é um esportista, deverá incluir agachamentos em seu programa de treinamento (ver p. 246–247 para uma lista completa dos exercícios relevantes por esporte).

P | **Por que os afundos e avanços são importantes?**
R | Em qualquer tipo de corrida, um atleta sempre está apoiado sobre um membro inferior, o que torna importante que ele tenha força e estabilidade. Por exemplo, é alto o potencial para ineficiência, perda de energia e lesão a que está sujeito um velocista (um praticante de atletismo ou um ala em um esporte de equipe) que não tenha força e estabilidade nas articulações do tornozelo, joelho e quadril. Se o seu esporte, como a maioria deles, envolver movimento em várias direções, execute avanço em várias direções no treinamento.

P | **A quais esportes os afundos e avanços se aplicam?**
R | São poucos os esportes nos quais a força em um membro inferior isolado é de pouca relevância – remo e levantamento básico de peso são, talvez, os principais exemplos. Portanto, esses exercícios são aplicados a muitos esportes, incluindo futebol, rúgbi, basquete, tênis e futebol australiano. Jogadores de hóquei e *wide receivers*, *cornerbacks* ou *running backs* no futebol americano, que regularmente realizam movimento de corte, também são beneficiados (ver p. 246–247 para uma lista completa dos exercícios relevantes por esporte).

P | **Por que os levantamentos terra (membros inferiores flexionados) são importantes?**
R | Como os agachamentos, esse tipo de levantamento é importante para todos os atletas, mas principalmente para os de esportes que requerem alto nível de preensão, levantamento e puxada. Suas variações, como o levantamento terra unilateral com *kettlebell*, são de grande eficácia para o *core*, já que na maioria dos esportes é raro que as cargas estejam em equilíbrio perfeito. O levantamento terra unilateral com *kettlebell* é um exercício muito eficaz para capacitar o *core* a suportar o levantamento de cargas irregulares.

P | **A quais esportes os levantamentos terra (membros inferiores flexionados) se aplicam?**
R | Os levantamentos terra são recomendados para lutadores de judô e arremessadores de martelo. Eles também trazem benefícios para remadores, no que diz respeito ao desenvolvimento de um nível básico de força de tração, e para jogadores de rúgbi, que muitas vezes precisam puxar e levantar o corpo de seus oponentes (ver p. 246–247 para uma lista completa dos exercícios relevantes por esporte).

GRUPO DE EXERCÍCIOS:
LEVANTAMENTOS TERRA
(MEMBROS INFERIORES ESTENDIDOS)

Tipos
Levantamento terra com joelhos estendidos – *Stiff* (p. 85)
Levantamento terra romano (p. 88–89)
Flexão do tronco com barra (p. 104–05)

P | Como funcionam os levantamentos terra (membros inferiores estendidos)?

R | As versões do levantamento terra com membros inferiores estendidos (a flexão do tronco com barra é um misto de agachamento com levantamento terra) fortalecem os músculos do jarrete, os da região lombar e os glúteos. No entanto, são menos funcionais que os agachamentos ou levantamentos terra (membros inferiores flexionados) pois os joelhos não se dobram.

GRUPO DE EXERCÍCIOS:
PUXADAS E TRAÇÕES NA BARRA FIXA

Tipos
Tração na barra fixa com auxílio (p. 92)
Puxada pela frente (p. 93)
Tração na barra fixa (p. 94–95)
Tração na barra fixa com diferentes pegadas (p. 94 var.)

P | Como funcionam as puxadas e trações na barra fixa?

R | São exercícios excelentes para desenvolver a força geral nos músculos dos membros superiores e do dorso envolvidos nas puxadas, assim como para aumentar a força da pegada.

GRUPO DE EXERCÍCIOS:
REMADAS SENTADAS COM CABO

Tipos
Remada sentada com cabo (p. 96–97)
Remada em pé com cabo (p. 98–99)
Remada pronada (p. 106–07)

P | Como funcionam os tipos de remada sentada com cabo?

R | Elas trabalham a parte superior do corpo, em especial o dorso, e a força da pegada.

GRUPO DE EXERCÍCIOS:
REMADAS EM PÉ

Tipos
Remada em pé com cabo (p. 98–99)
Remada unilateral (p. 98–99)
Remada inclinada com barra (p. 100–01)
Remada em pé (p. 126–27)
Remada em pé com halteres (p. 126 var.)

P | Como funcionam as remadas em pé?

R | As versões em pé dos exercícios de remada estimulam e treinam a conexão dos movimentos de puxada da parte superior com a parte inferior do corpo através do *core*. Elas também desenvolvem a força da pegada.

P | Por que os levantamentos terra (membros inferiores estendidos) são importantes?
R | A principal característica do levantamento terra (membros inferiores estendidos) é aumentar a força dos músculos do jarrete para ajudar a prevenir lesões no joelho, mais frequentes em atletas do sexo feminino. Os fisiculturistas também os utilizam para desenvolver os músculos do jarrete com propósitos estéticos.

P | A quais esportes os levantamentos terra (membros inferiores estendidos) se aplicam?
R | Ao lado do fisiculturismo com objetivos estéticos, esse tipo de levantamento terra é realizado por praticantes de artes marciais mistas, lutadores de judô e arremessadores de martelo, que dependem da força na parte superior dos músculos do jarrete e da estabilidade do joelho (ver p. 246–247 para uma lista completa dos exercícios relevantes por esporte).

P | Por que as puxadas e trações na barra fixa são importantes?
R | Embora não sejam específicas para um esporte em particular (poucos deles exigem que os atletas levantem o peso de seu próprio corpo), elas são importantes para alpinistas e ginastas, que precisam de força nessas regiões. Também podem ser úteis contra os desequilíbrios musculares em atletas que executam exercícios de tórax intensamente.

P | A quais esportes as puxadas e trações na barra fixa se aplicam?
R | Alpinistas e ginastas, que constantemente precisam levantar o peso do próprio corpo, são beneficiados com a maioria desses exercícios, que também são úteis em qualquer esporte que exija alta capacidade de pegada e puxada. Entre os exemplos se encontram arremesso do martelo, *wrestling*, judô, remo e rúgbi *union*. Muitos dos outros esportes também podem se beneficiar durante as fases de condicionamento geral do treinamento (ver p. 246–247 para uma lista completa dos exercícios relevantes por esporte).

P | Por que as remadas sentadas com cabo são importantes?
R | O desenvolvimento de força no dorso e na parte superior do corpo, especialmente para movimentos de puxada, é muito importante para qualquer atleta.

P | A quais esportes as remadas sentadas com cabo se aplicam?
R | O remo é o que mais se beneficia. Da mesma forma que as puxadas e trações na barra fixa, esses exercícios também podem ser benéficos nos esportes que exigem capacidade de pegada e puxada, como arremesso do martelo, *wrestling*, judô, remo e rúgbi *union*. No entanto, a conexão do mecanismo de puxada da parte superior do corpo, através do *core*, e da parte inferior do corpo, precisa ser treinada separadamente (ver p. 246–247 para uma lista completa dos exercícios relevantes por esporte).

P | Por que as remadas em pé são importantes?
R | Em diversos esportes os atletas executam levantamentos e puxadas em pé, e elas são muito úteis para treinar esses movimentos. A remada unilateral é até mais útil quando executada sem apoio dos joelhos e das mãos, que ajudam a sustentar o corpo de forma artificial – no mundo real, o corpo precisa cuidar de sua própria sustentação internamente.

P | A quais esportes as remadas em pé se aplicam?
R | Muitos esportes são beneficiados com o desenvolvimento global de força proporcionado pelas remadas em pé, em particular aqueles que exigem movimentos de puxada e levantamento executados em pé, como arremesso de martelo, judô, artes marciais mistas, remo e rúgbi *union*. Remadas em pé são úteis para a maioria dos esportes durante o treinamento para desenvolvimento de força (ver p. 246–247 para uma lista completa dos exercícios relevantes por esporte).

GRUPO DE EXERCÍCIOS:
PUXADAS COM MEMBROS SUPERIORES ESTENDIDOS

Tipos
Pull-over com barra (p. 102–03)
Pull-over com barra W (p. 102 var.)
Pull-over com haltere (p. 102 var.)
Puxada com os membros superiores estendidos com polia alta (p. 106–07)

P | Como funcionam as puxadas com membros superiores estendidos?
R | Elas fortalecem os músculos utilizados para abaixar o braço a partir de uma posição acima da cabeça através do plano sagital (da cabeça em direção aos pés).

GRUPO DE EXERCÍCIOS:
MOVIMENTOS DE EMPURRADA: O TÓRAX

Tipos
Supino plano com barra (p. 110–11)
Supino plano com halteres (p. 110–11)
Supino inclinado com barra (p. 112)
Supino inclinado com halteres (p. 113)
Flexão no solo (p. 120)
Flexão com bola de estabilidade (p. 120 var.)
Flexão no solo sobre apoios (p. 121)
Supino (mãos aproximadas) (p. 146–47)
Flexão no solo com mãos aproximadas (p. 146 var.)

P | Como funcionam os movimentos de empurrada?
R | Movimentos de empurrada em decúbito dorsal, como o popular supino, fortalecem o tórax, os ombros e o tríceps braquial.

GRUPO DE EXERCÍCIOS:
DESENVOLVIMENTOS (DE OMBROS)

Tipos
Desenvolvimento pela frente com barra (em pé) (p. 124)
Desenvolvimento sentado com halteres (p. 125)
Desenvolvimento em pé (p. 202–03)

P | Como funcionam os desenvolvimentos?
R | Eles são similares aos supinos, mas diferem quanto à angulação do ombro. São exercícios excelentes para desenvolver força básica para os levantamentos acima da cabeça, além de força e estabilidade geral nos ombros. Esses exercícios são melhores quando realizados em pé – a versão sentada é uma variação do fisiculturismo.

P | Por que as puxadas com membros superiores estendidos são importantes?
R | É importante treinar os membros superiores para esportes em que a força é aplicada através do membro estendido. Além disso, as puxadas com os membros superiores estendidos são úteis na prevenção de lesões.

P | A quais esportes as puxadas com membros superiores estendidos se aplicam?
R | Eles incluem natação (nados borboleta e *crawl*), lançamento rápido no críquete e, talvez, o serviço no tênis. No entanto, a ação do membro superior nesses esportes é complexa e requer outros exercícios para condicionamento total de força (ver p. 246–247 para uma lista completa dos exercícios relevantes por esporte).

P | Por que os movimentos de empurrada são importantes?
R | O desenvolvimento de força proporcionado por movimentos de empurrada é útil em esportes nos quais os competidores precisam fazer pressão com um ou os dois membros superiores, por exemplo, para se apoiar no solo, levantar o corpo ou empurrar um oponente.

P | A quais esportes os movimentos de empurrada se aplicam?
R | Há algum benefício para esportes como *wrestling*, artes marciais mistas, futebol (goleiros) e rúgbi, nos quais os jogadores precisam realizar movimentos de empurrada. Também se observa influência no pugilismo, no arremesso de peso e em muitos outros esportes que requerem força geral nos ombros, estabilidade e prevenção de lesões (ver p. 246–247 para uma lista completa dos exercícios relevantes por esporte).

P | Por que os desenvolvimentos são importantes?
R | Quando realizados em pé, os desenvolvimentos envolvem o corpo todo, dos dedos dos pés aos dedos das mãos. Ao contrário dos movimentos de empurrada, permitem que o peso seja levantado de modo explosivo acima da cabeça. Exercícios como desenvolvimento em pé são versões explosivas do desenvolvimento com barra pela frente e treinam quase todos os músculos, incluindo os dos membros inferiores e superiores, os do tronco e os dos ombros.

P | A quais esportes os desenvolvimentos se aplicam?
R | A maior parte dos esportes tira proveito dos desenvolvimentos no que diz respeito ao condicionamento geral. Socos em esportes de combate e arremessos de peso são os movimentos mais diretamente beneficiados por eles. No rúgbi *union*, os atacantes responsáveis por levantar os companheiros durante a cobrança lateral também têm seu desempenho melhorado por meio do desenvolvimento (ver p. 246–247 para uma lista completa dos exercícios relevantes por esporte).

GRUPO DE EXERCÍCIOS:
ROTAÇÕES DE OMBRO

Tipos
Rotação lateral com haltere (p. 134–35)
Rotação medial (p. 136–37)
Rotação lateral (p. 136–37)

P | Como funcionam as rotações de ombro?
R | A articulação do ombro é bastante móvel e, em decorrência disso, está mais propensa a lesões, especialmente no manguito rotador – grupo de quatro músculos responsáveis por manter a estabilidade da articulação do ombro e controlar todos os seus movimentos, como as rotações lateral e medial.

GRUPO DE EXERCÍCIOS:
MACHADADAS/ROTAÇÕES COM CABO

Tipos
Machadada (p. 178–79)
Machadada com polia baixa (p. 179 var.)

P | Como funcionam as machadadas/rotações com cabo?
R | Por um lado, as machadadas com cabo ajudam a desenvolver força e potência rotacional explosiva e, por outro, permitem treinar as forças rotacionais de resistência. Aparelhos com cabos são muito úteis e versáteis para esse tipo de exercício e, portanto, devem ser usados para treinar quase todos os tipos de rotações.

GRUPO DE EXERCÍCIOS:
LEVANTAMENTOS DINÂMICOS

Tipos
Metida ao peito (p. 182–83)
Arranque (p. 184–85)
Metida ao peito com a barra suspensa (p. 186–87)
Arranque com a barra suspensa (p. 188–89)
Metida ao peito e agachamento à frente (p. 190–91)
Arranque com os pés afastados (p. 200–01)
Puxada vertical com *kettlebell* (p. 204)

P | Como funcionam os levantamentos dinâmicos?
R | Eles são idealizados para desenvolver potência máxima, que é, talvez, o fator fundamental do sucesso nos esportes, e envolvem extensão potente, explosiva e quase simultânea das articulações do tornozelo, do joelho e do quadril – a "extensão tripla".

GRUPO DE EXERCÍCIOS:
SALTO E AGACHAMENTO COM BARRA

P | Como funciona o exercício de salto e agachamento?
R | Ele oferece muitos dos benefícios dos levantamentos dinâmicos sem exigir que se aprendam levantamentos técnicos.

P | **Por que as rotações de ombro são importantes?**
R | O fortalecimento dos músculos do ombro é muito importante para o desempenho esportivo e a prevenção de lesões, e, por essa razão, muitos treinadores de força e fisioterapeutas recomendam rotações de ombro. Não se esqueça de que outros exercícios funcionais com pesos livres, como o arranque (ver p. 202–203), também são muito úteis para fortalecer o manguito rotador.

P | **A quais esportes as rotações de ombro se aplicam?**
R | Quase todos os esportes nos quais a articulação do ombro é exigida são beneficiados por esses exercícios como meio de prevenir lesões no local. Mesmo quando são utilizados outros exercícios para o ombro, vale a pena incluir as rotações. Lutas de braço e, talvez, esportes com raquete podem ser diretamente beneficiados por esses exercícios (ver p. 246–247 para uma lista completa dos exercícios relevantes por esporte).

P | **Por que as machadadas/rotações com cabo são importantes?**
R | São poucos os esportes que não requerem o desenvolvimento da potência rotacional – parte fundamental de qualquer programa de treinamento. Quando houver necessidade de rotação explosiva, a machadada pode ser realizada de modo explosivo em rotação. Quando forem exigidas estabilidade e resistência, o exercício pode ser executado apenas com o movimento dos membros superiores em torno de um pilar fixo (membros inferiores e *core*).

P | **A quais esportes as machadadas/rotações com cabo se aplicam?**
R | Quase todos os esportes envolvem algum movimento rotacional no plano transversal. Alguns como golfe, pugilismo, beisebol, arremesso de peso e os que usam raquete dependem completamente dele. Mesmo nas corridas, os atletas precisam resistir a forças rotacionais que ocorrem como consequência natural da mecânica da corrida. Esportes que envolvem pouca rotação, como o levantamento básico de peso, provavelmente não são muito beneficiados (ver p. 246–247 para uma lista completa dos exercícios relevantes por esporte).

P | **Por que os levantamentos dinâmicos são importantes?**
R | Muitos movimentos no esporte, como o salto e a corrida em velocidade, dependem da extensão tripla desenvolvida por levantamentos dinâmicos. Assim como a parte de levantamento desses exercícios, a parte da "recuperação" do peso também é importante, pois nela a barra é desacelerada. Isso pode afetar positivamente o treinamento, já que em quase todos os esportes os atletas são forçados a fazer uma desaceleração; qualquer mudança de direção ou aterrissagem após um salto são exemplos importantes.

P | **A quais esportes os levantamentos dinâmicos se aplicam?**
R | Sem dúvida, os halterofilistas dinâmicos são beneficiados com esses exercícios, mas quase todos os outros esportes que requerem velocidade, potência, estabilidade, equilíbrio e controle também são. Algo tão simples como treinar a alternância rápida dos pés nas versões de levantamentos com os pés afastados (um na frente outro atrás) pode ter impacto importante na velocidade e agilidade dos pés (ver p. 246–247 para uma lista completa dos exercícios relevantes por esporte).

P | **Por que o exercício de salto e agachamento com barra é importante?**
R | Os levantamentos dinâmicos são exercícios muito importantes, mas é necessário tempo para aprendê-los. Muitos atletas percebem que passam tanto tempo tentando aperfeiçoar os levantamentos que nunca conseguem executá-los com cargas significativas. O exercício de salto e agachamento com barra, no entanto, é mais simples e oferece benefícos similares para o desenvolvimento da extensão tripla.

P | **A quais esportes o exercício de salto e agachamento com barra se aplica?**
R | Da mesma forma que os levantamentos dinâmicos, o exercício de salto e agachamento com barra é adequado para qualquer esporte que exija velocidade, potência, estabilidade, equilíbrio e controle (ver p. 246–247 para uma lista completa dos exercícios relevantes por esporte).

MATRIZ ESPECÍFICA PARA UM ESPORTE

O termo "específico para um esporte" é aplicado aos exercícios que simulam movimentos particulares de um atleta em seu esporte. Isso permite decompor os diferentes esportes em tipos gerais de movimentos e treinar esses movimentos para melhorar o nível global de desempenho.

P | O que a tabela apresenta?

R | Para o desenvolvimento da tabela foi feita uma análise dos padrões de movimentos de cada esporte listado e a classificação de cada grupo de exercícios do livro de acordo com sua relevância para esses esportes, a saber: "relevância direta" (quadrado escuro), "relevância parcial/geral" (quadrado claro) ou sem relevância (vazio). No caso do *squash/*

Legenda
À direita estão todos os grupos de exercícios detalhados nas páginas 238–45. Abaixo estão os esportes para os quais esses exercícios são relevantes.
■ Relevância direta
□ Relevância parcial/geral

Esporte	Agachamentos	Afundos e avanços	Levantamentos terra (membros inferiores flexionados)	Levantamentos terra (membros inferiores estendidos)	Puxadas e trações na barra fixa	Remadas sentadas com cabo	Remadas em pé	Puxadas com os membros superiores estendidos	Movimentos de empurrada: o tórax	Desenvolvimento (de ombros)	Rotações de ombro	Machadadas/rotações com cabo	Levantamentos dinâmicos	Exercício de salto e agachamento
Futebol americano/canadense	■	■	□	□	□	□	■		□	■	□	□	■	■
Futebol australiano	■	■	□	□	□	□	■		□	□	□	□	■	■
Badminton	□	■			□	□	□	□		□	■	■	□	□
Beisebol/softball	■	■			□	□	□			□	■	■	■	■
Basquetebol	■	■		□						■	□	□	■	■
Pugilismo	■	■			□	□			■	■	□	■	■	■
Canoagem		□			□	■	■	□						
Alpinismo	□	□	□		■									
Críquete	■	■			□	□		□				■	■	■
Ciclismo	■	□	□										■	■
Corrida de longa distância	■	■	□										□	□
Esgrima	□	■											□	□
Hóquei sobre a grama	■	■		□								■	■	■
Futebol gaélico	■	■			□	□	■		□	□	□	□	■	■
Golfe	□	□			□	□						■	■	
Ginástica	■	□	□			■	□	□		■		■	■	■
Lançamento de martelo	■	□	■	■	□					□		□	■	■
Hurling	■	■			□	□	□			□		■	■	■
Hóquei sobre o gelo	■	■											■	□
Patinação no gelo	□	□											□	□
Lançamento de dardo	■	■			□	□	□					■	■	■
Judô	■	■	■	■	□	□	■			□		□	■	■
Provas de salto	■	■		□									■	■
Caiaque			□		□	■	■	□				□	■	

PROGRAMAS 247

raquetebol por exemplo, a relevância dos agachamentos é parcial/geral, enquanto a dos afundos e avanços é direta. Assim, embora para esse esporte seja importante o desenvolvimento de força em nível estrutural nos dois membros inferiores (daí, a relevância geral), é indiscutível que a força unilateral tem muito mais importância e está diretamente relacionada ao *squash*/raquetebol, devido aos movimentos explosivos multidirecionais que se executa ao acelerar ou avançar em direção à bola. Agachamentos normalmente estão associados a esportes que requerem estabilidade nos dois membros inferiores, como o esqui e o *windsurf*, ou que exijam movimentos com os dois membros inferiores em ações específicas, como a formação ordenada no rúgbi *union* ou o salto para o cabeceio no futebol.

Legenda
À direita estão todos os grupos de exercícios detalhados nas páginas 238–45. Abaixo estão os esportes para os quais esses exercícios são relevantes.
■ Relevância direta
□ Relevância parcial/geral

	Agachamentos	Afundos e avanços	Levantamentos terra (membros inferiores flexionados)	Levantamentos terra (membros inferiores estendidos)	Puxadas e trações na barra fixa	Remadas sentadas com cabo	Remadas em pé	Puxadas com os membros superiores estendidos	Movimentos de empurrada: o tórax	Desenvolvimento (de ombros)	Rotações de ombro	Machadadas/rotações com cabo	Levantamentos dinâmicos	Exercício de salto e agachamento
Lacrosse	■	■			□	□	□					■	■	■
Corrida de média distância	■	■		□								□	■	■
Artes marciais mistas	■	■	■	■	□	□	■		■	■	■	■	■	■
Netball	□	■								□	□	□	□	□
Levantamento básico de peso	■		■	■	□	□	□		■	□			□	□
Remo	■		■	□	□	■					□	■	■	□
Rúgbi *league*	■	■	□	□	□	□			■	□			■	■
Rúgbi *union*	■	■	■	□	□	□			■	□			■	■
Esqui na neve	■	□											□	□
Futebol	■	■		□									■	■
Squash/raquetebol	□	■			□	□	□	□		□		■	■	□
Artes marciais – *striking*	■	■			□	□	□		■	■	□	■	■	■
Surfe	■	■												
Natação	□	□		□	□	□		□		□		■	■	■
Tênis de mesa		■										■	■	
Tênis	■	■			□	□	□	□		□		■	■	■
Arremesso de peso e lançamento de disco	■	■	□	□	□		□		■	■		■	■	□
Corrida de curta distância	■	■		□									■	■
Voleibol	■	■			□	□	□	□		□		■	■	■
Esqui aquático	■			□	□		■						□	
Polo aquático	□				□	□		□		□		■	□	□
Levantamento de peso olímpico	■	■	■	□	□		□					■	■	■
Windsurf	■			□		□	□						□	
Wrestling	■	■	■		□	□	■		■	□	■	■	■	■

GLOSSÁRIO

%1RM A carga levantada em um exercício expressa como porcentagem da sua *1RM* (*uma repetição máxima*).

1RM (Uma Repetição Máxima) Peso máximo que você pode levantar em uma única repetição de um exercício específico.

Abdutor Músculo que afasta um membro lateralmente em relação ao plano médio do corpo.

Ácido lático Resíduo metabólico da respiração *anaeróbica*. Ele se acumula em seus músculos durante exercício intenso e está envolvido nos processos químicos que causam cãibra.

Adaptação neural Adaptação do sistema nervoso em resposta ao *treinamento de força*. O aumento da atividade neural em seus músculos pode proporcionar aumentos surpreendentes da força com pouca alteração do tamanho do músculo, especialmente no início de um programa de treinamento.

Adutor Músculo que aproxima um membro em relação ao plano médio do corpo.

Aeróbico Processo que requer oxigênio. O *metabolismo* aeróbico ocorre durante exercícios de baixa intensidade e longa duração, como nado e corrida de longa distância.

Anaeróbico Processo que não utiliza oxigênio. O *metabolismo* anaeróbico ocorre durante exercícios de alta intensidade e curta duração como halterofilismo e corrida de curta distância.

Anterior Parte ou face da frente, em oposição a posterior.

Aparelho com cabo na polia Aparelho de treinamento de resistência em que vários acessórios, como barra, alças ou cordas, podem ser conectados a pesos por um cabo de metal. A força para mover o peso é transferida através de uma polia ou sistema de polias. Esses aparelhos são projetados para oferecer muitas opções de exercícios, ao mesmo tempo em que proporciona resistência contínua em toda a amplitude dos movimentos.

Aparelho Smith Equipamento comum nas academias. É constituído de uma *barra* confinada entre dois trilhos paralelos de aço que permitem o seu movimento apenas em uma direção vertical limitada.

Aquecimento Séries de exercícios de baixa intensidade que preparam seu corpo para o treino, estimulando moderadamente o coração, os pulmões e os músculos.

Arranque Levantamento técnico que, junto com o *arremesso*, constitui uma das provas do *levantamento de peso olímpico*. Ele compreende o levantamento de uma *barra* com movimento contínuo a partir do solo (ou, na maioria das vezes, de uma plataforma), até uma posição acima da cabeça, onde é sustentada com os membros superiores totalmente estendidos.

Arremesso Levantamento técnico composto de duas etapas que, ao lado do *arranque*, compõe as provas do *levantamento de peso olímpico* (halterofilismo). Compreende o levantamento de uma *barra* até o nível dos ombros e, em seguida, acima da cabeça até a extensão total dos braços.

Barra Tipo de *peso livre* constituído de uma trave (geralmente de metal) com pesos em ambas as extremidades. Ela é longa o suficiente para permitir uma pegada com distância equivalente à largura dos ombros. Os pesos podem ficar fixos na barra permanentemente ou ser removíveis (anilhas), fixados à barra por presilhas.

Bíceps Qualquer músculo que possua duas *cabeças* ou *origens*. Esse termo é muitas vezes utilizado como uma forma abreviada para designar o bíceps braquial (músculo localizado no braço).

Cabeça (de um músculo) Ponto de origem de um músculo.

Caloria Unidade habitualmente utilizada para medir a energia ingerida ou consumida.

Carboidratos Grupo de compostos orgânicos, incluindo açúcar, amido e celulose. Parte essencial da dieta, os carboidratos constituem a fonte mais comum de energia nos seres vivos.

Cíngulo do membro superior Anel ósseo (na verdade um anel incompleto) situado nos ombros que serve de ponto de fixação para muitos músculos que movimentam as articulações do ombro e do cotovelo.

Coluna neutra Posição da coluna vertebral considerada como uma boa postura. Nessa posição, a coluna não está totalmente reta, mas apresenta curvaturas discretas nas regiões superior e inferior. É a posição mais resistente e equilibrada para a coluna e deve ser mantida em diversos exercícios.

Condicionamento Programa de exercícios destinado a melhorar seu desempenho ou prepará-lo para um evento esportivo.

Creatina Composto químico produzido pelo corpo ou adquirido através dos alimentos (principalmente da carne); utilizada como estoque e suprimento de energia para o tecido muscular.

Densidade óssea Quantidade de tecido ósseo em um determinado volume de osso.

Eretor Músculo que levanta uma parte do corpo.

Esfriamento Período após a finalização do treinamento que inclui atividades como corrida leve, caminhada e alongamento dos principais grupos musculares. Visa ajudar seu corpo a retornar ao estado em que se encontrava antes do exercício.

Exercício dinâmico Qualquer atividade em que suas articulações e músculos se movem.

Exercício estático Exercício em que você se mantém em uma posição fixa – por exemplo, empurrando um objeto imóvel.

Extensor Músculo que promove o aumento do ângulo em uma articulação – por exemplo, ao esticar (estender) o cotovelo. Em geral, atua em conjunto com um *flexor*.

Flexor Músculo que age para diminuir o ângulo em uma articulação – por exemplo, ao dobrar (flexionar) o cotovelo. Em geral, atua em conjunto com um *extensor*.

Glicogênio Tipo de *carboidrato* que é encontrado nos músculos e no fígado e fornece energia durante o treinamento de força. O glicogênio é constituído de unidades interconectadas de *glicose*; toda glicose não utilizada pelo corpo é convertida em glicogênio para armazenamento.

Glicose Açúcar simples usado pelas células do corpo como fonte primária de energia.

Gorduras Grupo de compostos orgânicos que inclui as gorduras animais, como manteiga e banha de porco, e gorduras vegetais, como óleos de vegetais e feijões. Elas são fontes importantes de energia na alimentação e muitas desempenham funções essenciais na química do seu corpo.

Haltere Tipo de *peso livre* que pode ser levantado com uma mão. Ele é constituído de uma barra curta com pesos nas extremidades.

Hipertrofia Aumento do tamanho de um tecido ou célula do corpo, em especial, da massa muscular.

Homeostasia Processos pelos quais seu corpo regula o meio interno para manter as condições estáveis e constantes.

IG (Índice Glicêmico) Modo de quantificar o efeito que a ingestão de um determinado tipo de *carboidrato* tem sobre o *nível de açúcar no sangue*; é medido em uma escala de 0 a 100. Alimentos de alto IG são aqueles que se decompõem de modo rápido, liberando energia logo após a digestão; os de baixo IG se decompõem mais lentamente e liberam sua energia por um período mais longo.

IMC (Índice de Massa Corporal) Medida da gordura corporal que é baseada na altura e no peso e se aplica a homens e mulheres adultos. É uma medida útil para pessoas "normais", mas deve ser interpretada com cuidado, especialmente quando aplicada a atletas com massa muscular considerável.

Intervalo de recuperação Pausa que permite a recuperação muscular entre *séries* de um exercício.

Isométrico Modo de treinamento em que seus músculos trabalham, mas não se contraem de maneira significativa como ao empurrar um objeto imóvel.

Isotônico Modo de treinamento em que seus músculos trabalham contra uma resistência constante, de modo a se contraírem enquanto a resistência permanece a mesma.

GLOSSÁRIO 249

Kettlebell Peso de ferro que se assemelha a uma bola com alça.

Lateral Posicionado no lado de fora de seu corpo ou de uma parte dele. Um movimento no plano lateral representa um deslocamento de um lado a outro.

Levantamento básico Esporte em que o objetivo é levantar uma *barra* com a maior carga de pesos possível. Ele é composto por três movimentos: agachamento, supino e levantamento terra.

Levantamento de peso olímpico Esporte no qual o objetivo é levantar dinamicamente uma *barra* com a maior carga de pesos possível. Esse esporte inclui dois movimentos distintos – o *arremesso* e o *arranque*.

Ligamento Tecido conectivo fibroso e resistente que conecta os ossos em suas articulações.

Manguito rotador São os quatro músculos – supraespinal, infraespinal, redondo menor e subescapular – e os *tendões* a eles conectados, que mantêm o úmero (o osso longo do braço) em posição na articulação do ombro e possibilitam a rotação do braço. Lesões do manguito rotador são comuns em esportes que envolvem movimentos de arremesso.

Metabolismo Soma de todos os processos químicos de seu corpo; compreende o anabolismo (formação de compostos) e o catabolismo (decomposição de compostos).

Mineral Qualquer dos vários elementos inorgânicos (sem estrutura de carbono) que são essenciais para a função normal do corpo e devem ser incluídos em sua alimentação.

Músculo cardíaco Tipo de músculo involuntário presente nas paredes do coração.

Músculo esquelético Esse tipo de músculo, também denominado músculo estriado, fica fixo ao esqueleto e sujeito a controle voluntário. A contração do músculo esquelético permite que você regule o movimento de seu corpo.

Músculo liso Tipo de músculo existente na parede de todos os órgãos cavitários que não está sujeito a controle voluntário.

Músculos antagonistas Músculos que ficam dispostos em pares e realizem a flexão e a extensão de uma articulação; por exemplo, um desses músculos se contrai para mover o membro em uma direção e o outro se contrai para movê-lo em direção oposta.

NBE (Necessidade Básica de Energia) Quantidade de *calorias* consumidas pelo corpo em repouso.

Nível de açúcar no sangue Concentração de *glicose* no sangue.

Observador Parceiro de treinamento que o ajuda durante o levantamento, fornecendo estímulo e suporte físico se necessário, por exemplo, intercedendo se você estiver prestes a fraquejar no levantamento.

Pegada alternada Pegada em uma barra com a palma de uma mão voltada para o seu corpo e a da outra, ao contrário. Essa forma de pegada impede que uma barra com pesos role em suas mãos e é recomendada para levantamentos com carga muito pesada, em especial no levantamento terra.

Periodização Uma abordagem do plano de treinamento que envolve a alternância de atividades cíclicas, cargas e intensidades em um determinado período, geralmente visando obter um condicionamento máximo na preparação para um evento. É uma técnica de preparação utilizada por atletas de elite para uma competição ou no início de uma temporada.

Peso livre Um peso – *barra*, *haltere* ou *kettlebell* – que não fica preso a um cabo ou aparelho.

Porcentagem de gordura corporal O peso da gordura corporal expresso como porcentagem do peso total do corpo.

Posterior A parte ou face de trás, em oposição a *anterior*.

Potência Quantidade de força produzida em um determinado tempo – uma combinação de força e velocidade.

Pré-exaustão Método de treinamento em que você executa um exercício uniarticular antes do movimento composto intenso para uma determinada parte do corpo. Seu objetivo é "cansar" o músculo alvo antes de começar a trabalhá-lo propriamente.

Proteína Um dos três nutrientes principais (junto com *gorduras* e *carboidratos*) que fornece energia a seu corpo. Ela é necessária para o crescimento e reparação muscular.

Quadríceps Qualquer músculo com quatro cabeças. Termo comumente usado para designar o grande músculo da coxa.

Regime Programa controlado de exercício e dieta que visa atingir resultados pré-determinados.

Repetição (rep) Movimento completo, que compreende ir do início ao fim e voltar para o começo em um exercício específico.

Rotina dividida Padrão de treinamento em que, em vez de exercitar o corpo inteiro a cada vez, você trabalha uma parte dele (p. ex., a parte superior) em uma sessão de *treinamento de força* e a outra, (p. ex., os membros inferiores) na sessão seguinte.

Série descendente (*drop set*) Tipo de treinamento com peso em que você executa uma *série* de determinado exercício até a falha muscular e, em seguida, diminui o peso para realizar outra série até falhar novamente.

Série Quantidade específica de *repetições*.

Sobrecarga Aumento progressivo de peso usado em um determinado exercício. Tem como objetivo promover adaptação do corpo ao treinamento.

Supersérie Tipo de treinamento em que você executa dois exercícios sucessivamente, sem intervalo; os exercícios podem trabalhar as mesmas partes de seu corpo ou partes diferentes.

Suplemento Qualquer preparado, em forma de pílula, líquido ou pó, que contém nutrientes.

Tendão Tipo de tecido conectivo que mantém os músculos conectados aos ossos, transferindo a força da contração muscular para os ossos.

Tendão do calcâneo Um longo *tendão* que fixa no calcâneo os músculos da sura.

TIT (Trato Iliotibial) Grupo resistente de fibras que se estende pela face lateral da coxa e atua principalmente como estabilizador durante corridas.

TMB (Taxa Metabólica Basal) Quantidade mínima de energia (em *calorias*) que seu corpo necessita diariamente para se manter vivo. A TMB corresponde a cerca de dois terços do gasto energético diário.

Treinamento até a falha *Repetições* de um determinado exercício até que não seja possível levantar o peso sem auxílio.

Treinamento de circuito Prática habitual de vários exercícios executados em sequência, cada um com um número específico de *repetições*. Os exercícios são separados por intervalos de descanso cronometrados, e os circuitos, por longos períodos de descanso.

Treinamento de força Método de *treinamento de resistência* em que o objetivo é desenvolver a força de seu *músculo esquelético*.

Treinamento de resistência Qualquer tipo de treinamento em que seus músculos trabalhem contra resistência, que pode ser oferecida por um peso, uma banda elástica ou seu próprio peso corporal.

Treinamento intervalado Modo de treinamento em que breves períodos de exercício com intensidade quase máxima são alternados com períodos de descanso ou de exercícios leves como caminhada rápida ou corrida leve.

Tríceps Qualquer músculo com três *cabeças*. Termo geralmente utilizado para designar o tríceps braquial, que estende o cotovelo.

Vitamina Qualquer um dos grupos de compostos químicos que seu corpo necessita, em pequenas quantidades, para o crescimento e o desenvolvimento saudáveis. Muitas vitaminas não são produzidas pelo corpo, devendo ser ingeridas na dieta.

ÍNDICE

A

Abdominal
infra (*Crunch* invertido) 164
90/90 166–7
oblíquo 165
supra (*Crunch*) 162
supra com bola 166–7
Abdominal infra (*Crunch* invertido) 164
Abdominal 90/90 166–7
Abdominal oblíquo 165
Abdominal oblíquo com bola 168
Abdominal supra (*Crunch*) 43, 162
Abdominal supra com bola 166–7
Abdução das coxas no aparelho (sentado) 82–3
Abdução, membros inferiores 59
Abs
matriz de funcionalidade dos exercícios 220–1
veja também core e abs
Aceleração 41
Adaptação neural 19
Adução das coxas no aparelho (sentado) 82–3
Adutor longo
adutor da coxa 82–3
Adutor magno
adutor da coxa 82–3
Afundo 238–9
com barra (pé apoiado no banco) 70
com barra acima da cabeça 69
com halteres 68
com halteres (pé apoiado no banco) 71
Afundo com barra acima da cabeça 69
Afundo com halteres 68
Afundo com halteres (pé apoiado no banco) 71
Agachamento 17, 35, 58–9, 238–9
afundo com barra acima da cabeça 69
afundo com barra (pé apoiado no banco) 70
afundo com halteres 68
afundo com halteres (pé apoiado no banco) 71
com barra 64–5
com barra e salto 205
com barra na frente 66
com barra na frente (pesado) 192–3
profundo 194–5
sumô 64

Agachamento com barra 64–5
Agachamento com barra na frente 66
Agachamento com barra na frente (pesado) 192–3
Agachamento profundo 194–5
Agachamento sumô 64
Água 25
Alongamento carpado 213
Alongamento com avanço 213
Alongamento da parte superior do dorso 208
Alongamento da sura (panturrilha) 213
Alongamento de desenvolvimento 47
Alongamento do bíceps 208
Alongamento do eretor 208
Alongamento do latíssimo 209
Alongamento do ombro 208
Alongamento do quadríceps 57, 211
com 3 pontos 210
Alongamento do TIT 209
Alongamento dos adutores 212
Alongamento dos músculos do jarrete 210–11, 212
Alongamento dos peitorais 209
Alongamento estático 47
Alongamentos
carpado 213
com avanço 213
da parte superior do dorso 208
da sura (panturrilha) 213
do bíceps 208
do eretor 208
do latíssimo 209
do ombro 208
do quadríceps 57, 211
do quadríceps com 3 pontos 210
do TIT 209
dos adutores 212
dos músculos do jarrete 210, 212
dos peitorais 209
Ancôneo
extensão dos antebraços com barra (deitado) 144-5
extensão dos antebraços com barra (sentado) 143
extensão unilateral do antebraço com haltere (tronco inclinado para frente) 144-5
extensão vertical do antebraço com haltere 142
tríceps com polia alta 148-9

tríceps com polia alta (de costas para o aparelho) 148-9
Andar carpado 56–7
Aparelho, abdução das coxas no 82–3
Aparelho, adução das coxas no 82–3
Aparelhos 38
programas básicos para fisiculturismo 231
programas básicos para treinamento de resistência de força 222–3
programas básicos para treinamento físico 225
Aparelhos de resistência 216–17
Aprendendo padrões de movimento 20
Aquecimento 46–7, 217
Arranque 17, 184–5
com os pés afastados 200–1
Arranque com a barra suspensa 188–9
Arranque com agachamento 198–9
Arranque com os pés afastados 200–1
Aspecto "tonificado" 225
Atividade aeróbica 29
Avanço 60–1, 238–9
à frente 74
com barra 72
com barra acima da cabeça 61, 73
com rotação 60–1
lateral 75
Avanço à frente 74
Avanço com barra 72
Avanço com barra acima da cabeça 61, 73
Avanço com rotação 60–1
Avanço lateral 75

B

Barra, flexão do tronco com 104–5
Barra, subida no banco com 76–7
Barra, supino plano com 110–11
Bíceps braquial
puxada pela frente 93
puxada vertical com *kettlebell* 204
remada em pé 126–7
remada em pé com cabo 98–9
remada inclinada com barra 100–1
remada pronada 106–7
remada unilateral 98–9

rosca alternada no banco inclinado 152–3
rosca com polia baixa 154–5
rosca com polia baixa (pegada pronada) 156–7
rosca concentrada 152–3
rosca direta 150
rosca direta (pegada pronada) 156–7
rosca martelo 150–1
rosca *Scott* 154
tração na barra fixa 94
tração na barra fixa com auxílio 92
Bola, abdominal oblíquo com 168
Bola, canivete com 170
Bola, extensão lombar com 171
Braquial
braquiorradial
rosca alternada no banco inclinado 152–3
rosca com polia baixa 154–5
rosca com polia baixa (pegada pronada) 156–7
rosca concentrada 152–3
rosca direta 150
rosca direta (pegada pronada) 156–7
rosca martelo 150–1
rosca *Scott* 154

C

Cãibra 31
Calorias 26
Canivete com bola 170
Carboidratos 24
Cargas/carregamento e progressão 36, 37
Circundução
do braço 52–3
do punho 53
do quadril 54–5
Compensação de peso 41
Conselho, procurando 22
Coração 19
Core e abdominal
abdominal infra (*Crunch* invertido) 164
abdominal 90/90 166–7
abdominal oblíquo 165
abdominal oblíquo com bola 168
abdominal supra (*Crunch*) 43, 162
abdominal supra com bola 166–7

ÍNDICE 251

canivete com bola 170
extensão lombar com bola 171
flexão de joelhos com os membros inferiores elevados 176–7
flexão lateral 172–3
flexão lateral na cadeira romana 172–3
flexão no solo com bola 169
levantamento terra unilateral com *kettlebell* 176–7
machadada 178–9
prancha em pronação 174
prancha lateral 175
sit-up 163
Cross-over 116–17
Crucifixo
    inclinado com halteres 114–15
    no aparelho 118–19

D

Deltoide
    agachamento profundo 194–5
    arranque 184–5
    arranque com a barra suspensa 188–9
    arranque com agachamento 198–9
    avanço com barra acima da cabeça 73
    desenvolvimento em pé 204–5
    metida ao peito 182–3
    metida ao peito com a barra suspensa 186–7
    metida ao peito e agachamento à frente 190–1
    supino (mãos aproximadas) 146–7
Deltoide, parte acromial
    elevação lateral (tronco inclinado para frente) 132–3
    elevação lateral com halteres 131
    elevação para frente com halteres 130
Deltoide, parte clavicular
    cross-over 116–17
    crucifixo inclinado com halteres 114–15
    crucifixo no aparelho 118–19
    desenvolvimento pela frente com barra (em pé) 124
    desenvolvimento sentado com halteres 125
    elevação lateral (tronco inclinado para frente) 132–3
    elevação lateral com halteres 131

elevação para frente com halteres 130
flexão no solo 120
flexão no solo sobre apoios 121
mergulho entre bancos 140
mergulho entre barras paralelas 141
remada em pé 126–7
supino inclinado com barra 112
supino inclinado com halteres 113
supino plano com barra 110–11
supino plano com halteres 110–11
supino reto no aparelho 118–19
Deltoide, parte espinal
    elevação lateral (tronco inclinado para frente) 132–3
    puxada pela frente 93
    remada pronada 106–7
    remada unilateral 98–9
Desaceleração 41
Descanso 35
Desenvolvimento 242–3
    em pé 35, 202–3
    pela frente com barra (em pé) 124
    sentado com halteres 125
    veja também supino
Desidratação 25, 31
Deterioração 33
Dieta *veja* nutrição
Dorso
    alongamento do 208
    extensão lombar 104–5
    flexão do tronco com barra 104–5
    matriz de funcionalidade dos exercícios 218–9
    pull-over com barra 102–3
    puxada com os membros superiores estendidos com polia alta 106–7
    puxada pela frente 93
    remada em pé com cabo 98–9
    remada inclinada com barra 100–1
    remada pronada 106–7
    remada sentada com cabo 96–7
    remada unilateral 98–9
    tração na barra fixa 35, 94–5
    tração na barra fixa com auxílio 92

E

Elevação
    lateral (tronco inclinado para frente) 132–3

lateral com halteres 131
para frente com halteres 130
Elevação dos ombros
    com flexão plantar 129
    com halteres 128
Elevação para frente com halteres 130
Elevações 35
Eretor da espinha
    avanço com barra acima da cabeça 73
    extensão lombar 104–5
    extensão lombar com bola 171
    flexão do tronco com barra 104–5
    levantamento terra 86–7
    levantamento terra com joelhos estendidos – *Stiff* 85
    levantamento terra romano 88–9
    prancha em pronação 174
    puxada vertical com *kettlebell* 204
Esfriamento 46, 47, 217
Especificidade 33
Exercício anaeróbico 29
Exercício anaeróbico de explosão 29
Exercício cardiovascular 28
Exercícios de esfriamento 34
Exercícios de mobilidade 47
Extensão
    do pescoço 50
    do punho 158–9
    dos antebraços com barra (deitado) 144–5
    dos antebraços com barra (sentado) 143
    dos joelhos (sentado) 80–1
    lombar 104–5
    lombar com bola 171
    tríceps com polia alta (de costas para o aparelho) 148–9
    vertical do antebraço com haltere 142
Extensão tripla 41
Extensão unilateral do antebraço com haltere (tronco inclinado para frente) 144-5
Extensão vertical do antebraço com haltere 142
Extensor radial curto do carpo
    extensão do punho 158
Extensor radial longo do carpo
    extensão do punho 158
Extensor ulnar do carpo
    extensão do punho 158

Extensores 18
Extrovertidos 23

F

Falha muscular 36
Falha, treinar até a 36, 37
Fatores da personalidade 23
Fibras musculares, tipos de 19
Fisiculturismo 16–17, 43, 230–33
    programa básico 231
Fisiologia do treinamento 18–19
Flexão de joelhos com os membros inferiores elevados 176–7
Flexão do tronco com barra 104–5
Flexão dos joelhos (sentado) 80–1
Flexão e rotação lateral da coxa no quadril 57
Flexão lateral 172–3
    na cadeira romana 172–3
Flexão lateral do tronco 55
Flexão no solo 120
    com bola 169
    sobre apoios 121
Flexão plantar (em pé) 84
Flexão
    da coxa 58–9
    do pescoço 50
    do punho 158–9
    lateral do pescoço 51
    lateral do tronco 55
Flexor profundo dos dedos
    flexão do punho 158–9
Flexor radial do carpo
    flexão do punho 158–9
Flexor ulnar do carpo
    flexão do punho 158–9
Flexores 18
Flexores dos dedos
    rosca alternada no banco inclinado 152–3
Força do *core* 236–7
    programas funcionais para o *core* 237
    programa para isolamento do *core* 236
Força rápida 42
Força-velocidade 42
Frequência de treinamento 34, 35

G

Ganho/perda de peso 24, 26, 28
Gastrocnêmio
    afundo com barra (pé apoiado no banco) 70

252 TREINAMENTO DE FORÇA

afundo com halteres (pé apoiado no banco) 71
agachamento com barra na frente (pesado) 192–3
agachamento profundo 194–5
arranque 184–5
arranque com a barra suspensa 188–9
arranque com agachamento 198-9
arremesso (2ª fase) 196–7
avanço lateral 75
desenvolvimento em pé 202-3
elevação dos ombros com flexão plantar 129
flexão plantar (em pé) 84
metida ao peito 182
metida ao peito com a barra suspensa 186–7
metida ao peito e agachamento à frente 190–1
puxada vertical com *kettlebell* 204
salto e agachamento com barra 205
subida no banco com barra 76
Glicogênio 31
Glúteos
  adução das coxas no aparelho (sentado) 82–3
  afundo com barra (pé apoiado no banco) 70
  afundo com barra acima da cabeça 69
  afundo com halteres 68
  afundo com halteres (pé apoiado no banco) 71
  agachamento com barra 64–5
  agachamento com barra na frente 66
  agachamento com barra na frente (pesado) 192–3
  agachamento *Hack* com barra 67
  agachamento profundo 194–5
  arranque 184–5
  arranque com a barra suspensa 188–9
  arranque com agachamento 198-9
  arranque com os pés afastados 200–1
  arremesso (2ª fase) 196–7
  avanço à frente 74
  avanço com barra 72
  avanço com barra acima da cabeça 73
  desenvolvimento em pé 202-3
  extensão lombar 104–5
  extensão lombar com bola 171
  flexão do tronco com barra 104–5

levantamento terra 86–7
levantamento terra com joelhos estendidos – *Stiff* 85
levantamento terra romano 88–9
metida ao peito 182
metida ao peito com a barra suspensa 186–7
metida ao peito e agachamento à frente 190–1
puxada vertical com *kettlebell* 204
remada inclinada com barra 100–1
salto e agachamento com barra 205
subida no banco com barra 76–7
Golfe 43
Gordura (s)
  avaliando seu nível de 28
  controle do 26, 28
  corpórea *veja* gordura corporal da dieta 24, 30
  direcionar a perda de 30
  essencial e de reserva 30
  exercícios que ajudam a reduzir a 28
  gordura corporal 227
  níveis adequados de 27
  perguntas frequentes sobre 30–1
  "transpirando" 30
Gravidade 43

H

Halterofilismo 17
Homeostasia 26

I

IG dos alimentos 30, 30–1
Iliopsoas
  abdominal infra (*Crunch* invertido) 164
  canivete com bola 170
Índice de Massa Corporal (IMC) 28
Índice Glicêmico (IG) 24
Infraespinal
  rotação com braço abduzido 134
  rotação lateral 136–7
  rotação lateral com haltere 134–5
  rotação medial 136–7
Intensidade de treinamento 32
Introvertidos 23

K

Kettlebell, puxada vertical com 204

L

Latíssimo do dorso
  pull-over com barra 102–3
  puxada com os membros superiores estendidos com polia alta 106–7
  puxada pela frente 93
  remada em pé com cabo 98–9
  remada inclinada com barra 100–1
  remada sentada com cabo 96–7
  remada unilateral 98–9
  tração na barra fixa 94
  tração na barra fixa com auxílio 92
Leg press inclinado 78–9
Levantamento básico 17
Levantamento terra 17, 35, 86–7, 238–9, 240–1
  com joelhos estendidos – *Stiff* 85
  romano 88–9
  unilateral com *kettlebell* 176–7
Levantamento terra com joelhos estendidos – *Stiff* 85
Levantamento terra romano 88–9
Levantamento terra unilateral com *kettlebell* 176–7
Levantamentos dinâmicos 244–5
  agachamento com barra na frente (pesado) 192–3
  agachamento profundo 194–5
  arranque 184–5
  arranque com a barra suspensa 188–9
  arranque com agachamento 198-9
  arranque com os pés afastados 200–1
  arremesso (2ª fase) 196–7
  desenvolvimento em pé 202-3
  matriz de funcionalidade dos exercícios 220–1
  metida ao peito 182–3
  metida ao peito com a barra suspensa 186–7
  metida ao peito e agachamento à frente 190–1
  puxada vertical com *kettlebell* 204
  salto e agachamento com barra 205
Levantamentos dinâmicos *veja* dinâmicos, levantamentos
Limite tensional 36

M

Machadada 178–9, 244–5
Massa muscular 16, 26
Matriz de funcionalidade dos exercícios 218–21

Membro(s) inferior(es)
  abdução 59
  abdução das coxas no aparelho (sentado) 82–3
  afundo com barra (pé apoiado no banco) 70
  afundo com barra acima da cabeça 69
  afundo com halteres 68
  afundo com halteres (pé apoiado no banco) 71
  agachamento com barra 64–5
  agachamento com barra na frente 66
  agachamento *Hack* com barra 67
  agachamentos/levantamentos 35
  avanço à frente 74
  avanço com barra 72
  avanço com barra acima da cabeça 73
  avanço lateral 75
  extensão dos joelhos (sentado) 80
  flexão 58–9
  flexão dos joelhos (sentado) 80–1
  flexão plantar (em pé) 84
  leg press inclinado 78–9
  levantamento terra 86–7
  levantamento terra com joelhos estendidos – *Stiff* 85
  levantamento terra romano 88–9
  matriz de funcionalidade dos exercícios 218–9
  subida no banco com barra 76–7
Membros superiores
  extensão do punho 158–9
  extensão dos antebraços com barra (deitado) 144-5
  extensão dos antebraços com barra (sentado) 143
  extensão unilateral do antebraço com haltere (tronco inclinado para frente) 144-5
  extensão vertical do antebraço com haltere 142
  flexão do punho 158–9
  matriz de funcionalidade dos exercícios 220–1
  mergulho entre bancos 140
  mergulho entre barras paralelas 141
  rosca alternada no banco inclinado 152–3
  rosca com polia baixa 154–5
  rosca com polia baixa (pegada pronada) 156–7
  rosca concentrada 152

ÍNDICE 253

rosca direta 150–1
rosca direta (pegada pronada) 156–7
rosca martelo 150–1
rosca *Scott* 154–5
supino (mãos aproximadas) 146–7
tríceps com polia alta (de costas para o aparelho) 148-9
tríceps com polia alta 148–9
Mergulho
  entre bancos 140
  entre barras paralelas 141
Metas/estabelecimento de metas 17, 20, 22
Metida ao peito 182–3
Metida ao peito com a barra suspensa 186–7
Metida ao peito e agachamento à frente 190–1
Minerais 25, 31
Mobilidade
  abdução do membro inferior 59
  agachamento 58–9
  alongamento do quadríceps 57
  andar carpado 56–7
  avanço 60–1
  avanço com barra acima da cabeça 61
  avanço com rotação 60–1
  circundução do braço 52–3
  circundução do punho 53
  circundução do quadril 54–5
  extensão e flexão do pescoço 50
  flexão da coxa (com joelho estendido) 58
  flexão e rotação lateral da coxa no quadril 57
  flexão lateral do pescoço 51
  flexão lateral do tronco 55
  movimento circular do ombro 52–3
  passo de Frankenstein 56–7
  rotação do pescoço 51
  rotação do tronco 54–5
Motivação 20–1
  extrínseca 20
  intrínseca 20
  pelo treinador 22
Movimento circular do ombro 52–3
Movimento de agachamento 41
Movimento de empuxo 41
Movimento de explosão 42
Movimento de tração 41
Movimento(s)
  direção da aplicação da força e influência da gravidade 43
  frequência 42
  principais dos esportes 41
  treine 40
  velocidade do 42

Movimentos de desenvolvimento 242–3
Músculo cardíaco 18
Músculo esquelético 22
Músculo liso 18
Músculo(s)
  afundo com barra (pé apoiado no banco) 70
  afundo com barra acima da cabeça 69
  afundo com halteres 68
  afundo com halteres (pé apoiado no banco) 71
Músculos do jarrete
  agachamento com barra 64–5
  agachamento com barra na frente 66
  agachamento com barra na frente (pesado) 192–3
  agachamento *Hack* com barra 67
  agachamento profundo 194–5
  arranque 184–5
  arranque com a barra suspensa 188–9
  arranque com agachamento 198–9
  arranque com os pés afastados 200–1
  arremesso (2ª fase) 196–7
  avanço à frente 74
  avanço com barra 72
  avanço com barra acima da cabeça 73
  avanço lateral 75
  como eles trabalham 18
  desenvolvimento de, magro 26
  desenvolvimento em pé 202-3
  extensão lombar 104–5
  extensão lombar com bola 171
  flexão do tronco com barra 104–5
  flexão dos joelhos (sentado) 80
  leg press inclinado 78–9
  Levantamento terra 86–7
  levantamento terra com joelhos estendidos – *Stiff* 85
  levantamento terra romano 88–9
  levantamento terra unilateral com *kettlebell* 176–7
  metida ao peito 182
  metida ao peito com a barra suspensa 186–7
  metida ao peito e agachamento à frente 190–1
  puxada vertical com *kettlebell* 204
  remada inclinada com barra 100–1
  salto e agachamento com barra 205

subida no banco com barra 76–7
tipos de 18
transformação em gordura corporal 30

N

Necessidade Básica de Energia (NBE) 26
Necessidades de energia 26
Nutrição 24–31
  alimentos de alto e baixo IG 30–1
  carboidratos 24
  e controle da gordura 26
  e gordura corporal 26–8, 30–1
  e gorduras (dos alimentos) 24, 30
  frequência de refeições 31
  ganhar peso em massa muscular 26
  minerais 25
  necessidades de energia 26
  proteínas 25
  tamanho da porção 31
  vitaminas 25

O

Oblíquos externos
  abdominal infra (*Crunch* invertido) 164
  abdominal 90/90 166–7
  abdominal oblíquo 165
  abdominal oblíquo com bola 168
  abdominal supra (*Crunch*) 162
  abdominal supra com bola 166–7
  flexão lateral 172–3
  flexão lateral na cadeira romana 172–3
  levantamento terra unilateral com *kettlebell* 176–7
  machadada 178–9
  prancha em pronação 174
  prancha lateral 175
  sit-up 163
Oblíquos internos
  abdominal oblíquo com bola 168
  flexão lateral 172–3
  flexão lateral na cadeira romana 172–3
  prancha em pronação 174
  prancha lateral 175
Ombros
  desenvolvimento em pé 35, 202–3
  desenvolvimento pela frente com barra (em pé) 124
  desenvolvimento sentado com halteres 125

elevação com flexão plantar 129
elevação com halteres 128
elevação lateral (tronco inclinado para frente) 132–3
elevação lateral com halteres 131
elevação para frente com halteres 130
matriz de funcionalidade dos exercícios 236–7
remada em pé 126–7
rotação 52–3
rotação com braço abduzido 134
rotação lateral 136–7
rotação lateral com haltere 134–5
rotação medial 136–7

P

Palmar longo
  flexão do punho 158–9
Parceiros de treinamento 22–3
Parceiros, treinamento com 22–3
Passo de Frankenstein 56–7
Peito, metida ao 182–3
Peitorais
  arranque 184–5
  arranque com a barra suspensa 188–9
  cross-over 116–17
  crucifixo inclinado com halteres 114–15
  crucifixo no aparelho 118–19
  flexão no solo 120
  flexão no solo sobre apoios 121
  machadada 178–9
  mergulho entre bancos 140
  mergulho entre barras paralelas 141
  metida ao peito 182–3
  metida ao peito com a barra suspensa 186–7
  metida ao peito e agachamento à frente 190–1
  pull-over com barra 102–3
  rotação medial 136–7
  supino (mãos aproximadas) 146–7
  supino inclinado com barra 112
  supino inclinado com halteres 113
  supino plano com barra 110–11
  supino plano com halteres 110–11
  supino reto no aparelho 118–19
Peitoral maior
  flexão no solo com bola 169
Periodização linear/clássica 44–5
Pescoço
  extensão e flexão 50

254 TREINAMENTO DE FORÇA

flexão lateral 51
rotação 51
Peso corporal 24, 216
pesos livres 38, 216
programas básicos para fisiculturismo 231
programas básicos para treinamento de resistência de força 218–19
programas básicos para treinamento físico 226–7
programas divididos 232–3
resistência de força 222–3
treinamento físico 225–7
Planejamento 32–9
medindo sua 1RM 32
e recuperação 34
e frequência de treinamento 34
escolha programas simples 34–5
intensidade de treinamento 32
volume de treinamento 32
princípios básicos 35–9
Planejamento conjugado/ondulado 45
Planejamento instintivo 45
Planejamento não planejado 45
Prancha
em pronação 174
lateral 175
Pré-exaustão 39
Programas
fisiculturismo 230–3
força 234–5
força do core 236–7
resistência de força 222–3
treinamento físico 224–9,
Programas divididos 228, 232, 235
Progressão 33, 216, 222
Proporção trabalho/recuperção 32
Proteína 31
Proteínas 25, 26
Psicologia do treinamento 20–3
Pugilismo 42
Pull-over 242–3
com barra 102–3
Punho
extensão do 158–9
flexão do 158–9
rotação do 53
Puxada
com os membros superiores estendidos 242–3
com os membros superiores estendidos com polia alta 106–7
pela frente 93
vertical com *kettlebell* 204

Q

Quadrado do lombo
extensão lombar 104–5

Quadríceps
afundo com barra (pé apoiado no banco) 70
afundo com barra acima da cabeça 69
afundo com halteres 68
afundo com halteres (pé apoiado no banco) 71
agachamento com barra 64–5
agachamento com barra na frente 66
agachamento com barra na frente (pesado) 192–3
agachamento *Hack* com barra 67
agachamento profundo 194–5
arranque 184–5
arranque com a barra suspensa 188–9
arranque com agachamento 198–9
arranque com os pés afastados 200–1
arremesso (2ª fase) 196–7
avanço à frente 74
avanço com barra 72
avanço com barra acima da cabeça 73
avanço lateral 75
desenvolvimento em pé 202–3
extensão dos joelhos (sentado) 80
leg press inclinado 78–9
levantamento terra 86–7
levantamento terra com joelhos estendidos – *Stiff* 85
levantamento terra romano 88–9
levantamento terra unilateral com *kettlebell* 176–7
metida ao peito 182–3
metida ao peito com a barra suspensa 186–7
metida ao peito e agachamento à frente 190–1
prancha em pronação 174
prancha lateral 175
puxada vertical com *kettlebell* 204
remada inclinada com barra 100–1
salto e agachamento com barra 205
subida no banco com barra 76–7
Quadril
circundução do 54–5
flexão e rotação lateral da coxa no 57

R

Recuperação 33, 34, 47, 216

Redondo maior
machadada 178–9
puxada com os membros superiores estendidos com polia alta 106–7
remada inclinada com barra 100–1
remada sentada com cabo 96–7
rotação com braço abduzido 134
rotação lateral 136–7
rotação lateral com haltere 134–5
rotação medial 136–7
tração na barra fixa 94
tração na barra fixa com auxílio 92
Redondo menor
machadada 178–9
rotação com braço abduzido 134
rotação lateral 136–7
rotação lateral com haltere 134–5
rotação medial 136–7
Remada
em pé 126–7
inclinada com barra 100–1
pronada 106–7
unilateral 98–9
Remada com cabo
em pé 98–9
sentada 96–7, 240–1
Remada em pé 126–7
Remada em pé com cabo 98–9
Remada inclinada com barra 35, 100–1
Remada pronada 106–7
Remada sentada com cabo 96–7, 240–1
Remada unilateral 98–9
Remadas em pé 240–1
Repetição 32
Resistência de força 42
Reto do abdome
abdominal infra (*Crunch* invertido) 164
abdominal 90/90 166–7
abdominal oblíquo 165
abdominal oblíquo com bola 168
abdominal supra (*Crunch*) 162
abdominal supra com bola 166–7
canivete com bola 170
flexão de joelhos com os membros inferiores elevados 176–7
flexão no solo com bola 169
levantamento terra 86–7
prancha em pronação 174
sit-up 163

Reto femoral
abdominal infra (*Crunch* invertido) 164
Romboide
elevação dos ombros com flexão plantar 129
elevação dos ombros com halteres 128
elevação lateral (tronco inclinado para frente) 132–3
Rosca
alternada no banco inclinado 152–3
com polia baixa 154–5
com polia baixa (pegada pronada) 156–7
concentrada 152–3
direta 150–1
direta (pegada pronada) 156
martelo 150–1
Scott 154–5
Rosca alternada no banco inclinado 152–3
Rosca com polia baixa 154–5
Rosca com polia baixa (pegada pronada) 156–7
Rosca concentrada 152
Rosca direta (pegada pronada) 156–7
Rosca direta 150–1
Rosca direta em pé 35
Rosca martelo 150–1
Rosca *Scott* 154–5
Rotação 41, 244–5
com braço abduzido 134
do pescoço 51
lateral 136–7
lateral com haltere 134–5
medial 136–7
Rotação com braço abduzido 134
Rotação lateral 136–7
Rotação lateral com haltere 134–5
Rotação medial 136–7
Rotação
do tronco 54–5
Rotinas divididas 39
treinamento físico 226–7
Rúgbi 42

S

Salto e agachamento 244–5
com barra 205
Séries 32, 36
Séries descendentes (*drop-sets*) 39
Serrátil anterior
flexão lateral 172–3
flexão lateral na cadeira romana 172–3
machadada 178–9
Sistema da fosfocreatina 29
Sit-up 163
Sobrecarga 33, 216, 222

ÍNDICE 255

Sobretreinamento 21, 23, 34
Sóleo
  afundo com barra (pé apoiado no banco) 70
  afundo com halteres (pé apoiado no banco) 71
  agachamento com barra na frente (pesado) 192–3
  agachamento profundo 194–5
  arranque 184
  arranque com a barra suspensa 188–9
  arranque com agachamento 198–9
  arremesso (2ª fase) 196–7
  desenvolvimento em pé 202
  flexão plantar (em pé) 84
  metida ao peito 182
  metida ao peito com a barra suspensa 186–7
  metida ao peito e agachamento à frente 190–1
  salto e agachamento com barra 205
Subescapular
  rotação com braço abduzido 134
  rotação lateral 136–7
  rotação medial 136–7
Subida no banco com barra 76–7
Supersérie 39
Supino 17, 35
  inclinado com barra 112
  inclinado com halteres 113
  mãos aproximadas 146–7
  plano com barra 110–11
  plano com halteres 110–11
  reto no aparelho 118–19
Supino (mãos aproximadas) 35, 146–7
Supino inclinado com barra 112
Supino inclinado com halteres 113
Supino plano com halteres 110–11
Supino reto no aparelho 118–19
Supraespinal
  machadada 178–9
  rotação com braço abduzido 134
  rotação lateral 136–7
  rotação lateral com haltere 134–5
  rotação medial 136–7

T

Tamanho da porção 31
Taxa metabólica 16
Taxa Metabólica Basal 26
Técnica correta de levantamento 87
Tensor da fáscia lata
  abdução das coxas no aparelho (sentado) 82–3

Tórax
  cross-over 116–17
  crucifixo inclinado com halteres 114–15
  crucifixo no aparelho 118–19
  flexão no solo 120
  flexão no solo sobre apoios 121
  matriz de funcionalidade dos exercícios 234–5
  supino 35
  supino inclinado com barra 112
  supino inclinado com halteres 113
  supino plano com barra 110–11
  supino plano com halteres 110–11
  supino reto no aparelho 118–19
Tração na barra fixa 35, 94–5, 240–1
  com auxílio 92
Tração na barra fixa com auxílio 92
  transformação do músculo em 30
Transverso do abdome
  abdominal 90/90 166–7
  levantamento terra unilateral com kettlebell 176–7
Trapézio
  elevação dos ombros com flexão plantar 129
  elevação dos ombros com halteres 128
  levantamento terra 86–7
  puxada com os membros superiores estendidos com polia alta 106–7
  puxada pela frente 93
  puxada vertical com kettlebell 204
  remada em pé 126–7
  remada em pé com cabo 98–9
  remada pronada 106–7
  remada sentada com cabo 96–7
  tração na barra fixa 94
Treinador, motivação pelo 22
Treinamento
  resposta do corpo ao 19
Treinamento com pesos 16
Treinamento de resistência
  atributos 40
  benefícios 16
  como funciona o 19
  definição 16
  metas comuns do 26
  princípios fundamentais do 18, 33
  rotina avançada 220–1
  rotinas básicas 218–19
Treinamento de resistência 16, 17, 28
Treinamento específico para um esporte 17, 40–5
Treinamento físico 224–9
  programas básicos 225–7

  programas divididos 228–9
Treinamento funcional 43
Treinamento, intensidade de 32
Treinamento, psicologia do 20–3
  e estabelecimento de metas 22
  e motivação 20–2
  e visualização 21
  fatores de personalidade 23
3 pontos, alongamento do quadríceps com 210
Tríceps
  agachamento profundo 194–5
  arranque com a barra suspensa 188–9
  mergulho entre barras paralelas 141
  pull-over com barra 102–3
  supino 35
  supino (mãos aproximadas) 35, 146–7
  supino inclinado com barra 112
  supino plano com halteres 110–11
Tríceps braquial
  arranque 184–5
  arranque com agachamento 198–9
  arremesso (2ª fase) 196–7
  com polia alta (de costas para o aparelho) 148-9
  com polia alta 148-9
  desenvolvimento em pé 202-3
  desenvolvimento pela frente com barra (em pé) 124
  desenvolvimento sentado com halteres 125
  extensão dos antebraços com barra (deitado) 144-5
  extensão dos antebraços com barra (sentado) 143
  extensão unilateral do antebraço com haltere (tronco inclinado para frente) 144-5
  extensão vertical do antebraço com haltere 142
  flexão no solo 120
  flexão no solo com bola 169
  flexão no solo sobre apoios 121
  mergulho entre bancos 140
  supino inclinado com halteres 113
  supino plano com barra 110–11
Tríceps com polia alta 148-9
Tríceps com polia alta (de costas para o aparelho) 148-9
Tronco, rotação do 54–5

U

1RM 32

V

Visualização 21
Vitaminas 25, 31
Volume de treinamento 32

AGRADECIMENTOS

SOBRE OS AUTORES

Len Williams é árbitro internacional de levantamento de peso e treinador sênior da Associação Britânica dos Levantadores de Peso (BWLA). Leciona em vários cursos de treinamento em faculdades e universidades. Atualmente, Len está na equipe de preparação para os Jogos Olímpicos de 2012 em Londres.

Derek Groves é treinador de esportes profissionais e membro da comissão técnica da BWLA, e consultor técnico de levantamento básico de peso (Powerlifting) para deficientes físicos da Federação de Esportes da Arábia Saudita. Tem mais de 30 anos de experiência em treinamento de força e condicionamento para atletas de elite e atualmente é classificador internacional de levantamento básico de peso paraolímpico do IPC.

Glen Thurgood é treinador profissional da BWLA, chefe do setor de força e condicionamento do time Northampton Town FC e diretor da Elite Sports Conditioning (elitesportsconditioning.com). Com mais de 10 anos de experiência como atleta de elite e treinador, trabalhou com times de rúgbi *union*, futebol americano e beisebol no âmbito universitário, profissional e nacional.

AGRADECIMENTOS DOS EDITORES

Dorling Kindersley gostaria de agradecer a Jillian Burr, Joanna Edwards, Michael Duffy, Conor Kilgallon e Phil Gamble.

Cobalt id gostaria de agradecer às seguintes pessoas e organizações por suas generosas colaborações na produção deste livro:

Chris Chea, Caroline Pearce, William Smith, Michelle Grey, Sam Bias Ferrar, Sean Newton e Anouska Hipperson pelo padrão tão elegante e profissional.

Anouska e Roscoe Hipperson, Matt, Jon e toda a equipe brilhante do Fit Club Wymondham, em Norfolk, por permitir nosso acesso às suas instalações fantásticas e por todo o apoio e orientação durante as sessões de fotos. Jackie Waite e a equipe do Leisure Centre & Pool in the Park, em Woking, e Karen Pearce e a equipe da Fenner's Fitness Suite na Universidade de Cambridge.

Muito obrigado também a todos os ilustradores que trabalharam com tanto empenho durante todo o projeto: Mark Walker, Mike Garland, Darren R. Awuah, Debajyoti Dutta, Richard Tibbitts (Antbits Illustration), Jon Rogers e Phil Gamble. Muito obrigado a Patricia Hymans pelo preparo do índice.

SOBRE A BWLA (ASSOCIAÇÃO BRITÂNICA DOS LEVANTADORES DE PESO)

A Associação Britânica dos Levantadores de Peso (BWLA), órgão nacional que administra assuntos relacionados a levantamento de peso e musculação, foi fundada há 100 anos. Agora que é reconhecida como o guardião do levantamento de peso olímpico no Reino Unido, está profundamente envolvida com todos os tipos de musculação, particularmente auxiliando no aumento do desempenho em outros esportes. Nessa ajuda para desenvolver o levantamento de peso e a musculação, a BWLA tem se envolvido com educação durante grande parte de sua história. No fim da década de 1940, seu primeiro treinador profissional, Al Murray, abriu caminho para a aplicação do treinamento contra resistência em outros esportes, colaborando de forma proveitosa com treinadores célebres como Bert Kinnear (natação) e Geoff Dyson (atletismo) e utilizando o conhecimento avançado baseado em pesquisas de treinadores russos. Um grupo de treinadores qualificados, estimulados por seus progressos, ajudou o levantamento de peso e a musculação a progredir no campo científico. A BWLA preserva muitos treinadores experientes com fortes bases em teoria acadêmica e, acima de tudo, um nível inigualável de experiência prática em desempenho e ensino.

INFORMAÇÕES DE SEGURANÇA

Todo esporte e atividade física envolvem algum risco de lesão. Os participantes devem tomar todo o cuidado possível para certificarem-se de que não apresentam qualquer problema de saúde que possa contraindicar sua participação em sessões de levantamento de peso, musculação ou qualquer outra forma de exercício contra resistência.

Os editores deste livro e seus colaboradores estão certos de que o levantamento de peso e a musculação, ao serem corretamente executados, são seguros, e que os exercícios descritos neste livro, executados corretamente, com aumentos graduais de resistência e supervisão adequada, também são seguros. No entanto, cabe aos praticantes de levantamento de peso e musculação usarem o bom senso e verificarem se o solo, o equipamento, a ventilação e a higiene são apropriados para esse propósito.

Todos os supervisores devem ter seguro e qualificações importantes atualizadas, inclusive primeiros-socorros. No Reino Unido, a Associação Britânica dos Levantadores de Peso (BWLA) é reconhecida pelas autoridades governamentais e suas agências como o Corpo Administrativo Nacional para Levantamento de Peso e Musculação. Os participantes devem conferir se seus supervisores são membros desse órgão; além disso, devem conferir se o seguro está em ordem quando os supervisores são membros de outro órgão.

Embora os cientistas do esporte venham trabalhando para melhorar o conhecimento que fundamenta a idealização de programas de treinamento, a escolha da resistência e muitas outras variáveis consideradas durante sua criação ainda permanecem absolutas nesse aspecto. Diferentes combinações de exercícios, sequências diversas, variação de volumes e intensidades etc. podem funcionar. A eficácia de uma programação é bastante influenciada pela pessoa que a utiliza e o período de tempo anterior à sua alteração: os treinadores observam constantemente os atletas e modificam os programas no momento que estiverem perdendo a eficácia. No treinamento para esportes, com exceção do levantamento de peso olímpico, é fundamental que o treinador de força e condicionamento trabalhe em conjunto com treinadores qualificados para determinado esporte.

Todas as pesquisas atuais mostram que o levantamento de peso e a musculação são seguros para crianças, comparados com os esportes escolares tradicionais, mas, por razões óbvias, as crianças sempre devem ser bem supervisionadas.

Os editores e os autores deste livro não se responsabilizam por danos a pessoas ou bens resultantes da execução dos exercícios descritos.